하이데거의 『존재와 시간』 입문

Heidegger's 'Being and Time'
by
William Blattner

하이데거의 『존재와 시간』 입문

W. 블라트너 지음 | 한상연 옮김

서광사

이 책은 William Blattner의 *Heidegger's 'Being and Time'* (Bloomsbury Publishing Plc., 2006)을 완역한 것이다.

하이데거의 『존재와 시간』 입문

W. 블라트너 지음
한상연 옮김

펴낸이 | 이숙
펴낸곳 | 도서출판 서광사
출판등록일 | 1977. 6. 30.
출판등록번호 | 제 406-2006-000010호

(10881) 경기도 파주시 회동길 77-12 (문발동)
Tel: (031) 955-4331 | Fax: (031) 955-4336
E-mail: phil6060@naver.com
http://www.seokwangsa.co.kr | http://www.seokwangsa.kr

제1판 제1쇄 펴낸날 · 2012년 12월 30일
제1판 제4쇄 펴낸날 · 2024년 9월 30일

ISBN 978-89-306-2117-5 93160

옮긴이의 말

하이데거의 철학이 한국의 인문학에 끼친 영향은 크고 광범위하다. 한국어로 쓰인 하이데거에 관한 책이나 논문들 역시 적지 않은 편이고, 그 중에는 입문서의 성격을 띠고 있는 것도 꽤 여럿이 있다. 그럼에도 역자는 학생들이 하이데거의 철학을 쉽게 설명하는 책을 소개해 달라는 부탁을 할 때마다 난감한 기분을 느껴야만 했다. 철학 입문서들은 대개 철학을 이미 오랫동안 공부한 사람에게는 쉽지만 그렇지 않은 사람에게는 여전히 어렵고 딱딱하다. 자기만의 고유한 사유세계와 언어를 구축한 하이데거의 철학을 소개하는 입문서 역시 이 점에서는 마찬가지이다. 하이데거의 철학을 많이 공부해 보지 않아서 하이데거의 언어에 아직 익숙하지 않은 독자에게는 하이데거의 철학 입문서 역시 거의 이해할 수 없는 어렵고 딱딱한 책이기 마련인 것이다.

W. 블라트너가 쓴 이 『존재와 시간』 입문서를 영문으로 처음 읽기 시작했을 때 솔직히 필자는 별로 좋은 느낌을 받지는 않았다. 문장들은 섬세하지 못했고, 논의의 전개방식 역시 치밀하고 정확하지 않은 것처럼 보였다. 게다가 역자로서는 선뜻 동의하기 어려운, 그렇기에 역자가 보기에는 독선적인 주장들도 종종 눈에 띄었다. 하지만 곧 필자는 바로 이 책이야말로 최적의 하이데거 입문서일 것이라는 생각을 하게 되었다. 이 책은 원래부터 자신의 생각을 치밀하고 섬세하게 구성해 보려는 전문가의 욕구를 충족시키려는 목적으로 쓰인 책이 아니다. 이 책은 하

이데거를 잘 알지 못하는 독자에게 최대한 알기 쉽고 구체적으로 하이데거를 설명해 주려는 목적으로 쓰인 책이다. 이 책의 저자는 마치 자신을 쳐다보고 있는 학생들에게 실제로 강의라도 하고 있는 것처럼 생생한 문장들로 하이데거의 철학을 서술한다. 처음 이 책이 역자에게 다소 거칠게 느껴졌던 것은 바로 이러한 이유 때문이었던 것이다.

이 책의 가장 커다란 장점은 진솔함이다. 얼마나 자주 우리는 남들로부터 비판받을까 두려워 자신의 생각을 까다롭고 섬세한 문장들을 사용해 에둘러 표현하는가? 얼마나 자주 우리는 구체적이고 생생한 예들을 사용하는 대신 추상적이고 난해한 언어들을 사용해 자신의 생각을 표현하는가? 이 책에는 비판을 두려워하는 소심한 학자들의 음험함 같은 것은 조금도 없다. 저자는 최대한 구체적이고 쉽게 하이데거의 『존재와 시간』에 대한 자신의 견해를 표현한다. 그러고 보면 역자가 독선적이라고 느꼈던 저자의 주장들 역시 실은 진솔함의 표식인 셈이다. 저자는 자신의 생각을 조금도 미화하지 않고 거침없이 드러내면서, 동시에 자신과 다르게 해석하는 이들의 입장은 어떤 것인지, 그들은 무슨 이유로 그렇게 생각하는지 아무것도 가감하지 않고 설명한다. 이 책의 독자들은 저자의 해석에 동화되는 대신 저자가 독자들을 위해 열어 놓은 다양한 해석의 가능성들에 눈을 뜨게 될 것이다.

하이데거의 철학은 대단히 어렵고, 그 때문에 독자들은 이 입문서가 쉽기만 한 책이라고 기대해서는 안 될 것이다. 이 책은 쉬운 책이 아니라 쉽고 구체적인 해석과 설명을 통해 독자들로 하여금 하이데거 존재론의 심층 아래로 내려갈 용기를 지니도록 하는 책이다. 이 책을 진지하고도 주의 깊게 읽는 독자라면 자신이 저도 모르는 사이에 존재론의 심층 아래로 이미 내려가고 있다는 사실을 발견하게 될 것이다.

끝으로 역자는 이 책의 번역 및 출판에 도움을 주신 분들에게 감사의 마음을 전하고 싶다. 이 책의 번역은 가천대학교 전동진 교수님의 권고로 시작되었다. 부족한 사람을 배려해 주신 전동진 교수님께 깊은 감사의 마음을 드린다. 또한 이 책이 나오기까지 원고의 수정과 정리에 정성을 다해 주신 서광사 편집부 직원들, 영리만을 쫓기보다는 철학 양서의 보급을 위해 늘 노력하시는 서광사 김신혁 사장님께도 역자는 깊은 감사의 마음을 드린다.

2012년 10월 31일

한상연

❖ 일러두기 ❖

1. 역자는 종종 원문의 의미를 살리기 위해 문장이나 구문 등을 삽입한 뒤 괄호(〔 〕)로 표기해 두었다. 독일어 원어와 영어 번역어 사이에 나타나는 미묘한 의미상의 차이, 미국과 한국의 관습과 사고방식의 차이 등이 이러한 작업이 필요한 이유이다.

2. 저자 자신이 특정한 하이데거 용어에 대한 상이한 번역어들을 서로 구분하기 위해 괄호([ ])를 사용하는 경우가 있다. 이 경우 저자가 분명히 그 이유를 밝히기 때문에 저자가 사용한 괄호([ ])와 역자가 사용한 괄호(〔 〕)가 혼동될 염려는 없을 것이다.

3. 역자는 하이데거의 용어에 대한 번역이 명사의 형태를 지니고 있지 않은 경우에는 소인용부호(작은따옴표)를 달아서 표기했다. 『존재와 시간』에서 하이데거가 자신의 존재론적 용어와 다른 일반 철학적 용어를 사용하는 경우 인용부호(큰따옴표)를 달기 때문에 하이데거의 용어에 소인용부호를 다는 것은 잘못된 표기방식이라 여겨질 수도 있다. 하지만 하이데거를 처음 접해 본 사람들이 경험할 혼란을 피하려면 그렇게 하는 것이 더 좋을 것이다.

4. 독일어 원어와 영어 번역어가 다른 경우 역자는 되도록 독일어 원어에 맞는 번역어를 선택했다. 하지만 경우에 따라, 예를 들어 영어 번역어에 맞는 번역어를 선택하지 않으면 저자의 의도가 잘 설명되지 않는 경우, 영어 번역어를 따르기도 했다.

알리사(Alisa)를 위해

차례

감사의 글

이 책은 많은 이들이 내게 준 영감과 도움이 없었다면 가능하지 않았을 것이다. 나는 UC 버클리에서 후설과 하이데거에 관한 버트 드레이퍼스(Bert Dreyfus)의 강좌들을 들은 행운을 누린 적이 있다. 그것은 25년도 더 지난 일이지만 『존재와 시간』에 대한 버트의 접근방식은 오늘날까지도 내게 영감을 준다. 버클리를 떠난 뒤 『존재와 시간』에 대한 나의 연구는 내 박사학위논문의 지도교수인 존 호질랜드(John Haugeland)의 지도 아래 계속되었는데 그는 『존재와 시간』이 내게 결코 진부하게 느껴지는 일 없이 늘 놀람과 경이로 다가올 수 있도록 만들어 주었다. 지난 8년 동안 나는 버트와 존뿐만 아니라 테일러 카만(Taylor Carman), 스티브 크로웰(Steve Crowell), 찰리 기뇽(Charlie Guignon), 마크 오크렌트(Mark Okrent), 이언 톰슨(Iain Thomson), 마크 래솔(Mark Wrathall) 및 캘리포니아 아실로마 소재 '국제현상학연구회'의 연례 모임에 참가한 많은 이들로부터 상당한 도움을 받아 왔다. 이 책에서 제시되는 해설들의 기본적인 요소들은 바로 이 연례 모임에서 발표된 것이기도 하다. 나는 또한 "현대 유럽철학 세미나"(2005)를 후원해 준 브리검 영 대학의 마크 래솔과 인문학부 철학과 및 유럽연구센터에 사의를 표하고 싶다. 이 세미나에서 나는 이 책의 내용과 관련된 발표를 한 바 있다. 스티븐 코이퍼(Stephen Käufer)와 그의 2006년 봄 『존재와 시간』 강의, 프랭클린 마셜 대학의 철학과에 감사한다. 또한 2004년 9월의

"현상학 심포지엄"을 주최한 크리스 윌리엄스(Chris Williams)와 리노 소재 네바다 대학 철학과에도 이 책은 빚을 지고 있다. 조지타운 대학에서 지난 16년 동안 열린 내 모든 『존재와 시간』 강의들은 『존재와 시간』에 대한 나의 연구들을 발표하고 토론하며 수정하는 실험실들이었다. 나는 내 강의들에 열심히 참여해 준 학생들이 고맙다. 나는 학과장인 웨인 데이비스(Wayne Davis)에게도 감사한다. 그는 내가 『존재와 시간』 강의를 많이 할 수 있도록 허락하여 주었을 뿐만 아니라 끊임없이 나의 연구를 지원하여 주었다. 나는 조지타운의 인문과학대학원으로부터 이 책의 저술에 있어서 중요했던 어느 여름 재정적 도움을 받았다. 마지막으로 나는 나의 가족들인 알리사(Alisa), 윌리(Willie), 그리고 샘(Sam)이 나의 연구로 생겨난 여러 가지 불편함을 지난 2년 동안 인내해 주고 또 내가 학문적 열정을 잃지 않도록 용기를 북돋아 준 것에 감사한다.

1장 배경

1927년에 『존재와 시간』이 출판된 뒤 그것은 곧 가장 중요하고도 논란이 많은 20세기의 철학적 저술들 가운데 하나가 되었다.[1] 이 책은 현상학, 실존주의, 신스콜라주의 및 해석학 등을 포함하는 20세기 전반기 사상의 몇몇 주요 흐름들이 하나로 어우러지는 곳이다. 이 책은 또한 어느 학자가 말한 것처럼 소위 분석철학과 대륙철학의 길이 갈라지는 곳이기도 하다.[2] 간단히 말해 이 책은 지난 세기의 가장 흥미롭고도 논란의 여지가 많은 여러 철학적 논쟁들의 중심점인 것이다.

『존재와 시간』을 향한 마르틴 하이데거의 여정은 지속적인 개선의 과정이었다. 그것은 어린 시절의 하이데거를 1889년 그가 태어난 — 독일인들이 보덴호라고 부르는 콘스탄스호(Lake Constance)에서 멀지 않은 전원적인 바덴주의 작은 도시인 — 메스키르히(Meßkirch)로부터 좀 더

---

1 나는 영어 번역본의 표준인 존 맥쿼리(John Macquarrie)와 에드워드 로빈슨(Edward Robinson)의 *Being and Time*(『존재와 시간』, New York: Harper & Row, 1962)을 사용할 것이다. 이 책은 원래 1927년 *Yearbook for Philosophy and Phenomenological Research*(『철학과 현상학 연구 연보』, vol. 8, 1927)에 실려 출판된 *Sein und Zeit*(『존재와 시간』)의 번역본이다. 표준적인 독일어본은 막스 니마이어 출판사에서 출판되고 있으며 현재 15판까지 출판되었다. 『존재와 시간』의 인용문 쪽 표시는 이 책 전체에 걸쳐 다음과 같이 괄호 안에 넣어져 표기된다: (171/132). 첫 번째 번호는 영어 번역본의 쪽 표시이고 두 번째 번호는 독일어 원본의 쪽 표시이다.

2 Michael Friedman, *A Parting of the Ways: Carnap, Cassirer, and Heidegger* (Chicago: Open Court, 2000).

개방적인 독일 도시들 중 하나인 프라이부르크로 이끌어 간 여정이었다. 하이데거는 가톨릭 신자로 양육되었으며 그의 교육은 가톨릭교회로부터 후원받았다. 공립학교에서 교육을 받던 하이데거는 후에 콘스탄츠와 프라이부르크에서 대학 진학의 예비과정인 중등학교들을 사제가 될 준비를 하는 "장학생 소년"의 자격으로 다닐 수 있게 되었다. 어린 시절 하이데거는 예수회 신부가 되는 것을 삶의 목표로 삼았던 것이다. 1909년 프라이부르크에서 중등교육과정을 마친 하이데거는 곧 예수회 교단에 입문한 뒤 교구의 사제가 되려고 시도하였다. 하지만 그는 심장질환 때문에 부적격 판정을 받았다. (제1차 세계대전 동안 하이데거는 같은 이유로 병역에서 면제되었다.)

하이데거는 프라이부르크 대학에서 공부했다. 프라이부르크에서의 첫 두 해 동안 하이데거는 사제가 되기 위해 신학을 공부했으며 세 번째와 네 번째 해에는 중학교 수학 교사가 되려는 목적으로 수학을 공부했다. 신학과 수학을 "전공하는"(majoring) 동안 하이데거는 철학 역시 공부했으며 대학에 입학한 지 사 년 뒤 논리 철학에 관한 박사논문을 제출해서 박사학위를 받았다. 독일에서는 오늘날까지도 박사학위를 획득한 한 사람이 대학에서 가르칠 자격을 얻으려면 하빌리타치온(*Habilitation*)이라 불리는 두 번째 학위논문(교수자격논문)을 써야만 한다. 1913년과 1915년 사이 하이데거는 "둔스 스코투스의 범주론과 의미론"에 관해 교수자격논문을 썼다. 이 연구는 프라이부르크 가톨릭교회의 연구비 지원을 받으며 수행되었다.[3]

이 기간 동안 하이데거가 보인 지적 관심들은 이미 그가 나중에 보일

3 하이데거의 교수자격논문 영어본은 *Supplements: From the Earliest Essays to "Being and Time" and Beyond*, ed. John van Buren (Albany: SUNY Press, 2002)에 수록되어 있다.

학문적 여정을 암시하고 있었다: 그의 박사논문과 교수자격논문 모두에서 하이데거는 의미와 논리, 지향성(주위의 세계를 표상할 수 있는 마음의 능력)과 같은 문제들을 현상학적 방법들을 사용해 연구했던 것이다. 현상학은 에드문트 후설(1859-1938)이 자신의 철학적 방법론에 붙인 이름이다. 그것은 의식에 의한 표상을 표상의 대상과 표상을 수행하는 심리적 상태에 대한 심리주의적 고찰로부터 해방시키면서 지향성을 연구하는 방식이다. 현상학을 통해 후설은 사람들이 우연히 고려하게 되거나 심지어 고려하지 않을 수 없는 불안정한 토대들과 세계의 "참된" 본성에 관한 혼란스러운 형이상학적 물음들로부터 철학을 해방시키려 했다.

하이데거는 후설이 극복했다고 자평했던 형이상학과 존재론의 문제들을 다루려고 현상학을 익혔다. 그렇게 하면서 그는 임마누엘 칸트(1724-1804)의 선험초월론적(transcendental) 철학으로부터 깊은 영향을 받았다. 칸트는 세계가 그 자체로서 어떻게 구성되는지 우리는 알 수 없다고 주장했다; 우리의 능력은 세계가 우리에게 어떻게 나타나는지 탐구하는 것에 한정되어 있다는 것이다. 우리는 이 현상적인 세계를 지배하는 구조와 규칙들을 **선험적**으로 깨닫게 되며, 그렇기에 어떤 **선험적** 지식들을 철학적 반성을 위해 사용할 수 있는 것이다. 간단히 말하자면, 칸트의 입장은 회의주의의 한 형태처럼 보이지만 칸트는 그 회의주의적 함축들을 약화시키는 기발한 생각을 고안해 낸다. 칸트는 공간과 시간 및 공간과 시간 안의 모든 것들은 현상들에 지나지 않지만 현상의 구조와 규칙들을 배우면서 우리는 자연 자체의 구조를 알게 되는 셈이라고 주장했다. 칸트는 세계를 있는 그대로 알려 주는 지식의 이념을 거부함으로써 알 수 없는 초감각적 혹은 초자연적 영역을 알려는 시도를 미리 막아 버리려 한 것이다.

하이데거는 후설의 현상학, 칸트의 선험초월론적 철학 및 전통적 존재론을 종합해 나간다. 아리스토텔레스에 의해 시작되고 중세 전성기에 절정을 이룬 전통적 존재론은 개별체(entities)인 사물들의 기본 범주에 관한 이론 또는 우주 안의 사물적인 것들의 목록을 만들어 내려 시도했다. 세부적인, 예컨대 고양이와 개들에 관한, 혹은 오리너구리가 포유류인지 등에 관한 물음들은 과학의 몫으로 남겨 놓아야 한다. 철학자들 자신은 오직 영혼, 물리적 객체, 수 등과 같은 최상류 개별체 개념들의 질서나 본질과 우유(遇有; accident)의 구분과도 같은 개별체들의 범주적 구조의 문제만을 다룬다. 19세기 후반에 신스콜라주의는 가톨릭적인 지식인들의 세계에서 대단히 큰 영향력을 행사했으며, 그것은 중세 스콜라철학의 관점들 중 존재론적 물음들을 되살렸다. 하이데거는 자신이 1907년(그의 나이 18세에) 프란츠 브렌타노의 『아리스토텔레스의 다양한 존재 개념에 관하여』를 읽으면서 신스콜라주의의 존재론적 물음들에 이끌렸노라고 말한다.[4]

전통적 존재론과 신스콜라주의가 존재론적 물음들을 그 자체로서의 세계 — "존재"가 그 밖에 무엇을 뜻하겠는가? — 의 본성에 관한 "강한" 형이상학적 물음들로서 사유한 반면, 하이데거는 칸트의 선험초월론적 전환을 응용해 존재론을 우리의 존재 **이해**의 구조와 규칙들의 연구로 전환시켰다. 칸트는 이해의 구조에 관한 선험초월론적 반성을 "존재론"의 한 형태로서 간주하기를 거부했다: "존재론이라는 자랑스러운

---

4 Martin Heidegger, "My Way to Phenomenology," in *Time and Being* (New York: Harper & Row, 1972), p. 74. 보통 『아리스토텔레스의 다양한 존재 개념에 관하여』(*On the Manifold Senses of Being in Aristotle*)로 소개되는 브렌타노의 책은 다음과 같이 번역되어 있다: Franz Clemens Brentano, *On the Several Senses of Being in Aristotle*, trans. by Rolf George (Berkeley: University Of California Press, 1975).

이름은 순수 이해의 순연한 분석이라는 소박한 이름으로 대체되어야 한다."[5] 결국 선험초월론적 반성이 세계를 그 자체로 있는 바대로 연구하지 못한다면 그것은 존재론의 한 형태는 아니라는 것이다. 하이데거는 우리가 이해하는 바대로의 세계와 그 자체로 있는 바대로의 세계의 구별 자체가 이미 잘못된 것이라고 생각한다. 우리의 존재 이해의 한계들과 요청들에 관한 연구가 우리가 "존재"라는 말로 의미할 수 있는 것에 대한 연구로는 유일하게 온당한 것이라는 뜻이다. 존재의 의미에 관한 학문으로서의 존재론은 "순수 이해의 분석" **이다**. 지향성 연구로서의 현상학은 하이데거에게 탐구의 방법일 것이다.

19세기 및 20세기 초를 풍미했던 다른 두 사유의 흐름들 역시 하이데거의 철학적 기획에 반영되었다. 젊은 시절 하이데거는 대단히 종교적이었다. 사제가 되려는 열망을 포기한 후 그는 가톨릭철학의 교수가 되는 것에 눈을 돌렸고 가톨릭교회는 스콜라철학에 관한 그의 교수자격논문 준비에 필요한 연구비를 지원해 주었다. 교수자격논문을 끝낸 후 (그리고 가톨릭철학의 교수로 지명되지 못한 후) 하이데거의 종교적 신념들은 변하기 시작했다. 동시에 그는 장차 그의 아내가 될 엘프리데를 만나 교제하였는데 엘프리데는 개신교도였다. 1919년에 하이데거는 가톨릭교회와의 공식적 관계를 단절시킬 준비가 되어 있었다. 그의 친구이자 사제였던 엥겔베르트 크레브스에게 보낸 한 편지에서 하이데거는 "역사적 지식의 이론으로 확장된 인식론적 통찰들로 말미암아 나는 가톨릭**제도**가 문제가 많고 수용 불가한 것이라고 여기게 되었다. 내가 기독교와 형이상학을 거부한 것은 아니지만 어쨌든 그들은 내게 새로운

---

5 Immanuel Kant, *Critique of Pure Reason*, trans. by Norman Kemp Smith (New York: St. Martin's Press, 1929), p. A247/B303.

의미를 띠게 되었다."[6] 하이데거는 종교철학에 관해 계속 강의했지만 종교에 관한 그의 철학적 관점은 실존주의적 문제들과 역사적 문제들에 대한 관심을 점점 더 많이 반영하기 시작했다.[7]

"실존주의"는 정확하게 규정되는 용어가 아니다. 그것은 어떤 사유의 운동이나 학파가 아니라 특정한 감성적 태도 및 쟁점들의 집합에 관한 용어이다. 게다가 그것은 문학적 감성을 의미하기도 하고 철학적 관념들의 집합을 의미하기도 한다. 하이데거는 두 명의 실존주의 철학자들 쇠렌 키르케고르(1813-1855)와 프리드리히 니체(1844-1900)로부터 깊이 영향받았다. 키르케고르와 니체는 사유의 방식에 있어서 많은 점에서 크게 대립했지만 어쨌든 그들은 둘 다 그들 이전의 철학 전통에 반발하고 있었다. 그들은 전통 철학이 인식적 성취에 지나치게 치중한 나머지 개개인의 **삶**을 구체적으로 이해하게 하는 통찰은 거의 제공해 주지 못한다고 생각했다. 실존주의의 특징은 인간의 일상적 삶을 가식적인 것으로 간주하면서 그 밑에 일상에 의해 왜곡된 좀 더 불편한 진실이 놓여 있다고 생각하는 것이다. 하지만 한번 드러나면 이 진리는 개인의 해방을 위한 도약판으로 기능할 수 있고, 그런 점에서 직면할 가치가 있는 것이다.

일상과 의미들에 관한 이러한 관심은 인간의 실천적 삶과 그 의의를 다루고 또 해명할 수 있게 하는 어떤 방법을 상징하기도 하고 또 그에 대한 요청을 의미하기도 한다. 그것은 행위의 의미를 해석할 방법에의

---

6 Martin Heidegger, "Letter to Father Engelbert Krebs (1919)," in *Supplements*.
7 다음 참조: 하이데거의 1921년에 행한 일련의 강의들인 *The Phenomenology of Religious Life*, trans. by Matthias Fritsch and Jennifer Anna Gosetti (Bloomington: Indiana University Press, 2004) 그리고 1927년의 공개강의인 "Phenomenology and Theology," in *Pathmarks*, ed. William McNeill (Cambridge, UK: Cambridge University Press, 1998).

요청인 것이다. 빌헬름 딜타이(1833-1911)는 그의 해석학 이론을 통해 바로 그러한 방법론을 개발했다. 딜타이는 인간의 행위와 기호의 의미를 이해하는 데 사용될 기술들 및 언어적 표현들은 자연과학에 사용되는 것들과는 달라야 한다고 주장했다. 자연과학은 자연적 사건들을 언제 어디서나 사용될 수 있는 일반 법칙들에 종속시킴으로써 "설명"하기를 추구하지만, 인문학은 인간적 표현들의 의미를 구체적인 사회-역사적 맥락에서 "이해"하는 것을 목적으로 삼는다. 자연과학은 일반성을 지향하지만, 인문학은 상황이해(context-sensitivity)를 지향한다는 것이다. 『존재와 시간』에서 하이데거는 의미 있는 인간의 활동과 언어, 우리 세계의 인공물들과 장치들은 구체적인 사회문화적 맥락 가운데서만 의미를 지닐 뿐 아니라 오직 그 맥락 속에서만 그러한 것들로 **존재**한다고 주장한다. 달리 말해 하이데거는 딜타이의 방법론적 논지들을 존재론적으로 전환시켰다. 앞으로 살펴보겠지만, 실존주의와 해석학은 『존재와 시간』에 현상학과 존재론, 선험초월론적 철학만큼이나 중요한 영향을 남긴 것이다.

후설의 조교로 있는 동안 하이데거는 아리스토텔레스에 관한 현상학적 해석에 착수했다. 그것은 중요한 첫 학문적 저술을 남기기 위한 시도였다. 이 해석작업의 초고와 후설의 추천을 근거로 하이데거는 1923년에 마르부르크 대학 조교수("extraordinary" or associate professor)로 지명되었다. 마르부르크에 있는 동안 (1923-1928) 하이데거는 아리스토텔레스와 칸트 연구에 주력했으며, 『존재와 시간』을 썼다. 또한 그는 잘 알려진 것처럼 자신의 학생이었던 한나 아렌트와 연애를 했다. 그것은 꽤 음란한 관심을 불러일으켰으며, 지적 한담거리가 되었다. 그는 선도적인 실존주의 철학자이자 하이델베르크 교수였던 칼 야스퍼스(1883-1969)와 긴밀한 친분을 유지했다. 하이데거와 야스퍼스 사이에 오간

편지들은 후에 흥미진진한 읽을거리가 되었다. 하이데거는 그 자신과 야스퍼스를 추상적이고 화석화된 이전 세대들의 철학 연구를 전복시키는 철학의 혁명가로 간주했다.[8] 이 시기 하이데거의 강의들은 지속적인 학문적 관심사로 남게 되었는데 특히 『시간 개념의 역사』, 『논리학』, 『현상학의 근본문제들』 및 『논리학의 형이상학적 정초』가 그러하다. 이 시기 하이데거는 매우 창조적이었으며, 그가 『존재와 시간』의 초안을 작성하고 또 『존재와 시간』 중에서 완성된 부분들을 출판한 것도 이때였다.

1926년 하이데거가 『존재와 시간』을 집필하고 있던 와중에 마르부르크 대학 철학과는 하이데거를 공석 중인 철학과 교수로 추천했다. 하지만 하이데거의 교수직 임용은 상부 기관으로부터 거절되었다. 그 이유는 하이데거가 10년 동안 어떤 중요한 저서도 출판하지 않았다는 것이었다. 『존재와 시간』 제I편의 초안은 충분하지 않았다. 하이데거는 열심히 작업해서 제I편과 제II편을 후설의 현상학 잡지인 『철학과 현상학 연구 연보』(vol. 8, 1927)에 게재했다. 『존재와 시간』은 후설이 1928년 퇴임해서 공석이 된 프라이부르크 대학 철학과의 교수로 하이데거가 임용되는 데 충분할 만큼 큰 반향을 불러일으켰다.

하지만 하이데거는 더 이상 스승의 인도를 받기에는 스승과 이념적으로 너무 멀어졌으며, 곧 모든 사람들이 그 사실을 확실히 알아차리게 되었다. 하이데거의 프라이부르크 대학 "교수 취임 강연"은 "형이상학이란 무엇인가?"이다. 이 강연에서 하이데거는 후설의 생각에 대립적인 두 가지 주장을 제기한다: 그것은 철학은 "논리학의 지배"로부터 벗

---

8 *Martin Heidegger, Karl Jaspers: Briefwechsel: 1920–1963* (Frankfurt am Main: Vittorio Klostermann, 1990).

어나야 한다는 주장과 불안의 경험이 지적 연구를 수행하는 데 필수적이라는 주장이다. 「형이상학이란 무엇인가?」는 하이데거의 지적 발전에서 중심축이었다. 1929년 하이데거는 그가 매달렸던 철학적 기획이 일관되지 못하다는 사실을 깨닫기 시작했다. 그는 그 기획을 포기하고 새로운 방향으로 전회했다. 1936년쯤 하이데거의 글쓰기 양식은 극적으로 바뀌었다. 초기의 체계적 형이상학과 존재론은 사라져 버렸다. 이전에는 명백했던 현상학을 위한 헌신도 사라져 버렸다. 아리스토텔레스, 스콜라철학 및 칸트를 반복해서 탐색하는 일 역시 사라져 버렸다 (물론 하이데거가 이 저술가들을 완전히 버린 것은 아니라고 할지라도 말이다). 그들에게 맞추어져 있던 주요 초점은 니체를 향한 관심으로 대체되었으며, 하이데거는 (니체처럼) 문화 비평의 철학적 형태를 실험적으로 모색하기 시작했다 (예를 들어 "기술에 관한 물음"이 그러하다). 더 나아가 하이데거는 우리의 존재 이해의 본래적 담지자로서의 논리학을 다른 것으로 대체해 버렸다. 하이데거 사유의 이러한 탈바꿈은 일반적으로 "전회"라 불린다.

영어권의 수많은 강단 철학자들이 매우 부정적인 반응을 보이는 하이데거는 바로 이러한 하이데거이다. "논리학의 지배를 깨뜨리는" 하이데거는 어떤 이들에게 사유를 조정해 주는 일관성과 명확한 사고의 영향력을 무시하는 철학자로 비쳤다. 그는 비합리주의자처럼 보인 것이다. 이것은 잘못된 인상에 불과하지만 어쨌든 후기의 하이데거가 논리학, 인식론, 언어철학, 형이상학 등 강단 철학의 표준적 관심사들에 거부반응을 보였다는 것은 사실이다. 니체나 키르케고르 같은 이들처럼 후기의 하이데거는 자신의 사상을 철학의 주변부에 자리매김하도록 하는 그러한 양식으로 사유했다. 이것 하나만으로도 전통적인 문제들과 방법들에 몰두했던 많은 강단 철학자들이 낯설어 할 충분한 이유가 될 것이다. 하지만 이것이 하이데거의 사유를 철학의 주류로부터 벗어나게 만든 유일한 요소인 것은 아니다.

1933년 하이데거는 프라이부르크 대학의 총장이 되었고, 나치 당원이 되었으며, 나치의 획일화(*Gleichschaltung*) 혹은 재편성 프로그램 몇 가지를 시행했다. 극단적 우파 사상과의 불장난을 하이데거는 몇 년 동안 지속했다. 그는 단 일 년 동안 총장직에 머물렀으며, 이후에는 전과 같이 교수로서 해야 할 통상적 강의를 1945년 전쟁이 끝날 때까지 계속했다. 이 기간 동안 그는 많은 사람들과 결별하거나 그들과의 우정을 파괴했는데 그중에는 야스퍼스도 있었다 (야스퍼스의 아내는 유대인이었다). 하이데거가 반유대적이었는지 증거들은 불분명하지만,[9] 누구도 반유대주의에 동조하지 않으면서 나치 당원이 될 수는 없었다. 하이데거는 대학이 나치에게 잠식당하지 않게 하려고 총장이 되었노라 계속 주장했지만 이러한 자기변호는 결정적으로 반박되었다. 탈나치화 재판을 받으며 하이데거는 자신을 방어할 인물로 야스퍼스를 지목했다. 하지만 야스퍼스는 이를 거절하면서 도리어 하이데거에게서 가르칠 자격을 박탈할 것을 권고하는 대단히 비판적인 내용의 편지를 법정에 제출했다. 실제로 탈나치화 위원회는 하이데거에게서 가르칠 자격을 박탈해 버렸고, 하이데거는 몇 년 뒤에야 명예교수의 직함으로 가르칠 자격을 되찾았다.

지난 이십 년 동안 하이데거 저술의 연구자들이 파헤쳐 본 한층 성가신 문제들 중 하나는 하이데거의 철학과 그의 나치 참여 사이에 어떤 연관이 있지 않을까 하는 문제였다.[10] 사람들은 『존재와 시간』의 문제의식

---

9 이 점에 관한 여러 이유들 중 하나는 하이데거의 제자들 상당수가 유대인이었다는 사실이다. 여기에는 한나 아렌트를 비롯해 헤르베르트 마르쿠제와 카를 뢰비트처럼 학문적으로 대단히 뛰어났던 하이데거의 제자들이 포함된다.

들과 나치 운동의 혁명적 보수주의의 문제의식들 사이에 모종의 관계가 있다고 생각해 볼 수 있다. 또한 사람들은 ("공공"이라는 명목 아래 사용되는) 하이데거의 반-도시적 수식어들 몇몇이 유대인들의 도회적 삶에 대한 공격들의 전형적 특징이라고 생각할 수도 있다. 하지만 『존재와 시간』과 나치즘 사이의 직접적인 연관성을 구체적으로 구성해서 파악하려는 노력은 실패했다. 그럼에도 나치 정부에 하이데거가 협력한 사실 및 이 시기에 그가 행한 몇몇 연설들과 행동들은 그의 많은 동시대인들로 하여금 그로부터 영원히 멀어지게 했으며, 이는 사실 이해할 만한 일이다. 하이데거로부터 멀어진 사람들의 적대감은 그들의 학생들에게 전달되었다. 인간 하이데거에게 그 자신이 행한 수치스러운 행위에 대한 면죄부를 주거나 강단 정치인 하이데거가 총장직을 수행하며 남긴 폐해들의 의미를 경감하려 할 필요는 없다. 하지만 우리는 한편으로는 하이데거의 정치적 행위들의 의미를 신중하게 살펴보는 동시에 다른 한편으로는 그가 행한 철학적 혁신들을 열린 마음으로 수용하면서 『존재와 시간』을 읽을 수 있다. 아무튼 이러한 방식으로 『존재와 시간』을 읽는 것은 가치 있는 일인데, 그것은 『존재와 시간』에서 개진된 철학적 발상들이 대단히 강력한 것이기 때문이기도 하고 이 논문이 1930년대 이후 유럽 철학의 발전에 끼친 영향이 엄청난 것이기 때문이기도 하다. 이 점에 관해서는 나중에 제4장에서 다루게 될 것이다.

1950년대와 60년대에 하이데거는 폭넓게 강의했으며, 세미나를 주관했고, 그가 자신의 성찰을 정리하는 데 필요하다고 생각한 다음과 같은

10 이 주제에 관해서는 다음의 두 논문들이 가장 뛰어나다: Iain Thomson, *Heidegger on Ontotheology: Technology and the Politics of Education* (Cambridge, UK: Cambridge University Press, 2005) and Hans D. Sluga, *Heidegger's Crisis: Philosophy and Politics in Nazi Germany* (Cambridge, MA: Harvard University Press, 1993).

논점들에 관해 지속적으로 숙고했다: 존재의 역사 (우리의 존재 이해가 개별자들의 존재 자체와 함께 변화해 가는 방식); 하이데거가 "기술"(technology)이라 부른 근대적 존재 이해; 그가 중세 신비주의의 논제들과 연결시키게 된, 가장 기초적인 지성적 경험으로서의 "존재의 진리"; 인간의 경험에서의 언어의 역할. 전기 하이데거의 주요 저서로 『존재와 시간』이 꼽히는 반면 하이데거의 후기 저술들 가운데는 주요 작품이라 할 만한 것이 없다. 하이데거의 후기 성찰들을 보고 있노라면 마치 그가 관심 있는 현상들을 적합하게 표현할 방법을 모색하면서 여기저기 떠돌아다니는 것처럼 보인다. 하이데거는 슈피겔지와의 "고별" 인터뷰에서 많은 것들을 털어놓았다. 그중에는 근대(modern era)의 어떤 요소들을 하이데거가 인간의 삶에 대한 무서운 위협으로 간주하는지에 대한 설명 및 그 자신과 나치의 관계에 관한 만족스럽지 못한 해명이 포함되어 있다. 그는 자신이 죽기 전에는 인터뷰를 출판하지 말 것을 요구했다.[11] 인터뷰는 1976년 하이데거가 여든 여섯의 나이로 죽은 지 얼마 지나지 않아 출판되었다.

11 "Nur ein Gott Kann uns retten," *Der Spiegel* (1976).

2장 개요

『존재와 시간』은 일상적인 인간의 삶의 현상학이며 우리가 직면하는 가장 극단적인 실존적 도전들과 조우함으로써 일어날 수 있는 자기의 전환에 관한 탐구이다. 하지만 하이데거가 표명한 바에 따르면 이 논문의 완성된 부분은 일반 존재론의 길로 향하는 첫걸음에 지나지 않는다. 여기서의 일반 존재론은 철학에서도 아주 드물게만 제기되는 "존재 물음"의 고찰을 뜻한다. 원래 하이데거는 『존재와 시간』을 두 부분으로 구성된 큰 저서로 완성하려고 야심차게 계획했다. 각 부분은 또한 각각 세 편으로 나뉠 예정이었다. 논문의 첫 부분에서는 현상학적 존재론이 체계적으로 개진되고 두 번째 부분에서는 서구 철학의 역사가 비판적으로 재평가될 예정이었다. 이 엄청난 계획 중 하이데거가 실제로 집필한 것은 첫 번째 부분의 3분의 2뿐이다. 우리가 오늘날 『존재와 시간』의 제I편과 제II편으로 알고 있는 것이 바로 그것이다. 『존재와 시간』 제I편은 일상적 삶의 현상학을 다루고, 제II편은 실존적 주제들을 해명한다.

『존재와 시간』 제I편의 주요 논지는 전통 철학이 인간의 경험을 주체-객체 도식을 통해 분석함으로 말미암아 오해해 왔다는 것이다. 개별적 인간 존재는 전통적으로 이성적 동물로 이해되어 왔으며 이는 인식의 능력, 특히 자기 주변 세계를 표상할 수 있는 능력을 지닌 동물을 뜻한다. 마음의 인식 능력과 두뇌에 위치한 마음의 물리적 자리 사이의 관계는 물론 골치 아픈 문제이다 (소위 심신의 관계 문제). 하지만 이 문제에 관해 어떤 입장을 취하든 상관없이 하여튼 인간은 개인으로 존재하며 개인이 주체적 경험의 중심이라는 것은 널리 인정되어 왔다. 그냥 통상적인 모호한 표현에 만족하는 경우, 우리가 경험에 관해 이런 식으로 말한다고 해서 특별히 문제가 될 것은 없다. 하지만 전통 철학은 주체성을 "안"(inner)과 "밖"(outer), "표상"과 "객체" 등의 개념을 사용하는 특별한 방식으로 해석하면서 잘못된 길로 들어서게 되었다.

외부와 내부, 안과 밖 등의 말은 데카르트로부터 칸트를 거쳐 후설에 이르기까지 근대 철학을 지배해 왔다. 예를 들어 데카르트는, 태양의 관념은 비록 그것이 통상 마음 "안에" 존재하는 것이라고 하더라도, 결국 태양과 같은 것**이다**, 라고 말한다.[1] 관념들에 관해 중세적으로 말하는 데카르트의 방식이 '관념들은 "내용"을 지닌다'는 식의 좀 더 참신한 언어로 바뀐 뒤에도 관념들은 마음 "안에" 있는 것이고 참된 관념들은 마음의 "바깥" 세계에 대응한다는 생각은 끈질기게 살아남았다. 데카르트를 필두로 철학자들은, 관념들이란 적어도 '신경세포는 몸 안에 있다'는 식의 표현에서처럼 글자 그대로 우리 안에 있는 것은 아니라고 서둘러 지적하면서도, 어쨌든 다른 어떤 불특정한 방식으로 우리 안에 있기는 한 것처럼 말해 왔다. 관념들에 관해 이런 식으로 말하는 것은 궁극적으로 아리스토텔레스의 마음 이론으로부터 유래하는 것이며, 아리스토텔레스의 마음 이론은 그의 물리 이론과 형이상학에도 단단히 유착되어 있다. 과학혁명 이후의 과학이 세계와 마음을 거울처럼 서로 대응하는 것처럼 해명하는 아리스토텔레스적 방식을 버린 뒤에도 철학

1 첫 번째 이의들에 대한 데카르트의 응답들 중 하나. 다음 참조: René Descartes, *Meditations on First Philosophy with Selections from the Objections and Replies*, rev. ed., trans. by John Cottingham (Cambridge, UK: Cambridge University Press, 1996).

자들은 관념들 "안에" 존재하는 객체들 또는 "내용"을 갖는 "관념들"에 관해 말하는 등 단순한 대응설적인 비유들에 계속 의존했다. 하지만 이러한 비유들은 아리스토텔레스 철학의 맥락으로부터 떼어 놓고 나면 완전히 무의미해질 수밖에 없다.

> 이 내부 영역이 어떻게 해석되든, 어떻게 인식함이 "그 밖으로" 길을 터 "초월"을 성취하는지 하는 식의 물음만 제기하는 한, 사람들은 인식함이 무엇이고 또 어떻게 일어나는지 하는 문제들을 사전에 해명하지도 않고서 이런 수수께끼들을 던지는 인식함 자체를 해명하려 한다는 것이 명백해진다. (87/60)

관념들이 내용을 갖는다고 생각하는 것은 별들이 수정구 위에서 돌고 있다고 생각하는 것만큼이나 매력적이다. 하지만 과학혁명 이후 이 두 가지 생각은 다 무의미한 것이 되어 버렸다.

하이데거의 우려는 안과 밖, 주체와 객체 등의 말이 단지 비유에 지나지 않는다는 것에만 해당하지는 않는다. 실은 하이데거 자신이 『존재와 시간』 전체에 걸쳐 이런 비유들에 상당히 많이 의지해서 논지를 전개하는 것이다. §28에서 그는 열어밝혀져 있음과 안에-있음의 개념을 사물들이 그 자신을 드러내도록 하는 열린 공간으로서의 숲의 빈터(clearing; *Lichtung*)라는 비유를 사용해서 밝히려 한다. 그는 이 빈터(*Lichtung*)의 비유를 (자연의 빛에서와 같은) 전통적인 빛(light; *Lichtung*)의 비유와 대조시키면서 후자를 전자로 대체하라고 권고한다.[2] 하

---

2 역자 주: 빈터(clearing)로 번역된 말과 빛(light)으로 번역된 말은 둘 다 독일어 원문에서는 *Lichtung*으로 똑같이 표기된 말이다. 하이데거가 사용하는 *Lichtung*은 대개 빽빽한 숲에서 나무를 베어 '공간을 틈' 및 '빛이 비침' 등 실천적이고 능동적인 의미를

이데거의 염려는 두 가지이다. 첫째, 철학자들은 안과 밖, 관념과 내용 같은 말을 새로운 마음의 이론 안에서 근거 지으려는 어떤 시도도 하지 않으면서 사용한다. 철학자들은 종종 언어내용에 대한 의미론적 분석 및 이념이나 말의 논리적 구조에 대한 분석을 대단히 상세하게 수행하고는 한다; 분명 후설 고유의 지향성 이론이야말로 그러한 이론적 작업으로서는 가장 엄청난 것이었지만, 좀 더 평범하고 (좀 더 그럴듯한) 현대의 내용 이론(theory of content) 역시 같은 일을 수행한다. 하지만 지향성과 언어적 의미의 기본적인 구성 요소들이 무엇인지는 아직 제대로 알려지지 않았다. 이 구성요소들은 "지시"(reference) 같은 이름들을 지니고 있지만 우리는 여전히 '지시는 무엇**이다**' 라고 딱 부러지게 말할 수는 없는 것이다. 하이데거가 『존재와 시간』을 쓴 이래로 몇몇 이론들이 이러한 염려를 해소하려 시도하였으며, 그중 인과적 지시 이론이 특히 유명하다. 일반적으로 인과적 지시 이론 역시 제대로 작동하지는 않는다고 여겨지긴 한다. 하지만 하이데거의 관점에서 보았을 때 현존하는 마음 이론들의 결함이 무엇인지 일일이 분석하려 할 필요는 없을 것이다.

주체와 객체, 안과 밖 같은 말에 대한 하이데거의 비판의 주된 이유는 그것이 우리의 경험에 대한 왜곡된 묘사로 이어지게 된다는 점이다. 그것은 전통 철학에 대한 하이데거의 이의가 **현상학적** 사고에 바탕을 두고 있다는 것을 뜻한다. 안과 밖이라는 말은 나 혹은 주체와 사물 혹은 객체 사이에 경계 내지 심연이 놓여 있다는 것을 암시한다. 사람들이 어떤 인식적 성취를 통해 극복하거나 초월하려 하는 것은 바로 이 심연

지닌다. 이 책의 저자는 *Lichtung*을 clearing이라 번역하면서 이를 clearing의 말뜻 그대로의 장소적 의미로 소개하고 있으므로 여기서는 *Lichtung*을 빈터라 번역하는 것이 적합할 것이다.

이다. 그러나 현상학적인 관점에서 말하면 세계 안에서의 우리의 위치를 이런 식으로 생각하는 것은, 만약 우리의 경험 중 그런 식의 생각에 걸맞는 것이 하나라도 있다면, 오직 하이데거가 "결함 있는" 것이라 묘사한 그런 방식의 경험에나 적절할 뿐이다.

> 인식함이 눈앞의 것을 관찰하며 규정하는 것으로서 가능해지려면 우리가 실천적으로 마음 쓰며 세계와 관계 맺는 방식에 잠정적으로 **결함**이 있어야만 한다. 만듦, 다룸과 같은 것 일체를 단념하면서 우리의 실천적 마음 씀은 그래도 여전히 남게 되는 유일한 양식인 안에-있음, …… 곁에 그저-여전히-머무름 안으로 들어간다. (88/61)

독립적 혹은 초월적 객체와 관계함은 내 정상적인 세계의 친숙함이 흔들리는 상황에서 의미의 획득을 목적으로 삼게 된다. 나는 키보드로 작업하고, 머그잔으로 커피를 마시며, 회전의자에 앉아 몸을 돌린다. 만약 이런 일들 중 어느 하나라도 내게 친숙한 통상적인 방식과 다르거나 모순되게 일어나면 나는 당연한 것으로 여겼던 것을 문제시하고, 그에 대한 이해를 애를 써야 비로소 가능한 정신적 성취로서 바라보게 된다. 커피를 흘리면 나는 머그잔을 보며 혹시 금이 간 곳이라도 있는지 궁금해한다. 그다음에는 정말 금이 간 곳이 있는지 찾으려 하게 되고 실제로 금이 간 곳을 찾게 되면 나는 객체와 객체에 대한 내 지식 사이의 간극을 뛰어넘은 셈이다. 이렇듯 지식과 실제 객체 사이에 간극이 있을 수 있음에 주목하면서 나는 내가 이 간극을 정말 뛰어넘은 적이 있기는 한 것인지, 혹시 사물로부터 나를 고립시키는 어떤 함정에 내가 빠져 있는 것은 아닌지 물을 수 있게 된다. 바로 안과 밖 같은 말이 이러한 고립을 잘 표현한다. 하이데거의 요점은 이러한 고립은 별로 흔한 것이 아니라는 것이다. 그것은 세계 안에 있음의 통상적이지 못한 방식이다. 나는 세계와 친숙하며, 세계 안에 있는 것들은 내게 별 문제가 되지 않는다. 그런데 안과 밖 같은 말은 이러한 종류의 경험을 파악하는 데 결코 적합하지 못한 것이다.

이와 유사하게 다른 사람들과 상호 영향을 주고받는 것 역시 우리에게는 어렵지 않은 일이다. 우리는 다른 사람들과 함께 그냥 자연스럽고 편하게 작업하고 이야기를 나누거나, 그들과 기분 좋게 어울리고 또 다툴 뿐 그런 일들이 무엇을 의미하는지 묻거나 하지는 않는 것이다. 우리는 "타자의 마음"이 존재한다고 결론 내리기 위해 증거를 찾을 필요도 없고 다른 사람들을 이해하기 위해 그들의 경험을 "재구성"할 필요도 없다. 물론 때로 우리는 다른 사람을 이해하는 데 어려움을 겪기도 한다. 그런 상황에서는 다른 사람을 이해하려면 "골똘히 생각할 필요"가 있다는 식의 표현이 잘 들어맞는다. 하지만 그런 상황은 정상적이라기보다는 예외적이다. 하이데거는 이 문제를 감정이입이라는 용어로 정리한다: "함께-있음이 '감정이입'에 의해 비로소 구성되는 것이 아니라 함께-있음의 근거"를 통해 비로소 감정이입이 가능해지는 것이고, 함께-있음이 흔히 결함 있는 방식으로 이루어지기 때문에 감정이입할 동기가 불가피하게 생겨나게 되는 것이다" (162/125). 감정이입은 무관심이나 냉정함을 바로잡아 주는 반응으로서는 의미가 있다. 하지만 그것이 우리가 서로 이해할 수 있게 해 주는 근거인 것은 아니다. 이러한 논점은 도널드 데이비드슨의 "급진적 해석"처럼 다른 형태의 간-주관적 재-구성에도 적용될 수 있다.[3] 만약 우리가 아주 낯선 부족 안에서

3 Donald Davidson, *Inquiries into Truth and Interpretation* (Oxford: Oxford University Press (Clarendon Press), 1984).

현장 언어학자(field linguists)로 머물고 있다면 우리는 부족민들을 이해하기 위해 그들의 행위를 재구성해야만 할 것이다. 이런 상황이 영국의 코미디 쇼인 "트리거 해피 티브이"(Trigger Happy TV)에서 돔 졸리와 그의 팀원들이 변기를 승강기 안에 넣고는 누군가 그 위에서 신문을 읽으며 볼일을 보게 만드는 것과 같은 개그를 하는 데 소재거리가 되는 상황이다. 하지만 누가 무엇을 하는지 이해하려고 증거를 찾아서 추론해야만 하는 상황은 대단히 예외적이다. 우린 보통 그럴 필요가 없는 것이다.

하이데거는 경험을 종래와 다른 방식으로 묘사한다. 그는 우리의 근본적인 세계 경험은 **친숙함**의 경험이라고 주장한다. 보통 우리는 객체에 마주 선 주체로서가 아니라 우리가 이미 이해하고 있는 친숙한 세계에서 살고 있는 자로 우리 자신을 경험한다. 우리는 우리가 이미 침잠해 있는 세계에서 행동하는 것이다. 우리가 세계에 아예 흡수된 것은 아니지만 우리의 자기를 우리 주변의 세계로부터 떼어 놓고서 이해하는 것은 불가능하다. 살면서 우리에게 문제가 되는 것은 우리 자신이다; 우리는 세계에 연루되어 있는 것이다. 『존재와 시간』의 제I편의 상당히 많은 부분은 하이데거가 "열어밝혀져 있음" 및 "안에-있음"이라고 부르기도 한 이 친숙함의 현상학을 설명하는 것에 할애되어 있다. 우리가 세계와 근원적으로 친숙하고 또 세계로부터 벗어날 수 없다는 것에 착안해 하이데거는 **세계-안에-있음**이라는, 지속적으로 사용되는 그 자신만의 용어들 중 하나를 만들어 내는데, 그것은 그가 우리의 존재를 지칭하는 데 사용하는 여러 명칭들 중 하나이다.

제I편의 1-5장을 친숙함의 현상학에 할애한 뒤 하이데거는 그의 설명방식이 함축하고 있는 철학적 의미들에 관심을 돌린다. 그것들은 대개 부정적인 성질의 의미들이다: 그는 인식론적 회의주의, 관념론과 실재론, 그리고 전통적 진리론인 대응설은 모두 경험에 대한 주체-객체 설명 모델에 바탕을 두고 있기 때문에 원래 무근거한 것이라고 주장한다. 진리 개념의 경우 하이데거는 대응설을 다른 이론이 아니라 진리의 현상학으로 대체하는데, 이 현상학은 보통의 진리(판단과 언명[4]의 진리)가 그가 "근원적 진리"라 부르는 무언가 좀 더 기본적인 진리에 의존해 있는 것임을 보여 준다. 근원적 진리는 기본적으로 세계를 열어밝히는 친숙함의 기능을 뜻한다.

일상의 현상학을 마무리한 뒤 하이데거는 그의 사유가 지닌 "실존주의적" 측면에 관심을 돌린다. 그는 어떤 극단적인 경험이 우리를 찾아올 수 있다고 주장하는데, 거기서는 (내가 생각하기에는 현재 우리가 우울(depression)이라는 개념으로 해석하는 것에 가까운) 불안의 기분이 우리를 자신을 이해할 수 없고 (실존적 "죽음") 자신에 관해 아무 말도 할 수 없는 ("양심") 그런 상태로 내던진다. 실존의 이 극단적인 상태는 우리로 하여금 우리의 존재의 가장 기본적인 요소와 직면하게 한다. 그것은 하이데거가 "가능-존재" 〔혹은 존재-가능〕이라고 부르는 것이다. "가능-존재"와 직면하는 것은 우리가 어떤 **종류**의 개별체인지 더욱 분명하게 바라볼 수 있게 하며, 이는 우리의 **존재**를 바라보는 것을

4 역자 주: '언명'에 해당하는 원서에서의 영어 단어는 'assertion'이다. 저자는 '언명'이라는 말을 말과 대상 사이의 대응적 관계를 전제로 하는 대상-진술이라는 의미에서 사용하기도 하고, 하이데거의 존재론적 개념인 '*Aussage*'의 번역어로서 사용하기도 한다. 특별한 경우가 아니라면 역자는 이 말을 '언명'이라 번역하고자 한다. 주지하다시피 많은 연구자들이 '*Aussage*'를 '발언', '진술' 등으로 번역한다. 이 역시 말 자체의 의미상으로는 무리 없는 번역이다. 하지만 역자가 생각하기에 하이데거의 '*Aussage*'는 진리와 연관되어 있는 개념이다. 물론 하이데거의 진리 개념은 형식논리학적 참/거짓 개념을 통해 설명될 수 없다. 하지만 어쨌든 하이데거의 *Aussage*는 '존재 자체의 드러남'이라는 존재론적 진리 개념에 결부되어 있는 것이다. 이런 이유로 역자는 논제를 입언한다는 의미가 담겨 있는 '언명'이라는 말이 '*Aussage*'의 번역어로서 적합하다고 생각한다.

뜻하는 것인데, 역으로 이를 통해 하이데거가 제II편에서 논하는 해방과 자기를-가짐의 가능성이 열리게 된다. 하이데거는 인간 삶의 "현사실적 이상"을 구성하면서 이를 "본래성" 혹은 "결단성"으로 특징짓는다. 여기에 관해서는 이 책 제3장 (xiii)-(xvii)절에서 다루게 될 것이다.

실존의 극단적 조건과 자기를-가짐의 가능성을 담아 내기 위해 자신의 일상성의 현상학을 변경한 뒤 하이데거는 시간 및 그가 "존재의 시간성"이라고 부르는 것을 포함하는 좀 더 추상적인 주제들에 관심을 돌린다. 『존재와 시간』에서의 이 연구 단계가 하이데거의 존재론적 주제들이 도입되는 단계이다. 그는 『존재와 시간』을 존재의 문제를 소개하면서 시작한다. 앞 장에서 보았듯이 그의 사유의 초기 단계에 하이데거가 궁극적 목표로 삼았던 것은 존재의 의미를 해명할 일반 존재론을 개발하는 것이었으며, 하이데거는 이를 위해 존재 이해를 현상학적으로 분석했다. 『존재와 시간』 서론의 첫 번째 장에서 하이데거는 존재 이해가 왜 본질적으로 시간적인지 보여 줄 것임을 시사했는데, 이는 존재가 항상 시간과의 관계에서 이해된다는 것과 존재 이해의 이러한 특성은 그 시간 구조에 의해 해명되어야 한다는 것을 뜻한다. 하이데거는 제II편 후반부에서 이 주제를 다시 다룬다. 처음 읽는 학생들이 『존재와 시간』을 아주 깊이 있게 천착하는 것은 흔치 않은 일이기 때문에, 그리고 하이데거가 『존재와 시간』에서 제시하는 해명들이 대단히 모호하고 또 별로 성공적이지도 못했다는 것이 거의 확실하기 때문에 나는 제II편의 4-6장까지 다루지는 않을 것이다.[5] 『존재와 시간』의 독자들을 위한 이 안내서에서의 토론은 하이데거가 제II편에서 자기를-가짐에 관해 해명

5 이에 대한 상세한 논구를 원하는 독자는 나의 책 *Heidegger's Temporal Idealism* (Cambridge, UK: Cambridge University Press, 1999)을 참조해 보면 좋을 것이다.

한 것과 함께 끝난다.

하지만 우리는 존재론에 관한 하이데거의 광범위한 성찰들과 함께 시작해야 하는데, 실은 『존재와 시간』이 바로 그렇게 시작한다.

본문 및 번역에 대해 미리 알려 둘 말들

하이데거의 『존재와 시간(*Sein und Zeit*)』 표준 번역본은 하퍼(Harper) 출판사에서 1962년에 출판된 맥쿼리(Macquarrie)와 로빈슨(Robinson)의 『존재와 시간(*Being and Time*)』이다. 이 번역본은 대체로 훌륭한 번역본으로 명료하고 또 읽을 만하다.[6] 나는 이 번역본을 이용해 『존재와 시간』을 인용했다. 나는 인용문들의 쪽수를 다음과 같이 이중으로 표기할 것이다: (171/132). 사선 앞의 숫자는 영어 번역본의 쪽수이고 뒤의 숫자는 독일어 원본의 쪽수이다. 독자들 중 독일어 원본이나 다른 번역본을 사용하는 이들은 독일어 원본의 쪽수를 사용해 인용문의 출처를 확인할 수 있다. 또한 나는 『존재와 시간』에 관한 책들이 표준적으로 사용하는 방식대로 『존재와 시간』의 각 장을 다음과 같이 표기하려 한다: I.1, 로마자는 편(division)을 표시하고 아라비아 숫자는 장(chapter)을 표시한다.

맥쿼리와 로빈슨의 번역본이 대체로 훌륭하긴 하지만 그렇다고 오류가 없는 것은 아니다. 일반적으로 그런 오류들은 그때그때 표기될 것이다. 하지만 몇 가지는 미리 언급해 둘 필요가 있다. (쪽수 뒤에 나오는

---

6 어쨌든 *Being and Time: a Translation of "Sein und Zeit,"* trans. by Joan Stambaugh (Albany, NY: SUNY Press, 1996)보다는 훨씬 낫다.

모든 별표는 내가 전문 용어들을 아래 언급하는 바에 따라 대체하는 것 이상으로 번역을 바꾸거나 교정했다는 것을 의미한다.)

존재(Being): 맥쿼리와 로빈슨은 "존재"(being)라는 말의 첫 글자를 대문자로 표기할 것을 고집한다. 하지만 이와 같은 대문자 표기는 하이데거의 언어에 쓸데없이 기이하고 모호한 느낌만 더할 뿐이다. 물론 그런 일은 하이데거를 이해하는 데에 도움이 되지 않는다. 그래서 나는 "존재"(being)를 항상 소문자 "b"를 사용해서 표기하려 한다.

옆에-나란히-있음(Being-alongside): 맥쿼리와 로빈슨은 하이데거의 용어인 "*Sein-bei*"를 "옆에-나란히-있음"으로 번역하는데 이는 대단히 오해의 소지가 많다. *Sein-bei*는 우리가 세계에서 참여적으로 행동하며 조우하게 되는 개별체들에 대해 지니는 기본적 친숙함을 뜻한다. 우리는 단순히 그들 "옆에 나란히" 있는 것이 결코 아닌 것이다. 나는 "*Sein-bei*"를 "곁에-있음"(being-amidst)[7]으로 번역하려 한다.[8]

발견(Discover)/탈은폐(uncover): 하이데거 본인은 "탈은폐"(*entdecken*)라는 하나의 용어로 표기하는 것을 맥쿼리와 로빈슨은 "발견"과 "탈은폐"라는 두 용어로 표기한다. 그렇지 않아도 까다로운 하이데거의 언

---

7 역자 주: 확실히 '곁에-있음'은 'being-amidst'를 직역하는 말은 아니다. 하지만 마찬가지로 'being-amidst' 역시 원래의 독일어 '*Sein-bei*'를 직역하는 말은 아니다. '*Sein-bei*'는 우리말 '곁에-있음'에 가까운 말로, 이를 두 존재자가 어떤 '친숙함'의 관계도 없이 그저 '나란히 옆에 있다'는 뜻이 아니라 서로 '친숙함'의 관계를 맺으며 '곁에 있다'는 뜻으로 이해하는 것이 하이데거의 취지에 가장 잘 어울리는 일일 것이다.

8 이러한 번역은 다음의 저술을 따른 것이다: John Haugeland, "Heidegger on Being a Person," *Noûs*, 16 (1982).

어를 이런 식으로 더 혼란스럽게 만들어야 할 이유는 없다. 나는 항상 "탈은폐"라는 말을 사용하려 한다. 영어 단어 "discover"가 원어의 의미를 제대로 알려 주는 말이 아니라는 것이 가장 커다란 이유이다.

그들(The "They"): 맥쿼리와 로빈슨은 하이데거의 신조어 "*das Man*"을 기이하게도 이렇게 번역한다. *Das Man*은 원래 독일어의 삼인칭 부정대명사인 "*man*"을 사용해 만든 말로, "*man*"은 "one should not step on the highest rung of the ladder."에서의 "one"과 같은 뜻이다. 오늘날 영어에서는 "one" 대신 "you"가 쓰이는 경우가 많은 것에 비해 독일어에서의 "*man*"은 훨씬 더 일관되게 사용되는 편이다. 하이데거가 *das Man*에 관해 기술하는 것을 보면 그것이 "그들"(them)을 뜻하는 말이 아닌 것이 분명하다. *Das Man*은 나와 구별되는 타인들을 뜻하기보다는 모든 사람들이면서 동시에 아무도 아닌 어떤 것을 뜻하는 것이다. 나는 *das Man*을 사회적 정상성의 현상으로서 해석하려 하며, "the They"라는 말이 암시할 수 있는 부적절한 의미를 피하기 위해 나는 *das Man*을 "the Anyone"(세인)이라 번역할 것이다.[9]

마음-상태(State-of-mind): 하이데거가 "*die Befindlichkeit*"라 부르는 현상은 사물들이 우리와 관계하는 방식에 우리가 항상 조율되어 있음을 주로 심기(mood)의 관점에서 나타낸다. 이 용어에 관해서는 나중에 더 상세하게 논의하게 되겠지만 나는 "*Befindlichkeit*"를 "disposedness"(심정성; 처해-있음)[10]로 표기하리라는 것을 미리 알려 둔다.[11]

---

9 이러한 번역은 다음의 저술을 따른 것이다: Charles B. Guignon, *Heidegger and the Problem of Knowledge* (Indianapolis: Hackett Publishing Co., 1983).

본래성(Authenticity; 진정성)/본래성의(authentic; 진정성의): 하이데거가 "*die Eigentlichkeit*"라 부르는 실존적 상태는 그가 "세인 속에 자신을 잃어버림"이라 부르는 것에 정반대되는 상태이다. "Authenticity"는 이 용어의 번역어로서 타당하지만 나는 "ownedness"(본래성; 자기를-가짐)[12]라 번역할 것이다. 왜냐하면 하이데거가 이 말을 통해 포착하려 하는 현상은 어떤 것에 진실할 수 있느냐의 문제라기보다 누가 자신을 어떻게 가지느냐의 문제이기 때문이다.

---

10 역자 주: 독일어 *die Befindlichkeit*가 심기나 무언가를 할 마음, 어떤 것에 대한 정서 등을 표현할 수 있다는 점에서 State-of-mind 및 disposedness는 잘못된 번역어는 아니다. 또 실제로 하이데거는 *die Befindlichkeit*를 정서적 기조나 이렇게 저렇게 기분이 잡혀 있는 마음의 상태를 뜻하는 말인 *Stimmung* 및 *Gestimmtsein*으로 소개하기도 한다. 하지만 동시에 하이데거는 그러한 설명방식이 존재론적인 설명이 아니라 존재적(*ontisch*) 설명이라는 단서를 단다. 아마 이 용어에 대한 적절한 해석은 그 동사적 표현인 "*befinden*"이 "*Es befindet sich*"라는 재귀적 문장으로 쓰일 수 있는 말이라는 것을 염두에 둘 때 비로소 가능할 수 있다. "*Es befindet sich*"는 무엇인가 특정한 장소나 상황에 놓여 있음을 표현하는 문장이다. 굳이 풀어 표현하자면 "*Befindlichkeit*"는 '언제나 항상 이러저러한 방식으로 기분이 잡혀 있는 현존재(= 인간을 표기하는 존재론적 용어)가 특정한 상황에 처해 있음'을 뜻하는 용어라 볼 수 있다. 이런 이유로 역자는 이 용어를 주로 "처해-있음"이라는 말로 번역하면서, 감정의 기조를 표현하는 것에 더 주안점이 놓여 있는 경우에 한해 "심정성" 등의 표현을 사용하려 한다. ("*die Befindlichkeit*"에 대한 존재적 설명과 존재론적 설명의 차이에 관해서는 『존재와 시간』의 제29절을 참조할 것.)

11 이러한 번역은 다음의 저술을 따른 것이다: Taylor Carman, *Heidegger's Analytic* (Cambridge, UK: Cambridge University Press, 2003).

12 역자 주: 독일어 "*die Eigentlichkeit*"의 뜻은 우리말의 본래성에 가까우며, 소유의 의미가 강하게 들어간 "ownedness"는 "*die Eigentlichkeit*"의 어간인 "*eigent-*"에 명사형 어미 "-um"이 붙으면 재산이나 소유권, 소유물 등을 뜻하는 "*das Eigentum*"이라는 말이 만들어진다는 것에 착안한 의역이다. 역자는 "*die Eigentlichkeit*"를 주로 "본래성"이라 번역할 것이며, 본문의 문맥에 따라 "자기를 가짐" 등의 표현을 병기하게 될 것이다.

3장 본문 읽기

I. 존재론

존재란 무엇인가? "존재"라는 말은 철학자가 아닌 사람들을 불편하게 만드는 철학적 용어들 중 하나이다. 그것은 무언가 중요한 것을 뜻하는 것처럼 느껴지면서도 정작 그것이 무엇인지는 말하기 힘든 그런 말이다. 『존재와 시간』의 번역자인 맥쿼리와 로빈슨은 "존재"(being)라는 말을 대문자 B로 표기함으로써 이 말이 중요할 것 같다는 막연한 느낌을 더 혼란스럽게 만들어 버렸다. 일단 "존재"라는 말에 관한 가장 기본적인 사실을 고찰하면서 이 용어에 대한 생각을 시작해 보자: 이 용어는 동명사이며, "존재함"(to be)이라는, 그것과 연관된 다른 동사적 의미에 의해 묘사될 활동이나 조건을 지시한다.[1] 무엇이 존재의 "조건"인가?

---

1 역자 주: 저자의 주장은 영어 번역어인 "being"에 해당하는 주장이다. 원래의 독일어 "*das Sein*"은 동사 원형에 해당하며, 동명사 형태인 "*das Seiende*"는 존재가 아니라 존재자(있는 것)를 뜻한다. 저자는 "*das Sein*"은 "being"으로 번역하면서 "*das Seiende*"는 독립체 및 개별체를 뜻하는 "entity"로 번역한다. 의미상으로 보면 이 역시 큰 무리는 없는 번역이다. 역자 역시 제2장까지는 저자가 "entity"라는 표현을 사용하면 직역해서 개별체라 번역하였다. 하지만 본격적으로 『존재와 시간』에 관해 논하는 제3장부터는 "*das Seiende*"의 영어 번역어인 "entity"는 존재자라 번역될 것이다. 이는 국내의 거의 모든 연구자들이 "*das Seiende*"를 존재자라 번역하기 때문이기도 하고, 또 그렇게 하는 것이 존재라는 말을 둘러싼 하이데거의 설명들이 지니는 미묘한 함의들을 추적하기가 더 용이하기 때문이기도 하다. 아마 존재론적 의미에서의 존재가 상태적인 의미로 이해될 수

> 다루어야 할 물음에서 **물어진 것**은 존재이며, 존재는 존재자를 존재자로서 규정하고, 우리가 존재자를 어떻게 논의하든 상관없이, 존재자는 그 용어를 통해 언제나 이미 이해되어 있다. (25-26/6*)

존재는 "존재자를 존재자로서 규정한다." 여기서 동사 "규정함"(to determine)은 산출하거나 원인이 된다는 것을 의미하지 **않는다**; 하이데거는 존재가 존재자들을 산출한다고 암시하지는 않는 것이다. 실은 존재자들끼리 서로서로 산출하거나 원인이 된다; 존재가 존재자들을 산출한다거나 약간 다르게 표현해 신이 존재라고 암시하는 것은 근본적인 개념적 오류를 범하는 일이며, 실은 이것이 하이데거가 "존재신론"이라 부르는 것의 중심에 놓여 있다.[2]

> 존재자의 존재가 그 자체로 존재자로 "있는" 것은 아니다. 존재의 문제를 이해함에 있어서 우선 명심해야 할 것은 "이야기를 만들지 않아야 한다"는 것이다. 즉 마치 존재가 어떤 가능한 존재자의 성격을 지니고 있기라도 한 것처럼 존재자를 그 유래를 따져 또 다른 존재자로 환원시켜서 존재자로서 규정해서는 안 된다는 것이다. (26/6)

있는 용어가 아니라 현존재의 존재가 지니는 역동성과의 관계에서 이해되어야 하는 용어라는 것을 강조하는 것이 저자의 의도일 것이다. 어쨌든 역자는 일단 하이데거적 의미에서의 "존재"(*das Sein*)는 동명사적으로 표현된 "존재자"(*das Seiende*)와 존재론적으로 뜻이 다르다는 것을 분명히 밝혀 둔다. 존재와 존재자 사이의 차이에 대한 설명은 본문에서도 다시 상세히 언급될 것이며, 이를 이해하는 것이야말로 하이데거 존재론을 연구하는 데 가장 중요한 과제들 중 하나이다.

2 다음 참조: "Kant's Thesis About Being," in *Pathmarks*. Thomson, *Ontotheology* 역시 참조.

존재는 존재자를 존재자로서 규정한다. 이는 존재자를 또 다른 존재자를 통해 규정한다는 뜻이 아니라 무언가 다른 의미로 그렇게 한다는 뜻이다.

전에 언급된 25-26쪽의 인용문에서 하이데거는 서로 동격인 두 가지 문장들을 제시한다: 그것들은 "존재는 존재자를 존재자로서 규정한다"와 "존재자는 그 용어를 통해 언제나 이미 이해되어 있다"이다. 두 번째 설명에는 생략된 말이 있는데, 보충해 보면 "존재자는 그 용어를 통해 언제나 이미 **존재자로서** 이해되어 있다"가 된다. 우리는 존재자를 존재자로 만들어 주는 그 무엇에 관한 용어를 통해 존재자를 **존재자로서** 이해한다 (무엇이 존재자를 만드는지의 문제가 **아니다**). 예를 한 번 들어보자. 무엇이 풍금새를 풍금새로 만드는가? 풍금새로 존재하려면 한 마리의 새는 곤충을 먹는 연작류의 하나여야만 하며 검은 날개와 진홍색 몸을 지니고 있어야만 한다. 이것이 우리 비전문가들(조류학자가 아닌 사람들)이 풍금새로 존재하는 것이 무엇을 의미하는지 이해하는 방식이다. 숲 속에서 붉은 빛이 스쳐가는 것을 보고 풍금새를 찾기 시작한다고 상상해 보자. 만약 검은 날개가 없는 붉은 새를 보게 되면 우리는 그 새가 풍금새가 아니라고 결론 내리게 될 것이다. 그러므로 풍금새로 존재한다는 것이 무엇을 의미하는지에 대한 우리의 관념은 무엇이 진홍색 풍금새로 간주될 수 있는지 **표준들**로 작용하는 셈이다.

이와 비슷하게, 우리는 사물들이 존재하는지 판단할 때마다 차이들에 주목하게 된다. 나는 뒤뜰에 어떤 남자가 있는 것을 보았다고 생각하고 다시 한 번 뒤뜰을 살펴본다. 두 번째로 보면서 나는 뒤뜰에 아무도 없다는 것을 깨닫는다. 뒤뜰에 한 남자가 있기는 했지만 그가 아주 잠깐 동안만 존재하다가 사라져 버렸을 가능성이 있을까? 아니, 그것은 가능하지 않다. 물리적 사물로 존재함에 관한 우리의 이해는 사물이 시간 속에서 지속하면서 아주 기본적인 규칙적 원리들에 따른다는 것을 전제한다. 뒤뜰에서 한순간 나타났던 남자의 존재가 이 기준들에 어긋나기 때문에 우리는 거기 아무도 없었다고 결론 내린다. 하이데거의 요점은, 우리가 무엇이 존재하는지의 여부를 규정할 일련의 기준들을 이미 사용하고 있는 한, 우리는 존재함이 무엇인지 "이미 이해하고 있다"는 것이다. 이 기준들이 존재의 의미인 것이다.

"존재의 의미"라는 구절은 즉각적으로 하이데거가 "존재"라는 말의 의미를 알기를 원한다는 것을 암시한다. "존재"의 의미론을 언어학적으로 탐구하는 것이 하이데거의 철학적 문제의식을 위해 중요하지 않은 것은 아니지만, 그렇다고 그것만으로 모든 문제가 해결되는 것도 아니다. (x)절에서 보게 되겠지만, 하이데거는 의미가 주로 언어학적 현상으로 간주되어야 한다고 생각하지 않았다. "이해함"이라는 동사를 하이데거가 사용하는 방식에 따르면 우리가 단지 관념들, 개념들 및 단어들만을 이해하는 것은 아니다. 우리는 오히려 (대개의 경우) 사물들이나 현상들을 이해한다. 만약 당신이 사무실에서 누군가와 다투게 되면 당신은 "그를 어떻게 설득할지 잘 모르겠어", 혹은 "그를 이해하지 못하겠어." 하는 식으로 말하게 될 것이다. 그럼 동료 중 한 사람이 당신에게 "내가 그와 이야기해 볼게. 난 그를 어떻게 다뤄야 할지 알고 있어." 하고 대꾸할지도 모른다. "그를 어떻게 다루어야 할지 안다"는 것은 그에 대한 어떤 심리학적 이론을 가지고 있다는 것을 뜻하지 않으며, 당신이 그를 어떻게 설득할 수 있는지 말해 줄 수 있다는 것을 뜻하지도 않는다. 이런 경우의 이해는 능력, 노하우(know-how), 능숙함이다. 이런 종류의 선(先)-이론적 능력에 관한 또 다른 구어적 표현들도 있다: "나는 맥 컴퓨터에 감이 있어"; "난 지하철에 아주 환해"; "난 불친절한 식당에서 어떻게 해야 할지 감 잡았어."

무엇에 대해 "감이 있음"과 이론을 알고 있는 것 사이의 이러한 차이가 하이데거가 말하는 선-존재론과 존재론의 차이이다. 존재론은 "특히 존재자의 의미를 밝히는 것에 할애된 이론적 탐구이다" (32/12). 존재론(이러한 탐구의 결과물, 예를 들어 『존재와 시간』에서의 이론)은 존재의 의미를 개념적으로 분명하게 정리해서 해명하는 이론이다. 『존재와 시간』의 전제는 바로 이러한 종류의 존재론이 성공적으로 만들어진 적이 없다는 것이다. 실제로 책의 서론 앞에 놓인 도입부에서 하이데거는 자신이 "**존재의 의미에 관한 물음**을 새롭게 제기하는 것"을 목표로 삼는다고, 그리고 이러한 작업은 그가 "무엇보다도 우선 이러한 물음의 의미에 대한 이해를 사람들에게서 다시 일깨울 것"을 요구한다고 언급한다 (19/1). 이제 철학은 우리에게 존재론을 제공해 주기는커녕 더 이상 존재의 의미에 관해 묻는 것이 무엇인지 이해조차 하지 못한다는 것이다. 어쨌든 그럼에도 우리는 존재를 이해한다. 비록 분명하고 개념적으로 잘 정리된 방식으로는 아니라고 할지라도 말이다. 우리는 우리가 이해하는 것이 무엇인지 밝힐 수 없으면서도 어쨌든 무언가에 대해 감을 잡고 또 이해하는 것과 같은 방식으로 존재를 이해하고 있는 것이다. 이와 같은 종류의 이해는 특정한 관심사에 대한 인식적 파악이라기보다는 차라리 **무엇인가 할 역량**을 뜻한다.

우리가 존재를 이해함으로써 할 수 있는 일은 무엇인가? 우리는 항상 존재하는 사물들과 그렇지 않은 사물들을 구별한다. 또한 우리는 개별체의 **종류들**을 구별한다. 하이데거는 개인들, 사물들, 인간의 삶에 필요한 용품들을 구분하면서 선-반성적 실천에 있어서 우리는 사물들에 관해 이런 구분을 바탕으로 **말하지도 생각하지도** 않으면서도 실은 이 세 가지의 차이를 늘 받아들이고 있다고 주장한다. 예를 들어 우리는 인간의 삶에 필요한 용품들 또는 장비들을 직감적으로 다룬다. 하이데거는

"도구"나 "손-안에-있음" 같은 말을 사용하는데 이는 기능이나 목적에 의해 정의되는 것들을 지칭하는 말이다. 망치는 못을 박기 위한 것이고 펜은 필기를 위한 것이다. 도구에 대한 이런 식의 이해는 누군가 도구를 **잘못** 사용할 때 아주 분명해진다. 만약 누군가 자신의 발을 볼펜으로 긁고 있다면 그의 행동은 눈에 띌 것인데 이는 물론 그가 펜을 잘못 사용하고 있기 때문이다. 이러한 예는 인간의 삶을 위한 그 기능적 역할에 의해 정의된 바에 따라 용품들을 우리가 어떤 식으로 이해하는지 보여 준다.

누군가 다른 사람을 도구처럼 다루는 것을 보게 되면 우리는 그러한 행위를 눈여겨 보게 될 뿐만 아니라 충격까지 받게 될 것이다. (그런 행위가 지닌 도덕적 의미 때문에 우리는 그냥 멍해지기만 하는 대신 충격을 경험하게 된다.) 하이데거에 따르면 사람들은 (적어도 부분적으로는) 스스로를-결정하는(self-determining) 존재자들이다: 우리가 자신의 삶을 어떻게 꾸려 가느냐에 따라 자신이 누구인지 이해하는 우리의 태도가 정해지는 것이다. 도구는 그렇지 않다. 우리는 망치가 스스로 자신이 망치인지 "결정"하기를 기대하지는 않는다. 하지만 사람들의 경우 우리는 그들이 스스로 결정해서 부모나 피고용인, 친구 등이 되거나 말거나 할 것이라고 기대한다. 그렇기에 만약 존스가 스미스를 도구처럼 다루게 되면, 단순히 그를 이용하거나 호도하는 것을 넘어서 마치 스미스가 문 버팀쇠나 되는 것처럼 그를 붙잡아 문의 모서리에 세워 놓으면, 우리는 충격을 받게 된다. 존스의 행동은 **스미스가 어떤 종류의 존재자인지**에 대해 그가 오해하고 있음을 보여 주는 것이다.

존재에 대한 우리의 느낌은 대개 불분명하다. 때로는 선-존재론적 이해가 전면에 부각되어서 특별히 다루어지게 되는데, 예를 들어 토마스 쿤이 말하는 근본적 과학혁명들이 일어날 때가 그렇다.[3] 진화론, 양자역학, 상대성 이론 등 과학에서의 혁명들은 생물학과 물리학의 내적 역학관계를 바꾸었을 뿐만 아니라 동물이 무엇이고 물질이 무엇인지에 대한 과학자들의 이해를 근본적으로 변화시켰다. 그가 "학문들의 본래 운동"에 관해 언급했을 때 하이데거는 쿤의 과학혁명 개념을 선취했던 셈이다 (29/9). 과학혁명은 쿤이 "정상과학"이라고 부르는 과학에서의 전형적 연구 과정과 대비된다. 하이데거는 정상적 학문에서의 과정은 연구 영역에서의 존재에 관한 선-존재론적 가정들에 기초를 두고 있다고 주장한다.[4]

> 근본 개념들은 우리로 하여금 한 학문의 연구 주제들 모두의 바탕에 깔려 있는 사태영역을 선행적으로 이해하게 해 주는 그러한 규정들이며, 실증적 연구들은 모두 이 선행적 이해를 통해 가능해진다. (30/10)

과학혁명은 이러한 근본 개념들이 변할 때, 학문적 탐구가 존재론으로 향하게 될 때 일어난다. 쿤의 과학혁명의 개념은 하이데거가 학문함의 철학적 차원을 어떻게 바라보았는지 이해하는 데 도움이 된다. 그렇지만 그것만으로 하이데거의 입장이 다 설명되는 것은 아니다.

하이데거는 존재론이 **선험적** 학문이라고 주장하는데, 이는 존재에 대한 우리의 이해의 변화가 과학적 이론에서의 변화를 설명해 주는 것이

---

3 다음 참조: Thomas Kuhn, *The Structure of Scientific Revolutions*, 2nd, enlarged ed. (Chicago: University of Chicago Press, 1970).

4 역자 주: 하이데거의 철학과 연관된 경우, 영어 번역본에서의 "science"는 독일어 "*Wissenschaft*"를 번역한 말이다. 그런데 "*Wissenschaft*"는 자연과학과 인문학을 모두 아우르는 말이다. 역자는 이러한 사정 및 "과학혁명"이 일반적으로 통용되는 표현이라는 점 등을 종합적으로 고려해서 본문에서의 "science"를 "과학"과 "학문"이라고 문맥에 따라 다르게 번역하려 한다.

지 전자가 후자에 의해 정당화되는 것은 아니라는 것을 뜻한다. 존재론적 연구는 "실증학문들에 선행하는 것이어야 하며, 또 실제로 그럴 수 있다"고 하이데거는 단언하는 것이다. 그것은

> 특정한 존재영역으로 곧장 뛰어들어 그것을 그 존재구성 안에서 최초로 열어 밝히며, 이렇게 획득된 구조들을 실증과학들이 탐구의 투명한 지침으로써 사용할 수 있도록 만들어 준다. (30-31/10)

존재론적 성찰이 경험과학의 토대를 세운다. 이러한 이유로 하이데거는 계속 "존재론적 연구는 실증학문들의 존재적 물음들보다 더 근원적이다"라고 진술한다 (31/11). 존재론은 우리로 하여금 존재하는 것을 존재하지 않는 것으로부터 구분할 수 있게 하는 기준들뿐만 아니라 존재자의 상이한 근본 종류들도 연구하기 때문에 하이데거는 학문은 존재론을 전제로 한다고 말한다. 실증학문들에 대해 존재론이 우위를 지닌다는 것은 『존재와 시간』에서 특히 중요한데 그것은 하이데거가 인간의 삶에 관한 새로운 존재론을 제공하기 때문이다. 그는 인간의 삶에 관한 부적절한 존재론에 의해 그렇지 않아도 지나치게 경험적이었던 사회과학적 연구가 위태로워졌다고 믿는다. 『존재와 시간』의 I.1에서 하이데거는 인간학과 심리학은 『존재와 시간』에서의 인간 존재 분석으로부터 연구지침이 될 만한 실마리들을 많이 받아들여야만 한다고 주장한다.

물론 하이데거가 경험과학에 대한 형이상학이나 존재론의 우위를 주장한 첫 번째 철학자인 것은 아니다. 하지만 하이데거의 접근은 제1장에서 논의된 바와 같이 주로 칸트의 선험초월론적 전환에 입각해 있다: 존재론은 우리의 존재 **이해**의 탐구인 것이다. 우리는 선-존재론적 존재

이해를 지니고 있으며, 철학자로서 우리가 할 일은 이 선-존재론을 확실하게 존재론적 이론으로 만드는 것이다. 그러므로 존재론은 해석적 혹은 "해석학적"이다. 우리의 선-존재론적 이해가 우리의 행위와 삶을 꾸려 가는 선-반성적 접근에 수용되어 있으므로, 존재론은 우리의 실천적 존재 이해를 말로 옮기려는 시도이다. 존재론은 본유관념이나 플라톤적 형상의 이성적 직관 같은 특별한 인식적 능력을 요구하지 않는다. 차라리 존재론은 우리가 존재자들의 세계에 어떻게 참여하는지 세심하게 관찰하면서 그 형식과 구조를 언어로 정확하게 표현할 것을 요구한다.

존재론은 어떤 특별한 인식 능력에 기초해 있지 않기 때문에 그것은 그것에 정당성을 부여해 줄 어떤 특이한 확실성도 요청할 수 없다. 이 때문에 존재 이해를 말로 옮기려는 시도들은 초기에는 언제나 길을 잃는다.

> 하지만 어떤 예외적인 의미에서 **은폐되어** 있거나 혹은 다시 **은닉**되거나 혹은 '**위장된**' 상태에서만 드러나는 것은 이런저런 존재자가 아니라 차라리 존재자의 존재이다. 이는 앞에서 고찰된 바와 같다. (59/35)

존재론을 향한 시도들은 초기에는 늘 상식이나 철학적 전통에 의존하게 되는데 이러한 것들은 우리의 존재 이해를 왜곡된 방식으로 표현하는 대표적인 예들이다. 하이데거는 상식과 전통이 **왜** 탈선하게 되는지 두 가지 상이한 방식으로 설명한다. 한 가지 설명은, 우리 자신의 존재를 명석하게 해석하면 우리의 실존에 대한 어떤 굉장히 불편한 관점들이 나타나게 된다는 것이다. 우리에게 어떤 핵심적인 불변의 자기가 없다는 것과 우리가 항상 불안에 시달리고 있다는 것 등이 그러한 것들이다. 우리는 우리 존재에 관한 불편한 진리를 비인간적 사물을 모델로 삼아 우리 자신을 해석함으로써 은폐해 버린다. 『존재와 시간』 전체에 걸쳐 나타나는 "도피"의 주제가 바로 이것이다.

하이데거는 『현상학의 근본문제들』에서 두 번째 설명의 기초들을 제공한다. 하이데거는 §11에서 고대 그리스의 철학적 존재 개념은 생산 경험의 표현으로서 형성되었다고 주장한다. 생산과정 속에서 장인은 자신이 생산하려는 물건을 미리 상상하며, 이미지에 의해 인도된다. "사물의 모습을 상상하면서 선취되는 외형으로서의 **에이도스**(*eidos*)는 사물에 사물이 모든 현실화 과정 이전에 이미 그것이었으며 또 그것인 것을 부여한다" (『근본문제들』, 107). 만약 우리가 실재하는 모든 것을 신의 창조에 의한 것으로 생각하면, 그리고 우리가 신을 위대한 장인이라고 생각하면, 우리는 우리 자신을 포함한 모든 존재자들이 어떤 이상적인 형상, 즉 에이도스를 지니고 있다고 생각하게 될 것이다. "존재론적" 전통은 장인적 창조의 모델을 모든 존재자들에게 적용시키면서 존재를 창조된-존재로 오해해 왔다.

이 두 번째 설명(과 그 비슷한 다른 설명들)[5]은 하이데거가 "존재론의 역사의 해체"라 (63/39) 부르는 것의 사례이다. 이러한 "해체"는 존재론의 개념적 역사의 분해인데, 그 안에서 철학의 가장 이른 시기에 존재가 무엇을 의미하는지 말하려던 철학적 시도를 불러일으켰던 경험들이 분석된다. 이전 단락의 예들이 그런 시도를 간략하게 그려 낸다: 고대 그리스의 존재론은 (하이데거에 따르면) 생산의 경험으로부터 생겨났다. 이것을 아는 것은 어떻게 존재론이 독특하고 한정된 범위의 경험

---

5 예를 들면, 존 듀이가 형이상학의 역사를 손으로 일할 필요가 없는 자들의 경험을 법전화한 것이라고 설명하는 것을 살펴볼 것. (이러한 설명은 하이데거의 『근본문제들』에서의 설명에 거의 대립적이다.): *The Quest for Certainty*, in *Later Works, 1924–1953*, vol. 4 (Carbondale, IL: Southern Illinois University Press, 1988).

으로부터 생겨났는지 보여 줌으로써 종래의 존재론을 수용하는 것에 덜 집착하게 만드는 일이다. 하이데거는 자신의 고유한 현상학적 분석들을 통해 경험을 더 깊고 폭넓게 파헤쳐서 우리가 직면하는 존재의 양태들의 전체 범위를 드러낼 수 있다고 믿는다.

우리는 우리의 존재론적 지평들을 넓혀 감에 따라 존재의 양태로 헤아릴 만한 것을 위한 기준 같은 것을 필요로 하게 된다. 이러한 필요성은 방법론적 순환 같은 것을 발생시킨다: 이미 특정한 존재론을 지니고 있지 않다면 존재의 양태로 무엇을 헤아릴지 우리가 어떻게 알겠는가? 하지만 우리는 유력한 존재의 양태들을 탐구해서 왜 그들이 특히 탐구할 만한 가치가 있는 것인지 평가해 보기 전에는 존재론을 확보할 수 없다. 이 수수께끼를 하이데거는 다음과 같이 확정한다:

> **존재의 의미를 먼저 적절하게 밝히는 것을 자신의 근본 과제로 삼고 또 실제로 밝혀내지 않는 한, 기본적으로 존재론은 모두, 비록 그것이 그것을 위한 범주들의 체계를 풍부하고 단단하게 정합된 형태로 지니고 있다고 해도, 그것의 가장 본래적인 목적에서 이미 맹목적이고 왜곡된 것이다.** (31/11)

순환성을 꼭 문제라 여길 필요는 없는데, 이는 존재론이 해석학적으로 전개되며, 해석학은 본질적으로 그 방법에 있어서 순환적이기 때문이다. 하이데거가 §32에 쓴 것처럼, "결정적인 것은 순환의 원 밖으로 나오는 것이 아니라 그 안에 올바른 방식으로 들어가는 것이다" (195/153). 책을 읽을 때 우리 마음이 읽고 있는 특정한 부분의 이해와 전체의 이해 사이에서 반복적으로 움직이듯이, 존재론을 만들어 나가면서 우리는 존재의 어떤 특별한 양태를 분석하다 존재의 장(field) 전체를 보다 하기를 번갈아 가며 반복하게 되는 것이다. 존재론적 연구의 과정 속에서는 일반적으로 존재의 장의 지도를 그리거나 구조를 묘사하는 데 초점이 맞추어지게 된다.

하이데거는 존재의 장을 구조적으로 명료히 하는 일은 일반적으로 시간 현상학의 길을 따른다고 주장한다: "… 현존재가 존재와 같은 것을 드러내지 않고 이해하고 해석하는 것은 오직 **시간**으로부터만 가능해지는 일이라는 것을 우리는 보여 주어야 한다" (39/17). 이 주제는 이 책에서 다루어지지 않을 것이다. 이 작은 책자에서 다루기에는 너무나 애매하고 복잡한 주제이기 때문이다. 하지만 그 기본적 발상은 다음과 같다: 우리의 이해는 어떤 깊은 시간적 특성들에 의해 구조화되어 있다. 이 말을 이해하기 위한 대강의 시도로서 우선 여기서의 구조를 이해의 문법과 같은 것이라고 생각해 두자. 칸트가 『순수이성비판』에서 "순수한 오성의 범주들"이라고 말하는 것과 대단히 비슷한 것이라는 식으로 말이다. 칸트에 의하면 우리는 사물이 시간 속에서 규칙성을 보이면 그것을 객관적이라고 (환영이나 오류의 반대로서) 간주한다. 사물들은 제멋대로 존재했다 사라졌다 하지 않는다: 존재함은 (어떤 특별한 방식들로) **시간 속에서 지속함**을 함축하는 것이다. 우리는 자연을 법칙과 같은 규칙들의 영역으로 파악한다. 자연이 법에 의해 지배되는 것이어야만 한다는 요청은 오성의 문법에 의해 제기된다; 그것은 자연에 의미를 부여하려는 시도에 부과된 요청이며, 자연 존재론의 한 요소이다.

하이데거는 이러한 분석적 성찰을 개별체의 다른 종류들에 확장해서 적용하는데, 인간들과 인간들의 삶에 사용되는 용품들이 그 주된 대상들이다. 그들 역시 그들의 존재론적 구조 속에서 시간적 특성들을 보이며, 일반 존재론의 목적은 이러한 시간적 특성들을 드러내서 체계화하는 일이다. 성공적인 일반 존재론의 결과는 하이데거가 "시간성"[6]이라고 부르는 존재 일반의 시간 구조가 개념화되고 구성되는 것이다. 그러

므로 시간은 존재론적 이해에 있어서의 최종적 지평이 된다:

> 마치 차례로 일어난 것처럼 이전에 언급된 일련의 기획들은 — 존재자 이해, 존재에의 기획, 존재 이해, 시간에의 기획 — 시간성의 탈자적 통일성의 지평을 목적지로 삼는다. (『현상학의 근본문제들』, 308)

비록 이 주제가 이 책에서 다루어지지는 않겠지만, 독자들은 하이데거의 논점들 중 어떤 것들은 존재의 바닥 구조로서의 시간에의 탐구와 성찰을 반영하고 있다는 것을 기억해 둘 필요가 있다.

『존재와 시간』의 공식적 기획은 존재의 해명을 가능하게 할 명쾌한 존재론을 개발하는 것이다. 존재론적 탐구는 해석학적으로 진행되며, 이는 우리의 선-존재론적 존재 이해를 개념적으로 구성된 형식으로 표현해 나가는 것을 뜻한다. 이렇게 하려면, 우리는 우리의 선-반성적, 실천적 세계 참여의 형식들 안으로 깊이 천착해 가면서 무엇이 그들로 말미암아 가능해지는지 표현해야만 한다. 그래서 하이데거는 인간의 존재에 관한 존재론을 개발하는 것을 예비적 목적으로 삼는다. 연구 대상에의 "진입 관점"의 확보가 『존재와 시간』에서 반복해서 제기되는 주제이다. 서론의 제1장에서 하이데거는 이 진입 관점을 "물어져야 할 것"으로서 (24/5) 언급한다. 우리의 존재 이해로의 진입 관점을 확보하려

---

6 맥쿼리와 로빈슨은 시간성을 뜻하는 독일어 "*Temporalität*"의 첫 글자를 대문자 "T"로 표기하고 역시 시간성을 뜻하는 독일어 "*Zeitlichkeit*"는 소문자 "t"로 표기함으로써 서로 구분한다; (t)emporality는 **우리의** 존재의 시간적 구조이다. (역자 주: 독일어 "*Temporalität*"는 한국말로 보통 존재시성 또는 존재시간성으로 번역된다. "*Zeitlichkeit*"가 현존재의 존재구조로서의 시간성을 뜻하는 반면 "*Temporalität*"는 존재자의 존재란 **언제나 이미** 시간적인 것으로서 존재해 온 것으로서만 체험 가능한 것이라는 존재론적 기재성의 관점을 표현하는 말이다.)

면 우리의 이해에 관한 해명이 주의 깊게 개발되어야만 하며, 이러한 과제는 그 반대급부로 인간 삶의 존재론이 만들어질 것을 요구한다. 바로 이것이 『존재와 시간』의 우선적 목적인 것이다.

이 절을 끝내기 전 『존재와 시간』의 서론 제1장에 나오는 몇몇 하이데거적 용어들의 목록을 만들어 보자. 이렇게 해 두면 앞으로의 독서에 참조가 될 것이다:

존재론적: 존재의, 혹은 존재에 속하는.

존재자적: 존재자의, 혹은 존재자에 속하는.

현존재: 우리 인간들 (이 점에 관해서는 iii절에서 상세히 논의될 것이다).

실존: 우리 인간들의 존재.

실존적(*existential*): 우리 인간들의 존재의, 혹은 그에 속하는.

실존재자적(*existentiell*): 우리 인간들의 어떤 존재자적 측면의, 혹은 그에 속하는.

실존적인 것(An *existentiale*): 실존, 즉 우리 존재의 특성 (복수: *existentialia*).

눈앞에-있음〔현전함〕: 이 장 v절 끝의 용어해설 참조.

눈앞에-있는〔현전하는〕: 이 장 v절 끝의 용어해설 참조.

범주: 비-인간적 존재의 특성.[7]

---

7 역자 주: 범주가 비-인간적 존재의 특성이라는 저자의 해석은 논란의 여지가 있는 해석이다. 아마 저자의 해석은 아리스토텔레스 이후 전통적 범주론이 대체로 존재의 사물적 특성에 초점을 맞추고 있었다는 생각에 착안한 해석일 것이다. 하지만 이미 둔스 스코투스의 의미론과 범주론을 다룬 자신의 교수자격논문에서 하이데거는 범주의 개념에 전통적 존재론에서는 발견할 수 없는 독창적인 의미를 부여했으며, 이러한 점은 그 이후의 저술에서도 지속적으로 발견된다. 게다가 비록 전통적 범주론이 대체로 존재의 사물적 특성에 초점을 맞추고 있다고는 해도 전통적 범주론에서의 범주들을 단순히 비-인간

연구를 위한 물음들

하이데거에게 다음과 같은 이의가 제기될 수 있다: "존재"라는 말의 의미는 순전히 논리적이거나 문법적이다. 이는 "x는 개이다"라는 명제로부터 "개가 한 마리 있다"라는 명제가, 또 "개가 한 마리 있다"라는 명제로부터 "x는 개인가?"라는 질문이 도출될 수는 있지만 "존재(있음)"라는 말에 이런 통상적 의미 외에 다른 의미가 있다고 생각하는 것은 오류에 지나지 않는다는 뜻이다. 하이데거라면 이러한 이의에 어떤 반응을 보이게 될까? (만약 논리학의 기본적 지식을 습득한 독자라면 다음과 같은 이의에 관해 생각해 보라: 존재양화사로 표현될 수 있는 것 외에 다른 "존재"의 의미는 없다.)

II. 현상학

어떻게 존재를 연구할 수 있을까? 우리는 어떻게 존재론을 **할** 것인가? 존재론을 향한 하이데거의 열망들은 전통적인 것일 수도 있지만 그 열망들을 실현시키는 방법은 그렇지 않다: 현상학이 바로 그것이다. 전통적인 존재론은 개념적 분석과 언어적 분석, 이론적 일반화 (예를 들어 학문함의 결과들로부터 가능해지는), 그리고 직관의 언어적 기술 등의 다양한 방법들을 사용한다. 하이데거는 이러한 방법들은 피하고 대신 현상학을 사용하는데, 현상학은 처음에는 존재론에 특히 부적합한 것처럼 보인다. 하이데거가 존재론적 연구를 수행하기 위해 현상학을 어떻게 사용하려 했는지 이해하려면 먼저 후설의 현상학 개념에 관해 간

적 존재의 특성에 귀속시키는 것 또한 온당하지 못한 일일 것이다.

략하게 살펴보아야만 한다.

후설의 현상학

현상학은 19세기 말 현저해진 두 철학적 문제들의 영향 아래에서 형성되었다. 첫째, 하나의 학문 영역으로서의 철학은 방법론적 위기에 처하게 되었다. 철학을 물리학, 신학, 그리고 심리학 등과 구별되는 독립적 학문 영역의 하나로 간주하려는 발상은 상대적으로 새로운 혁신의 결과물이다. 고대 그리스에서부터 19세기에 이르기까지 주요 철학자들의 저술들은 오늘날에는 철학적이라 여겨지지 않을 광범위한 주제들을 다루었다. 실제로 자연과학은 18세기 말까지 "자연철학"이라 불렸다. 각각의 학문들이 철학으로부터 서서히 분리됨에 따라, 무엇을 위해 철학을 공부하는 것인지 점점 더 불분명해지게 되었다. 철학의 영역에는 한 움큼만큼의 주제들만 남겨졌다: 그것은 윤리학, 논리학, 형이상학, 미학, 그리고 인식론이다. 그런데 이러한 주제들은 어떤 공통된 관심사나 대상, 혹은 방법 등에 의해 통합된 성찰의 영역들일까? 철학의 다양한 주제들에 공통된 특성들 중 두드러지는 것 하나가 있다: 그것은 철학의 대상들이 자연적 현상들이 아니라는 것이다. 윤리학이 탐구하는 것은 우리가 해야만 하는 것이 무엇인가의 문제이지 우리가 실제로 무슨 일을 행하는가의 문제가 아니다; 논리학은 실제의 생각이 아니라 올바른 생각이란 무엇인가의 문제를 다룬다; 그리고 형이상학은 자연과학처럼 자연을 그 자체로서 다루지 않고 초감각적이며 궁극적인 실재성으로서의 자연에 관한 이론들을 마련한다.

두 번째 문제는 첫 번째 문제와 잘 들어맞는다. 19세기의 철학자들은 사유의 의미를 사유가 이루어지는 곳으로서의 심리적 상태와 그것이 뜻하는 대상 모두로부터 구분하기를 시도했다. 나와 당신이 "에베레스트 산은 높다"고 생각하면, 우리는 "같은 생각을 하고 있는 중"이다. 하지만 이 생각을 간직하고 있는 당신과 나의 마음 및 사유 행위는 서로 다르다. 당신과 나의 사유 행위가 서로 다른데도 똑같은 의미가 공유되는 셈인데, 이는 사유의 의미가 사적인 사유 행위와 동일한 것도 아니고 그 안에 들어 있는 내용물도 아니라는 것을 뜻한다. 그렇다면 무엇인가 사유하는 것은 그 사유 대상과 관계를 맺는다는 것을 의미할 것이라고 가정해 볼 수도 있을 것이다: 하지만 이런 식의 생각이 지니는 문제는 우리가 모르도르[8]처럼 존재하지 않는 사물들에 관해 생각할 수는 있지만 그들이 존재하는 것은 아니라는 바로 그러한 점에서 우리의 사유가 그들과 실제로 관계를 맺는 것은 아니라는 점에서 나타난다. 모르도르는 안두인[9]의 동쪽에는 있겠지만 실제의 장소로부터 생각해 보면 실은 어느 방향에 있는 것도 아니다. 그러므로 모르도르에 관한 내 생각의 의미나 내용은 이 생각을 **사유함**도 아니고 (내 생각의 **대상**으로서의) 모르도르라는 장소 그 자체도 아니다. 의미는 심리적인 것도 "실재적인" 것도 아닌 무언가 상당히 색다른 것이라는 뜻이다. 의미는 철학적 탐구의 다른 대상들처럼 비-자연적인 것이다.

이제 실재의 영역에 속하는 것과 비-실재의 혹은 이념의 영역에 속하는 것 전부를 어떤 식으로 나눌지 한 번 생각해 보자. 윤리적 규범들, 정치적 권리들, 논리적 법칙들, 그리고 인식론적 기준들은 모두 이념적이다. 의미들이 그러하듯이 말이다. 이 항목들 중 어느 것도 (어떤 장소에도 혹은 어느 시간에도 존재하지 않는다는 점에서) 실제로 존재하는 대상들이 아니지만 그것들은 모두 대상들에 관련되어 있다. 그 대상들

8 역자 주: 모르도르는 J. R. R. 톨킨의 유명한 소설 『반지의 제왕』에 나오는 가상의 지명이다.

9 역자 주: 안두인은 『반지의 제왕』에 나오는 가상의 강 이름이다.

자체가 실재하든 가상적이든 상관없이 말이다. 브렌타노는 이 비-실재적 항목들과 사유가 맺는 관계를 **지향성**이라고 명명했다.[10] 브렌타노는 지향성을 다음과 같이 분석했다: 우리의 경험을 분석해 보면 우리는 모든 심리적 행위들이 대상을 지닌다는 것을 깨닫게 된다. 증오는 증오되는 것에 관련되어 있으며, 욕망은 욕망되는 것에, 사색은 사색되는 것에 관련되어 있는 것이다. 심리적 행위들은 대상을 지니는데, 모르도르를 상상할 때처럼 우리가 생각하는 것이 존재하지 않는 경우에도 그러하다. 그러므로 사유의 대상은 세상에 실제로 존재하는 사물로서의 "초월적 대상"이 아니다. 차라리 그것은 "내재적 대상"이며, 이는 사유의 대상이 내가 그것에 관해 생각하거나 그것을 의도하는 한에서만 존속한다는 뜻이다. 그러나 "내적 대상들"에 관한 이야기가 한번 시작되면 우리는 의미를 우주의 구성물들에 속하는 어떤 특별한 종류의 사물인 것처럼 생각하게 되기 쉽다. 브렌타노 본인도 종종 사유의 내적 대상을 사물화하고 싶은 유혹에 넘어간다. 후설의 위대한 공로는 이러한 유혹에 체계적으로 대항할 수 있는 길을 발견했다는 점이다.

사물화에 대항할 후설의 전술은 현상학적 환원이다.[11] 현상학적 환원

---

10 Franz Brentano, *Psychology from an Empirical Standpoint*, trans. by D. B. Terrell, Antos C. Rancurello, and Linda L. Mcalister (London: Routledge and Kegan Paul, 1973).

11 Husserl, *Ideas Pertaining to a Pure Phenomenology and to a Phenomenological Philosophy; First Book, General Introduction to a Pure Phenomenology*, trans. by F. Kersten (The Hague: Martinus Nijhoff, 1982). 하이데거가 현상학적 환원을 **액면 그대로** 받아들이지 않았다는 점에 주의할 필요가 있다. 하이데거는 우리 자신의 존재의 경우 우리는 먼저 우리 자신의 실존에 관한 관점을 선취하지 않는 한에서는 인간으로 존재한다는 것이 무엇인지 설명할 수 없다고 주장한다. 다음의 책 참조: *History of the Concept of Time: Prolegomena*, trans. by Theodore Kisiel (Bloomington: Indiana University Press, 1985).

은 우리 사유의 초월적 대상이나 사유하는 자로서의 우리 자신에 관한 관심들을 모두 "보류" 혹은 "도외시하는" 것을 통해서 우리의 경험을 "환원한다". 우리는 내 생각의 대상들이 실제로 존재하는지, 혹은 그들이 존재하는 경우 그들이 내가 경험한 것과 똑같이 존재하는지 등의 문제들을 무시하는 법을 배워야 한다. 또한 우리는 그러한 대상들에 우리의 경험이 일어나도록 하는 심리적 행위들의 실재성과 본성에 관한 문제들을 무시하는 법도 배워야 한다. 그 대신 우리는 그 자신을 보여 주는 바대로의 대상, 즉 **내가 의미하는 바대로의** 대상에 주목해야 하며, 후설은 이것을 "대상을 통해 대상"을 이해하기라고 부른다.

브렌타노는 지향성 연구를 그가 "기술"(descriptive) 심리학이라고 부른 심리학의 한 분야로 여겼다. 후설은 의미에 관한 연구는 심리학의 형식을 취할 수 없다고 생각했는데, 이는 심리학을 실재적 사물로서의 인간 심리에 관한 경험적 연구로 이해하는 한에서는 그렇다는 뜻이다. "기술 심리학"은 대단히 오해의 소지가 많은 용어이다. 이 용어는 우리의 경험을 (예컨대 심리치료에서처럼) 우리의 사념들과 느낌들을 우리가 내적으로 성찰할 때처럼 기술하는 것 같은 느낌을 주는 것이다. 의미를 연구하면서 우리가 탐구하는 것은 경험적 대상이 아니다; 차라리 우리는 인간 경험에 있어서의 대상이, 그것이 외적 물리적 사물이든 아니면 내적 심리적 상태이든 상관없이, 어떻게 그 자신을 우리에게 보여 주는지 탐구하는 것이다. 현상학은 마음을 연구하지 않는다. 그것은 **의미** 혹은 **지향성**을 연구하는 것이다.

그 자신을 보여 주는 바대로의 대상에 초점을 맞추는 동안 우리는 우리의 경험을 그저 "이야기하지"만은 않는다. 현상학은 의미의 문법 혹은 구조를 이해하려 시도한다. 예를 들어 내가 지금 보고 있는 컴퓨터가 메릴랜드라는 장소에 있다는 것은 내 경험에만 관련된 단순한 개인적 사실에 지나지 않는다. 하지만 그것이 장소를 지닌다는 것은 내 개인적 경험에만 국한된 의미를 지니지 않는다. 장소는 물리적 대상들의 표상에 꼭 필요한 구조적 계기들에 속하는 것이다. 또한 물리적 사물은 내게 실제로 보이지는 않는 뒷면을 지니는 것으로서 보이게 되는데, 이는 그것을 돌려보거나 (혹은 그 주위를 걸어 보면) 내가 그 뒷면을 보게 되리라는 예측을 하게 만든다. 이러한 것들이 물리적 사물들이 우리에게 보일 때 나타나는 구조적 특성들이다. 초월적이고 물리적인 대상들이 뒷면을 지니고 있는지, 혹은 — 회의주의적으로 말해 — 내가 속아 넘어갈 만큼 아주 잘 정돈된 2차원적 표면들만을 지니고 있는지 등의 문제는 현상학의 관심사가 아니다. 현상학은 온전한 대상과 2차원적 표면을 구분하면서 **우리가 의미하는 것이 무엇인지** 말할 수 있을 뿐, 경험되는 것이 실제로도 온전한 대상인지 아니면 2차원적 평면에 불과한 것인지 대답할 수는 없는 것이다.

『존재와 시간』에서의 현상학

하이데거는 현상학적 방법을 존재론에 적용할 것을 제안한다. 하지만 이에 대해서 즉각적으로 이의가 제기될 수 있다: 만약 현상학이 대상들을 **그들이 표상되는 바대로** 연구하는 학문이라면, 현상학은 존재론에 사용되어서는 안 되는데 이는 존재론이 대상들을 **그들이 실제로 있는 바대로** 연구하는 학문이기 때문이다. 현상학적 관찰은 물리적 대상들을 서로 느슨하게 연관된 다수의 사물들로 보기보다는 부분을 지니는 단일한 대상들로 전형화되어 표상되는 대상들로서 고찰하며, 이는 물리적 사물들이 실제로 하나의 것으로서 존재하는지 아니면 다수로서 존재하는지 등에 관한 형이상학적 질문을 해명하는 데에는 적합하지 않은 방식이다. 존재론이 실재의 연구임에 반해 현상학은 겉현상들(appearances)의 연구이며, 이러한 이유로 분명 현상학은 존재론의 방법이 될 수 없는 것이다. 『존재와 시간』 §7의 일부 논지는 바로 이러한 이의에 대한 반박이라 할 수 있다.

현상학은 대상들이 표상되는 바대로의 현상들을 연구한다. 하지만 현상들을 **겉현상들**이라고 규정하는 것은 오류이다. 하이데거는 현상을 "**그 자체 안에서 자신을 내보이는 것**, 즉 드러남"이라고 규정한다 (51/28). 겉현상은 특정한 장소에서 자신을 내보이는 무언가 다른 것을 통해 이루어지는 표시 같은 것이다. 하이데거는 증상들을 통해 겉으로 나타나는 질병을 예로 든다. 아들의 몸이 분명한 이유 없이 붉어지면 나는 아들이 열병을 앓게 되었다고 걱정하기 시작한다. 붉게 달아오른 안색은 그 자체로 보이면서 열병이 있음을 표시한다. 하지만 열병 그 자체는 직접 보이지 않는다. (좀 다른 관점에서 설명해 보면, "단순한 겉현상"은 그 자신을 내보일 수 없는 어떤 것을 표시하는 겉현상이다.) 현상들을 겉현상들로 해석하는 것은 때로 간접표상주의라고 불리는 신조를 취한다는 것을 의미한다.

간접표상주의에 따르면 대상들은 관념들이나 표상들과 같은 내적 대용물들에 의해 자신들을 알려 온다 (혹은 우리에게 알려진다). 초월적 대상들은 그들의 표상들이 의식에 떠오르도록 유발함으로써 마음에 영향을 끼친다. 정상적으로 머그잔을 시각적으로 경험할 때 머그잔은 우리의 감각기관과 인과적으로 상호작용하며, 이 상호작용이 머그잔의 감각적 경험을 산출한다. 우리가 직접 지각할 수 있는 것은 표상뿐으로, 머그잔의 존재 자체는 추론의 결과일 수밖에 없다. 간접표상주의는 금세 회의주의적 염려들을 불러일으킨다. 우리가 지각하는 내적 표상들은 마음 밖 세계의 어떤 초월적 대상에도 상응하지 않을 수 있다. 이런 이유로 이러한 전통에 속한 철학자들은 몇몇 꺼림칙한 대안들 중 하나를 선택해야만 한다고 느껴 왔다: (흄이 그러는 것처럼) 외부 세계에 관한 회의주의를 묵인하거나, (데카르트가 그러는 것처럼) 표상들의 진실성을 보증해 줄 합리적 이유를 찾거나, 혹은 (버클리 및 다른 현상주의자들이 그러는 것처럼) 외부 대상들을 표상들로부터 만들어진 구성물로 "환원"시켜 버리는 것이다.

현상들은 겉현상들과 같은 것이어서 존재론에서 사용되기에 부적합하리라는 염려는 간접표상주의의 암묵적 전제에 바탕을 두고 있다. 즉 현상들을 초월적 실재의 대용물로만 간주하기에 현상학을 존재론의 방법으로서 배제하려는 경향이 일어난다는 것이다. 현상학을 겉현상들의 연구라 비난하는 것은 현상의 개념에 표상주의의 짐을 지우는 것으로서 이는 후설도 하이데거도 받아들이지 않을 일이다. "그런 식으로는 현상의 개념이 규정되는 것이 아니라 그냥 **전제될** 뿐이다" (53/29-30). 현상은 자신을 내보여 주는 것 자체일 뿐이지 겉현상이 아니라는 것이다. 겉현상은 현상의 한 특별한 종류로서, 그 이면에 감추어진 채 그 자신을 보여 주지는 않는 어떤 것을 암시한다. 일반적으로 현상의 개념은 인식론적으로나 형이상학적으로나 중립적인 개념인 것이다. 하지만 현상학을 이런 식으로 방어한다고 문제가 근본적으로 해결되는 것은 아니다: 존재론은 존재를 연구하기에, 확실히 존재론은 현상학과 달리 형이상학적으로 중립적이지 않은 것이다. 이런 염려를 반박하려면 현상학이 무엇인지 조금 더 깊이 천착해 볼 필요가 있다.

계속하기 전에 하이데거가 던져 놓은 전문 용어들의 의미를 먼저 알아 둘 필요가 있다. (무엇인가가 대체적 현상을 통해 자신의 존재를 암시하는 것인) 겉현상과 (무엇인가가 그 자신을 보여 주는 것인) 현상의 구별 외에도 하이데거는 (지각의 대상들처럼 그 자신을 우리의 감각에 직접 내보여 주는) **통상적 의미에서의 현상**과 (현상의 개념이긴 하지만 자신을 내보여 주는 어떤 것도 그 현상 안에서 구별될 수 없는) **현상의 형식적 개념**, 그리고 (무엇인가 그 자신을 내보여 주는 것에 잠재해 있는 것으로서, 무엇인가 자신을 내보여 줄 수 있도록 해 주는) **현상학적 현상의 개념**을 구분해서 정의한다. 가장 흥미로운 것은 물론 마지막 개념이며, 이는 그것이 현상들을 연구하면서 현상학이 실제로 알아내려는 것이 무엇인지 특징짓기 때문이다. 무엇이 현상학적 현상의 개념인가?

그의 전 생애 동안 하이데거는 후설의 저술들 중 그에게 가장 깊은 영향을 남긴 것은 후설의 여섯 번째 『논리연구』라고 주장했다.[12] 여섯 번째 연구가 탐구하는 것은 다른 여러 주제들 중에서도 특히 후설이 "범주적 직관"이라고 부르는 것이다. 범주적 직관은 한 대상의 양태적 혹은 논리적 양상들이 보이는 방식을 표기하는 후설의 용어이다. 예컨대 나는 내 앞에 있는 책이 검고, 두껍고, 직사각형이라는 것 등을 시각적으로 받아들인다. 그것을 검고, 두껍고, 직사각형인 책**으로서** 받아들이면서 나는 그것을 하나의 **통일체**로서 받아들인다. 하지만 그 통일성은 어떤 통상적 의미로도 책의 속성이 아니다. 그것은 책이 자신을 내보이는 바대로의 범주적 구조인 것이지 지각될 수 있는 속성이 아닌 것이다. 칸트의 용어로 말해 보면 책의 통일성은 책의 "실제 술어"가 아니다.[13] 책을 보려면 그것의 통일성을 경험해야만 하지만 통일성의 경험은 감각적 경험이 아닌 것이다. 그것은 통상적 경험에 잠재해 있으면서 통상적 경험을 가능하게 하는 어떤 경험의 양상이다.[14]

---

12 『시간과 존재』의 「현상학을 향한 나의 길」 참조.

13 『순수이성비판』의 「순수이성의 이상」 참조.

14 하이데거는 칸트에서의 직관의 형식을 비유로 들지만 이 비유는 일반적으로 받아들여지지는 않는 직관의 형식에 관한 하이데거의 해석을 전제로 하고 있다. 다음을 참조할

그 통일성과 마찬가지로 책의 존재 역시 실제적이라기보다는 차라리 범주적이며, 책이 그 자신을 어떻게 내보이는지의 양상일 뿐이다. 어떤 물리적 대상을 존재하는 것으로서 받아들이는 것은 그것의 뚜렷한 속성을 확인했음을 뜻하기보다는 그 대상적 표상에 있어서의 구조를 확인했음을 뜻하는 것이다. 이와는 대조적으로 어떤 물리적 대상을 개가 아니라 고양이로 받아들이는 것은 특별한 속성들의 집합을 확인했음을 뜻한다. 고양이와 개는 서로 구별되는 물리적 대상의 **종들**이며, 실제 술어들에 의해 구분된다. 반면 존재하거나 존재하지 않는 물리적 대상들은 특별한 **형식적 구조들**을 보여 주는 대상들이다. 그러므로 하이데거에게 현상학적 존재론을 수행하는 것은 현상들, 즉 그들 자신을 내보여 주는 존재자들의 시간적 구조를 드러내는 일이 되는 것이다.

하이데거가 현상학을 단순히 존재론을 수행할 **하나의** 방법으로서 제시하는 것은 아니다; 그는 현상학이 **유일한** 방법이라고 주장한다: "**오직 현상학으로서만 존재론은 가능하다**"(60/35). 왜 그러한가? 존재는 한 존재자이거나 존재자들의 영역인 것이 아니며, 그 때문에 "특별한" 혹은 생물학이나 문학 이론 같은 "실증" 학문들의 대상의 하나일 수가 없다. 실증학문들은 모두 어떤 존재자들의 영역을 대상으로 삼아 경험적으로 연구한다. 존재는 그러한 영역이 아니라 차라리 모든 있는 것의 구조를 뜻한다. 존재는 드러난 것의 특징이나 속성이 아니라 경험되는 모든 것에, 심지어 (존재하지 않지만 마치 그러한 것처럼 표상되는) 상상적 사물들에조차, 항상 잠재되어 있는 의미-구조이다. 그러므로 우리는 존재를 현상의 의미를 연구하듯이, 즉 현상학적으로, 연구해야 한다.

것: *Phenomenological Interpretation of Kant's "Critique of Pure Reason,"* trans. by Parvis Emad and Kenneth Maly (Bloomington: Indiana University Press, 1997), §§7-9.

한 현상의 존재는 경험에 잠재되어 있으며, 따라서 끄집어내져야 한다고 하이데거는 말한다. 그것은 현상학적 존재론이 일종의 해석의 작업으로서, 하이데거가 말하는 대로 해석학적이라는 것을 뜻한다: "우리의 연구는 방법으로서의 현상학적 기술의 의미가 **해석**에 놓여 있다는 것을 보여 주게 될 것이다" (61/37). 우리는 현상들을 우리가 경험하는 대로 정확히 기술하기만 하지는 않을 것이다; 차라리 우리는 그들로부터 처음에는 드러나지 않는, 어떤 잠재된 구조를, "… 우선 대개는 자신을 전혀 내보여 주지 **않는** 어떤 것을 추출한다: 그것은, 우선 대개는 자신을 내보여 주는 것과는 대조적으로 **은폐된** 어떤 것이다. …" (59/35). 그럼에도 하이데거는 현상학은 순전히 기술적(descriptive)이라고 주장한다: "'기술 현상학' 이라는 표현은 기본적으로 동어반복적이다" (같은 곳). 하이데거는 어떻게 이 두 주장들을 조화시킬 수 있을까?

"… [기술]이라는 용어는 차라리 금지한다는 뜻을 지니고 있다 — 직접적으로 드러내서 보여 주지 않고서는 … 무엇이든 규정하기를 피해야 한다는 뜻이다" (같은 곳). 현상학이 기술적이라고 말하는 것은 그것이 구성적으로 이론화하기를 삼가한다고 말하는 것과 같다. 현상학의 목표는 의미들의 뒤에 숨어 있는 "깊은" 구조들을 상정한 뒤 그들을 설명하는 것이 아니다. 하지만 왜 그래야 한다는 말인가? 의미를 현상학과는 다른 방식으로 이해한다고 생각해 보자. 예컨대 현대 철학적 의미론에서의, 특히 의미들은 상호 간의 조합에 의존한다는 명제를 한 번 고찰해 보자. 의미들은 계층적이며, 이는 좀 더 단순한 의미들로부터 좀 더 복잡한 의미들이 의미들의 조합을 가능하게 하는 조정자들(operators)의 어떤 확인 가능한 집합에 따라 구성된다는 것을 뜻한다.[15] 의미

15 그 한 예로서 다음 참조: David Lewis, "General Semantics," *Synthese* (1970).

의 조합 이론들은 어떻게 마음이 한정된 재료들과 능력들을 수단으로 삼아 무한정한 의미들의 집합을 산출할 수 있는지 설명해 주기 때문에 매력적이다. 조합적 조정자들이 반복적으로 사용될 수 있는 한, 마음은 기본적 의미들의 한정된 집합과 조합적 조정자들의 한정된 집합으로 복잡한 의미들의 무한정하게 큰 집합을 산출할 수 있다. 이것이 의미의 조합 이론이 지니는 꽤 호소력 있는 특징이다. 하지만 이런 식의 이론은 의미를 마음에 의해 생산된 것처럼 다룬다는 것을 주목해야만 한다. 그것은 의미의 구조를 정신적 행위의 측면에서 **설명**한다. 그러므로 그것은 의미가 정신적 행위에 의해 생산된다는 형이상학적 가정을 포함한다. 이런 식으로 의미를 다루는 것은 인과율적 법칙과 생산 체계에 의해 지배되는 실제 사물처럼 의미를 파악하는 것을 뜻한다. 이러한 가정은 후설이 "심리주의"로 여기고 거부하는 이론적 태도의 핵심적 전제이다.[16] 만약 의미가 그 자신을 내보여 주는 바대로의 대상의 한 측면이지 세계나 마음의 실제적 특성인 것은 아니라면, 그것은 인과율적으로 설명될 수 없다. 의미는 탁자들과 의자들, 종이 위에 적힌 글씨들, 음파나 심리적 상태 등과 비교될 수 있는 실제의 사물이 아닌 것이다. 의미들은 사물처럼 다루어질 수 있는 것이 **아니라** 단지 기술될 수 있을 뿐이다.

그러므로 현상학이 기술적이라고 말하는 것은 형이상학이나 마음의 심리학 등이 함축하는 의미에 관한 가정들에 이끌려 구성적으로 이론화하는 것을 배제하는 것과 똑같다. 하지만 그것은 현상학이 해석적이지도 않다는 것을 뜻하지는 않는다. 실제로 하이데거는 모든 기술들을 해석적이라 간주한다.

---

16 하이데거의 박사논문은 후설 식으로 주조된 심리주의 비판이다. "Die Lehre vom Urteil im Psychologismus," in *Frühe Schriften* (Frankfurt am Main: Vittorio Klostermann, 1978).

> 해석은 결코 앞에 주어져 있는 것을 전제 없이 파악함이 아니다. 만약 정확한 문서해석이라는 각별한 의미로 해석이 구체화되면서 "거기 [문서 안에] 놓여 있는" 무엇인가에 호소하는 경우, 여기서의 "거기 놓여 있는" 그것은 해석자가 당연하게 논의 없이 미리 전제하는 가정 외에 다른 것이 아니다." (191-192/150*)

하이데거는 기술함은 모두 그가 여기서 "가정들"이라고 특징짓는 것들이 이끌어 줄 것을 요구한다고 주장하는데, 그는 이 가정들을 앞의 쪽에서는 좀 더 조심스럽게 기술되는 것을 "파악하는 일종의 규정된 방식"이라고 기술한다 (191/150). 무엇인가 이해할 때마다 우리는 그것을 우리의 "앞선-이해"의 측면에서 파악하며, 이 앞선-이해는 그 존재까지 아우르는 대상에 대한 우리의 앞선 느낌을 함축한다.

기술함에 관한 이러한 견해는 우리가 이미 우리가 기술하려는 한 대상의 존재를 "미리-이해하고-있었음"을 함축한다. 우리는 이전의 (i)절에서 존재론이 존재에 관한 우리의 선-존재론적 이해를 또렷이 표현하려 노력한다는 것과, 이러한 시도가 존재론을 해석적 혹은 해석학적으로 만든다는 것을 알았다. 마치 사회학적 논평자가 현대 미국에서의 교외 생활에서 문제가 되는 것이 무엇인지 또렷하게 설명하려 시도할 수 있는 것과 마찬가지로,[17] 존재론자는 존재에 관한 우리의 이해가 무엇인지 또렷하게 설명하려 할 것이다. 이렇게 하면서 존재론자는 우리가 존재라는 말로 의미하는 바가 무엇인지 파악하는 데 충분할 만큼 풍부하게 일련의 존재론적 개념들을 개발하려 시도한다. 현상학적 존재

17 이에 대한 예로는 다음 참조: David Brooks, *On Paradise Drive: How We Live Now (and Always Have) in the Future Tense* (New York: Simon and Schuster, 2004).

론은 어떤 종류의 사회학과 마찬가지의 방식으로 해석적인 것이다.

만약 우리의 선-존재론적 이해가 개념적으로 또렷하게 해명된 형식 안에 놓여지게 되면, 처음에는 현저하게 나타나지 않는 우리 경험의 특징들이 드러나게 된다. 즉 다른 방식으로는 드러나지 않는 어떤 것이 그것을 기술함**으로써** 주목을 받게 되는 것이다. 유비적 예로서, 당신이 다른 사람으로 하여금 어떤 그림을 당신과 같은 방식으로 보게 만들려고 시도하는 것과 같은 경우를 생각해 보라. 당신은 아마 틴토레토의 「성 마르코 유해의 피신」이라는 작품을 감상하거나 즐길 수 있을 테지만 전문적 비평가가 묘사하는 회화적 관점들을 또렷하게 설명할 수는 없을 것이다. 예컨대, "··· 빠르게 멀어지는 풍경, 규모의 불가해한 괴리들, 짓누르는 어둔 하늘, 그리고 폭풍을 피해 왼편의 아케이드로 달아나는 낯설고 유령 같은 회교도들 등의 모든 것들이 기이하고 불편한 분위기를 자아내는 데 일조한다. ···"[18] 여기서 비평가는 당신이 이해하지 못한 어떤 것을 또렷하게 표현하며, 그렇게 하면서 그는 당신이 느꼈을 수도 있지만 이해하지는 못했던 회화적 측면들을 도드라지게 한다. 이와 유사하게, "[도구]의 특수성은 바로 본래적으로 손-안에-있기 위해 그 자신의 손-안에-있음에서 흡사 물러서듯 해야 한다는 점이다" (99/69),[19] 라고 쓸 때, 하이데거는 우리가 대개 주목하지 않았던 어떤 것을 묘사하

18 Peter Humfrey, *Painting in Renaissance Venice* (New Haven: Yale University Press, 1995), p. 226. 언급된 그림은 164번 그림.

19 역자 주: '손-안에-있음'은 독일어 *Zuhandenheit*를 번역한 말로, 사물이 지니고 있는 도구적 측면을 존재론적으로 지칭하는 표현이다. 괄호([ ]) 안의 '도구'는 이 책의 저자가 독일어 원문에서의 '*des zunächst Zuhandenen*'을 equipment로 바꾸어 놓은 것을 그대로 번역해 놓은 것이다. 이 수수께끼 같은 인용문의 의미는 한 사물의 도구성이 그 사물 자체로 환원될 수 없는 어떤 전체 도구연관성에 관계한 한에서만 드러날 수 있다는 것이다. 그것은 마치 나무, 망치 등을 전제로 하지 않으면 못이 못으로서 인식될 수도 없고 쓰일 수도 없는 것과 같다.

고 있다. 바로 이런 것이 기술함의 형식으로서, 여기서의 기술함은 무언가 "바로 우리 눈앞에" 나타난 어떤 것을 완전히 직접적으로 기술함을 뜻하지 않는다. 차라리 그것은 〔잘 드러나지 않던 것을〕 또렷하게 연계시킴에 의한 기술로서, 하이데거가 해석학적 기술함이라는 말로 뜻하는 바와 같은 것이다.

『존재와 시간』에서 하이데거가 목표로 삼는 것은 우리가 존재를 어떻게 이해하는지 또렷하게 드러내는 것이다. 우리가 존재라는 말로 뜻하는 것이 무엇인지 또렷하게 드러내려고 그는 현상들이 우리들에게 개별체들로 나타나게 만들어 주는 그 구조적 특징들을 그려 냄으로써 현상들을 기술하려 한다. 우리가 (i)절에서 본 것처럼, 하이데거는 존재론적 연구를 현존재, 즉 인간의 존재를 탐구하는 것으로 시작하자고 제안한다. 그는 존재의 모든 형식들에 관한 일반 존재론을 발전시켜 나가기를, 그리고 존재를 구조화하는 시간적 특성들을 밝혀냄으로써 존재의 형식들을 어떤 체계적인 전체 안에서 연결시키기를 열망했다. 하지만 그는 한 번도 그렇게까지 나아간 적은 없었다. 그는 우리에게 『존재와 시간』 제I편과 II편만을 남겨 놓았으며, 이들 대부분은 현존재의 존재에 관련되어 있는 것이다. 이제 하이데거의 인간 존재론에 관해 논해 보자.

연구를 위한 물음들

어떤 종류의 철학적 연구들이 현상학적으로 수행될 수 있는가? 반대로 현상학적으로 수행될 수 없는 연구들은 어떤 종류의 것인가?

III. 실존

하이데거는 §9를 그의 인간 삶의 존재론의 근본 개요들을 펼쳐 놓는 농밀한 단락 하나로 시작한다:

> 분석의 과제로 주어진 존재자는 각각의 우리들 자신이다. 이 존재자의 존재는 **각각 자신의 것**이다. 이 존재자의 존재에서는 이 존재자 자신이 그의 존재와 관계 맺고 있다. 이러한 존재의 존재자로서 그것은 그 자신의 존재에 내맡겨져 있다. 존재는 이 존재자에게 각각 문제가 되는 그러한 것이다. (67/41-42)

그는 현존재의 네 가지 존재론적 특성들을 제시한다:

> (1) 현존재의 존재는 각각의 경우 나의 것이다.
> (2) 현존재는 자신의 존재와 관계 맺는다.
> (3) 현존재는 자신의 존재에 내맡겨져 있다.
> (4) 존재는 현존재에게 풀어야 할 문제이다.

이제 (1)을 살펴보자.

(1)은 다음과 같이 관용적으로 표현될 수 있다: 현존재는 개인(person)이다. 하지만 하이데거는 현존재를 개인이라고 부르거나 그것을 분석하면서 그와 관련된 주체 및 주체성 같은 말도 사용하지 않는다. 왜 그럴까? 개인 및 주체성 같은 말들이 역사 속에서 형성된 그릇된 의미들로 오염되어 있기 때문이다. 이 문제에 관한 하이데거의 논의들은 I.1에서 축약된 형태로 다루어지고 있다. 다행스럽게도 하이데거는 『근본

문제들』의 §13b에서 이 문제를 좀 더 상세하게 다룬다. 거기서 하이데거는 칸트의 주체성 및 개인성 개념을 탐구하며, 이를 통해 하이데거의 철학적 작업에 바탕이 되는 독일적 전통에 관해 간접적으로 말한다.

약간의 역사적 배경: 주체성의 본성에 관한 근대의 철학적 성찰은 속성이 실체에 속해 있듯이 개인의 경험들은 개인에 속해 있는 것이라는 데카르트의 논지로부터 출발했다. 예를 들어 나무의 모양이 나무에 귀속되는 것과 마찬가지로 말이다. "주체"라는 용어는 "실체"라는 형이상학적 용어의 논리적 상관자이다. 속성들이 그에 귀속할 어떤 실체가 없이는 존속할 수 없는 것처럼 경험들은 그들을 경험할 어떤 주체 (혹은 *res cogitans*, 생각하는 사물) 없이는 존속할 수 없다는 것이다. 모든 개인적 경험들은 단일한 주체에 속한다. 경험들은 모두 이 생각하는 실체에 속한 것이며, 이 주체-실체가 경험에서의 변화들을 통해 변하지 않고 지속하는 것이 시간이 흘러도 유지되는 개인의 정체성을 설명할 수 있게 해 주는 것이다.

칸트는 데카르트의 주체 개념을 원래 있던 형이상학적 이빨들을 뽑아 버림으로써 바꾸어 버렸다. 경험이 경험의 물질적 대상을 경험적으로 마련할 수는 있지만, 우리의 본래적 통일성과 정체성에 관한 생각은 그런 식으로 마련되지 않는다. 예를 들어, 얼음은 녹아 물이 되며, 화학은 이러한 변화에 관해 설명할 수단들을 마련한다. 용해는 H_2O의 양의 바탕이 되는 상태가 변화하는 것이다. 하지만 구체적 인간의 경우, 개인은 결코 자신이 체험하는 변화들의 바탕에 있는, 그 변화들을 그 자신의 단순한 상태적 변화들로 이해하게 할 어떤 물질적 혹은 심리적 실체를 의식하지 않는다. 이것은 데이비드 흄의 회의적 고찰들 중 하나이며, 칸트는 흄과 같은 생각이다. 하지만 칸트는 주체의 통일성과 정체성에 관해 숙고하기를 포기하지 않았다. 칸트에 따르면, "모든 다양한 것들을 의식함에 있어서 나는 나 자신과 동일하다는 명제는 비슷한 방식으로 개념들 자체에 함축되어 있으며, 따라서 분석 명제이다."[20] 주체의 통일성과 정체성은 어떤 형이상학적 사실이라기보다는 자기의식의 논리적 요구의 하나라는 것이다.

우리가 어떤 경험이 **나의 것**이라거나 **나에게 속하는 것**이라고 말하면서 **뜻하는** 것은 내가 그 경험을 의식할 수 있다는 것, 혹은 칸트의 말을 빌리면, "내 모든 표상들을 '나는 생각한다'가 동반하는 것이 가능해야만 한다"[21]는 것이다. 이러한 설명은 다음과 같은 **칸트 이후의 독일 철학에서의 핵심적인 주체 개념**에 관한 것이다: 주체성은 경험의 자기-의식적 통일성이다. 주체로 존재하는 것은 **사물** 혹은 **실체**로 존재하는 것이 아니다. 차라리 주체는 경험적 통일성의 형식이며, 이 통일성은 나의 경험들을 **나의 것으로서** 의식할 수 있는 나의 능력에 의해 구성되는 것 외에 다른 아무것도 아닌 것이다.[22] 바로 이것이 칸트의 "선험적 개인성"의 개념이다.

주체성 및 개인성 같은 말들을 멀리하면서, 하이데거는 경험을 주체 및 개인의 경험으로 바라보는 방식을 거부한다. 그는 왜 그렇게 할까?

---

20 Kant, *Critique of Pure Reason*, p. B408. 흄에 관해서는 다음을 참조: *A Treatise of Human Nature*, 2nd ed. (Oxford: Oxford University Press, 1978), Book I, Part IV, Section VI.

21 Kant, *Critique of Pure Reason*, p. B131.

22 하이데거는 이러한 명제의 가장 분명한 예를 개인이란 "차라리 지속적으로-살아감[경험함]의 통일성이며, 여기서의 통일성은 경험 안에서 경험과 함께 직접적으로 경험되는 것으로서 직접적으로 경험되는 것의 뒤와 밖에 있는 것으로 단순히 사념되는 것이 아니다"라고 쓴 막스 셸러에게서 찾는다. (*Formalism in Ethics and Non-formal Ethics of Values: a New Attempt Toward the Foundation of an Ethical Personalism*, 5th rev. ed., trans. by Manfred S. Frings and Roger L. Funk [Evanston: Northwestern University Press, 1973], as quoted by Heidegger in *Being and Time*, 73/47).

하이데거는 우리의 모든 경험들이 **우리의 것**이라는 인식적 의식보다 더 기본적인 의미가 있는 자기를 경험함이 있다고 믿는다. 하이데거는 좀 더 기본적인 이러한 경험을 현존재의 두 번째 특성을 통해 설명한다: (2) 현존재는 자신의 존재와 관계 맺는다. 이러한 설명은 키르케고르로부터 연원하는 것이며, 하이데거적 실존주의의 구체적 표현이기도 하다. 키르케고르는 자아의 확고한 의미를 찾는 동안 일어날 수 있는 삶의 비-지성적 변화들에 특히 관심을 보였는데, 그의 견해에 따르면 그러한 변화의 정점은 종교이다. 이러한 변화들에 대한 키르케고르의 분석에 따르면 개인의 욕망, 열망, 확신 및 헌신이 바뀔 뿐만 아니라 바로 자아의 존재 자체가 수정된다. 『죽음에 이르는 병』에서 키르케고르는 다음과 같이 쓴다:

> 인간 존재는 정신이다. 그러나 정신이란 무엇인가? 정신은 자아이다. 하지만 자아란 무엇인가? 자아는 관계이며, 이 관계는 그것 자신을 그것 자신과 관계하게 한다. 혹은 자아는 관계의 관계함이며, 이 관계함은 관계 속에서 그것 자신을 그것 자신과 관계하게 한다; 자아는 관계가 아니라 관계가 그것 자신을 그것 자신과 관계하게 함인 것이다.[23]

하이데거의 어법인 "현존재는 자신의 존재와 관계 맺는다"는 키르케고르의 어법을 반향한다: "관계 맺는다"는 "*verhält sich*"를 번역한 것이며, 좀 덜 생생한 의미로는 "관계하다"를 뜻한다.[24]

---

23 Søren Kierkegaard, *The Sickness Unto Death*, trans. by Howard V. Hong and Edna H. Hong (Princeton: Princeton University Press, 1980), p. 13.

24 역자 주: 여기서 '관계 맺다'로 번역한 영어 표현은 'comports itself'이며, 이는 독일어 원어인 '*verhält sich*'와 마찬가지로 '행동하다', '태도를 취하다' 등의 의미를 지

자아는 자기 자신의 자기 자신에 대한 관계**이다**, 라는 설명은 형편없이 순환적인 것처럼 보일 수도 있다. 무엇이 관계되어지는 "그것"인가? 대체 말하고자 하는 바가 무엇인가? 그럼에도 하이데거는 바로 이 순환성을 받아들인다:

> 이 존재자의 "본질"은 그것의 존재해야 함[*Zu-sein*]에 놓여 있다. 그것의 무엇임(*essentia*)은, 도대체 이에 관해 논할 수 있는 한, 그것의 존재(*existentia*)로부터 파악되어야만 한다. … **현존재의 본질은 그것의 실존에 놓여 있다.** (67/42*)

첫 번째 문장에서 하이데거는 인간으로 존재함이 무엇인가를 우리의 "존재해야 함"과 동일시한다. 맥쿼리와 로빈슨은 "존재해야 함"에 상응하는 독일어 표현 "*Zu-sein*"을 함께 제시함으로써 이해를 돕는다: 이 책에서 계속 "being"으로 번역되는 동사 원형 "*Sein*"보다 차라리 "*Zu-sein*"이 현존재의 존재에 가깝다. "*Zu-sein*"은 제룬디브(gerundive)[25]이다: 현존재가 해야 할 것들을 가지는 것과 마찬가지로 현존재는 존재해야 함을 가진다. 좀 더 자연스럽게 표현하면 하이데거의 말은 **'나는 살**

니는 표현이다. 즉 '현존재는 자신의 존재에 대해 특정한 태도를 취하는 존재자' 라는 의미가 '현존재는 자신의 존재와 관계 맺는다' 라는 명제에 함축되어 있는 것이다. 그럼에도 역자는 영어 표현 'comports itself' 및 독일어 표현 '*verhält sich*' 를 '관계 맺다' 로 번역했는데, 이는 '자신의 존재에 대해 태도를 취한다' 는 표현이 '현존재가 자신의 존재를 관조적으로 대상화한다' 는 듯한 어감을 풍기기 때문이다. '관계함' 이 아니라 '관계 맺음' 이라 번역함으로써 역자는 이 존재론적 표현이 현존재의 실천적 삶의 방식에 연관되어 있다는 것과 이러한 실천적 관계 맺음이 자신의 존재를 관조적으로 대상화하고 이론화하는 것과는 분명 구별되는 것임을 동시에 드러내려 하였다.

25 역자 주: 제룬디브(Gerundive)는 동사적 형용사를 뜻하는 문법 용어로 보통 현재 및 미래분사의 의미를 지닌다.

아야 할 삶이다' 라는 뜻이다. 그는 한 개인으로 존재함이 무엇인지 이해함에 있어서 우리의 주의를 반성과 자기-의식의 문제로부터 어떻게 우리는 우리의 삶을 살아가는가의 문제로 되돌려 놓기를 원하는 것이다.

개인적 정체성과 자아의 본성에 관한 통상적 논의들을 무익하다고 느끼는 독자들은 이런 주장에 동감하게 될 것이다. 이런 식으로 느끼는 많은 철학도들은 자아에 관한 도덕 철학에서의 논의들로 관심을 돌린다. 결국 도덕 철학은 실천적으로 세계에 참여하고 있는 한에서의 우리가 누구인가의 문제에 관련되어 있는 것이다. 하이데거는 이런 식으로 도덕 철학으로 관심을 돌리는 것이 전통 철학의 실패를 극복하는 데 충분하지 않다고 생각했으며, 이는 왜 『존재와 시간』에 기묘하게도 도덕 철학적 논의가 부재하는지 설명하는 데 큰 도움이 된다.

『근본문제들』에서 통각의 선험초월적 통일성에 관해 논의한 뒤, 하이데거는 칸트의 "도덕 철학" 개념으로 관심을 돌린다. 도덕적 개인성[인격성]은 자기-의식을 넘어서는 주체성의 관념이며, 단연코 실천적이다. 도덕적 개인성은 선험초월론적 개인성과 구조적으로 유사하다: 그것은 형이상학적 실체 통일성이라기보다는 논리적 통일성이라 지칭할 만한 것을 포함하는 것이다. 도덕적 개인성의 논리적 통일성은 자기-의식의 통일성이 아니라 자신의 도덕적 의무에 대한 개인의 자각을 통해 구성되는 행위자의 통일성이다. 나는 이 머그잔의 지각적 경험이 나에게 속한다는 것을 의식하며, 이는 내가 머그잔을 경험하는 자로 나 자신을 의식할 수 있기 때문에 일어나는 일이다. 나는 커피를 마시는 나의 행위가 나에게 속한다는 것을 의식하며, 이는 내가 행위에 대한 책임을 떠맡음으로써 나 자신에게 행위를 귀속시키기 때문에 일어나는 일이다. 칸트에 따르면, 내가 사유하는 자로서의 나 자신의 존재에 대한 선험초월론적이고 인식적인 의식을 지닐 수 있는 것과 마찬가지로, 나는 도덕 법칙을 존중하는 느낌에 사로잡힌 행위자로서 나 자신의 존재에 대한 선험초월론적 의식을 지닐 수 있다. 우리에게 세부적인 내용들은 그리 중요하지 않으므로 일단 우리가 도덕적 의무와 책임의 경험에 의해 우리가 누구인지에 관해 의식하게 된다는 기본적 발상만을 취하도록 하자. 이러한 관점에 따르면, 나의 행위들은, 내가 그 행위들을 나에게 귀속시킬 것으로서 경험하는 한, 나의 것이다.

하이데거는 인식적 통각 **혹은** 도덕적 자기의식(self-consciousness)보다 더 근본적인 자기를-의식함(self-awareness)의 형식을 확인하고 싶어 했다. 그는 자기를-의식함의 가장 기본적인 형식은 '나는 누가 되어야만 하는가'(*who I am to-be*)를 내가 의식함이라고 제시한다. 호세 오르테가 이 가세트는 다음과 같이 말한다: "사람은 상상력 없이는, 자신을 위해 특정한 삶의 개념을 고안해 내고, 자신이 그렇게 되고자 하는 성격을 '관념화하지' 않으면 존재할 수 없다는 것이 너무나도 자주 잊혀진다."[26] 이러한 정체성의 느낌은 신념, 헌신, 생각, 그리고 책임에 대한 나의 의식 바탕에 깔려 있다. 한 개인으로 **존재하는 것**은 한 개인으로 존재하기를 **기획하는 것**이며, 이런 의미에서 우리의 존재는 우리에게 **풀어야 할 문제**이다. 이것이 하이데거가 §9의 첫 단락에서 확인해 주는 존재론의 네 번째 특징이다: (4) 존재는 현존재에게 풀어야 할 문제이다. 우리의 존재는 우리에게 문제이며, 이는 우리가 우리의 존재에 관해 마음 쓰기 때문이다. I.6에서 하이데거는 현존재의 존재에 "마음 씀"이라는 이름을 부여하며, 그를 통해 I.1의 분석에 나타난 이러한 특징을 다시 언급한다. "마음 씀"이라는 말을 통해 하이데거가 언급하고자 하

26 José Ortega y Gasset, "History as a System," in *History as a System and Other Essays Toward a Philosophy of History* (New York: W. W. Norton, 1961), p. 203.

는 것은 근심이나 전념 같은 특별한 감정적 현상이 아니라 인간 삶의 구성적 혹은 **실존적** 조건이다. 그것은 다른 사람들을 위한 봉사에 충실한 사람만큼이나 염려도 없고/없거나 초연한 사람 역시 특징짓는 것이다. 자신의 존재에 관해 마음 쓴다는 것은 존재가 자신에게 풀어야 할 문제가 된다는 것, 자신이 누구인가에 차이를 만들어 낸다는 것을 뜻한다.

역시 I.1에서 하이데거는 우리를 비-인간적인 사물들과 대조시킴으로써 논점을 분명히 한다: "이 존재자[눈앞에 있는 단순한 사물적 존재자: 역자 주]에게 자신의 존재는 아무래도 좋은 것이며, 정확히 말해 그것은 자신의 존재가 자신에게 아무래도 좋은 것도, 좋지 않은 것도 아닌 방식으로 '있다'" (68/42). 인공지능에 관한 어느 논의에서 존 호질랜드는 언젠가 다음과 같이 썼다: "인공지능의 문제는 컴퓨터는 조금도 마음 쓰지 않는다는 것이다."[27] 이것은 인공지능의 한계에 관한 통찰력 있는 언급이지만 아마 하이데거라면 다르게 표현했을 것이다: 인공지능의 문제는 컴퓨터는 마음을 쓰는 것도, 쓰지 않는 것도 아니라는 것이다. 우리의 삶은 우리에게 문제가 되며, 우리로 하여금 마음 쓰게 하고, 이는 심지어 삶이 하찮거나 소소한 것으로서 문제가 되는 경우에도 그러하다. 반면 비-인간적 사물들은 아무것에도 관계하지 않는다. 그것들은 그들의 존재를 소소한 것으로서 경험할 수조차 없는 것이다.

우리는 우리의 삶에 관해 마음 쓰며, 우리의 존재는 우리에게 문제가 된다. 우리는 줄곧 '나는 누구인가?' 라는 물음, 혹은 문제에 직면한다. (설명을 단순화하기 위해 나는 이 질문을 "정체성 물음"이라 지칭하려 한다.) 정체성 물음에 직면한다는 것은 자신의 정체성에 관해 궁리한다

27 John Haugeland, "Understanding Natural Language," *Journal of Philosophy*, vol. 76 (1979).

는 것과는 다르다. 자기에 관해 물으며 궁리하는 것은 살아가는 하나의 방식이지만, 그것은 어떤 의미에서도 일반적인 방식은 아니다. 우리는 정체성 물음에 우리 자신에 관해 성찰하면서가 아니라 그저 인간으로서의 삶을 살아가면서 직면하게 된다. 하나의 삶을 살아야 한다는 것은 정체성 물음에 답해야 한다는 것과 **같다**.

이것은 모두, §9에 관한 우리의 토론의 출발점이었던, 자신에 관한 느낌 및 각성이 인식적인 것도 특별히 도덕적인 것도 아니며, 차라리 **실천적**인 것이라는 것을 설명하는 방식의 하나이다. §9의 처음에서 몇 쪽 뒤에 하이데거는 다음과 같이 쓴다:

> 현존재는 언제나 그 자신이기도 한 **존재할** 가능성으로부터 자신을 존재자로서 규정하는데, 이는 동시에 현존재가 이러한 가능성을 어떤 식으로든 이해하고 있다는 것을 뜻한다. 이것이 현존재의 실존적 구성의 형식적 의미이다. (69/43)

§12에서 그는 다음과 같이 덧붙인다: “현존재는 그의 존재함에서 이 존재와 이해하면서 관계 맺는 존재자이다. 이로써 실존의 형식적 개념이 게시되었다” (78/53). 하이데거는 여기서 논의되는 자기의 의미를 지칭할 말로서 “자기를-이해함”이라는 용어를 선택한다. 현존재의 실존성은 그것이 항상 그 자신을 어떤 식으로든 이해한다는 “사실”이다. 우리는 정체성에 대한 물음을 언제나 인간으로서의 삶의 가능성으로 존재함(혹은 삶)으로 응답하는 것이다. 이미 (i)절에서 살펴본 것처럼 “이해”라는 말로 하이데거가 의미하는 것은 능숙함 혹은 역량의 형식이며, 이는 인식적 현상이라기보다는 차라리 실천적 현상이다. 우리의 자기이해는 우리가 우리의 삶에 관해 어떻게 생각하고 또 말하는가를 통해

서가 아니라 우리가 살아가는 방식 자체를 통해 구체화된다. 게다가 이 점은 맥쿼리와 로빈슨이 독일어 "*sich verhalten*"을 "자기와 관계함"이 아니라 "자기와 관계 맺음"으로 번역하기로 결정한 이유이기도 하다. 하이데거는 처신이나 행위의 형식에 관해 말하고 있는 것이다.[28]

이러한 하이데거적 의미에서의 자기는 칸트가 서술하는 "도덕적 개인성"과 어떻게 다른가? 자기의 하이데거적-실존적 의미는 도덕적 의무의 감정 안에 구현된 자기를-의식함보다 더 폭넓고 더 근본적이다. 나의 삶, 혹은 나의 존재는 내가 누구인가를 표현하며, 내가 누구인가는 내가 어떻게 느끼고 행동하는가, 내 의향이 어떤 것인가, 나와 함께하는 사람에게 내가 어떻게 말하는가 등을 포함하며 또 그런 것들을 통해 널리 구체화되는 것이다. 칸트와 하이데거의 차이는 다음의 예를 통해 가장 잘 드러날 수 있을 것이다: 조지, 폴, 그리고 존은 쇼핑 몰에서 시간을 보내고 있다. 존은 시디 하나를 음악 가게에서 훔치다 붙잡힌다. 조지는 시디를 훔치도록 존을 꼬드기지도 명령하지도 않았으므로 책임이 없다. 그래도 그는 이 사건에 자신이 연루되어 있거나 자신이 풀어야 할 어떤 문제가 있다고 느낀다. 자신이 누구인가의 문제가 자신이 무엇에 대해 의무를 지니는가의 문제보다 더 근본적이기 때문이다.[29]

---

28 역자 주: 역자의 생각으로는, "*sich verhalten*"이 행위의 형식을 표현한다는 주장 역시 일면적이다. 이러한 주장은 자칫 이 존재론적 표현이 분명한 사유 및 행위의 대상을 전제로 의식적으로 이루어지는 그러한 의미의 행위를 뜻한다는 오해를 불러일으킬 수 있기 때문이다. 행위적 측면보다 더 중요한 것은 바로 존재론적 구조의 문제이다. 달리 말해 "*sich verhalten*"이 함축하고 있는 행위적 의미는 자기이해의 가능성과 더불어 살아가는 현존재의 존재론적 구조로부터 연원하는 것이지 그 역은 아니라는 뜻이다. 역자는 바로 이런 의미에서 행위적 의미가 함축되어 있으면서도 존재론적 구조 속에서 드러나는 현존재의 존재와 자기이해의 관계를 나타내기도 하는 "자기와 관계 맺음"이라는 표현이 "*sich verhalten*"의 가장 적합한 표현이라고 여긴다.

29 물론 우리는 이러한 자기의 의미에 익숙해지도록 다른 방식으로 도덕적 숙고들을

현존재의 자기를-의식함은 기본적으로 **의식함**의 한 형식으로 파악될 수 없다. 적어도 이 말의 통상적 의미에 비추어 보면 그러하다. 그것은 주체성의 한 형식이 아니다. 그것은 **주체성**이라는 말에 함축된 전통적 의미들을 통해 설명될 수 있는 말이 아닌 것이다. 하이데거는 "자기-의식"이나 "주체성" 같은 말보다는 "열어밝혀져-있음"이라는 말을 사용하기를 택하는데, 정확히 말해 이는 위의 전통적인 용어들이 연상시키는 의미들을 피하기 위한 것이다. 나는 나 자신에 열어밝혀져 있으며, 이는 가장 기본적으로는 내가 누구인지 마음 쓰면서, 즉 내가 누구인지가 나에게 풀어야 할 문제인 한에 있어서, 일어나는 일이다. 더 나아가 이것은, 우리가 의식하지 못해도, 정체성 물음이 우리의 존재에 걸려 있다는 것을 함축한다. 이러한 이유로 하이데거는 §9에서 현존재에 관한 세 번째 존재론적 성격규정을 다음과 같이 제시한다: (3) 현존재는 자신의 존재에 내맡겨져 있다. 바로 이것이 "우리는 자유롭게 존재하도록 저주받았다"는 사르트르의 구호에 영감을 준 명제이다. 우리는 정체성 물음에 직면하도록 "저주받았거나" 혹은 내맡겨져 있다. 정체성 물음에 대한 우리의 응답이 우리가 어떻게 생각하고 또 말하는가를 통해서보다는 차라리 우리가 어떻게 **사는가**를 통해 구체화되기 때문이다. 게다가 생각하지 않거나 말하지 않는다고 해서 우리가 이 물음을 회피할 수 있는 것도 아니다.

나는 위에서 자기의 의미는 어떤 사람과 함께하는가를 통해 널리 구

수행할 수도 있다. 나의 주장은 자기-정체성에 관한 하이데거의 성찰이 도덕 철학의 한계를 "초월한다"는 것이 아니라 단지 칸트의 도덕적 개인성 개념보다 더 깊이 파고든다는 것뿐이다. 실제로 현대 도덕 철학에서 덕의 이론으로 회귀하는 경향이 일어나도록 한 동인들 중 몇몇은 이러한 숙고들에 바탕을 두고 있다. 하이데거에 친화적인 도덕 철학을 개발하지 못할 어떤 원리적 이유도 없다는 것이다.

체화되는 것이라고 언급했다. I.4에서 하이데거는 다른 사람들에 대한 이러한 마음 씀을 "배려"(solicitude)라고 명명한다.[30] **나의** 정체성 물음에 직면하면서 나는 또한 **다른 사람들의** 정체성 물음에 직면하게 된다. 요점은 내가 누구인가의 문제는 내 주위의 사람들이 누구인가의 문제로부터 떼어 놓을 수 없다는 것이다. 다른 사람에 대한 내 마음 씀의 친밀함은 상관하지 않는 무심함에서 깊은 헌신에 이르기까지 달라질 수 있지만 어쨌든 다른 사람들이 어떤 사람들인가의 물음이 나에게는 결국 **문제가 되는 것**이다. 나 자신의 삶의 문제와 마찬가지로 다른 사람들이 누구인가의 문제 역시 내가 나의 삶을 어떻게 이끌어 가는가에 따라 다르게 결정될 수 있는 그러한 문제이다. 아버지나 선생, 이웃이 되려 하는 한, 내가 이러한 것들로서 존재하면서 관계하게 되는 다른 사람들이 자신들을 어떻게 이해하느냐의 문제가 나에게 무의미할 수는 없는

---

30 역자 주: 이기상의 『존재와 시간』 번역본에서는 독일어 '*Sorge*'는 '염려'로, 도구적 존재자들과 연관된 '*Besorgen*'은 '배려'로, 그리고 타인을 위해 마음 씀과 관련된 '*Fürsorge*'는 '심려'로 번역되어 있다. 이는 아마 독일어 *Sorge*와 염-려, 배-려, 심-려에서의 '려'를 연관시키고자 하는 취지에서 선택된 번역어들일 것이다. 하지만 심려는 '마음속에서 걱정을 하다', 혹은 '마음을 써서 깊이 생각하다'라는 뜻을 지니고 있는 말로서 타인을 위한 마음 씀 전체와 관련된 독일어 '*Fürsorge*'와는 다른 뜻을 지니고 있는 말이다. 사실 '*Fürsorge*'에 가장 잘 어울리는 번역어는 '도와주거나 보살펴 주려고 마음을 쓴다'는 의미의 '배려'이며, 역자는 원어의 뜻을 살려 '*Fürsorge*'를 '배려'라는 말로 번역하기로 결정하였다. 보통 '배려'라는 말로 번역되는 말의 독일어 원어는 '*Besorgen*'이다. 그런데 '*Besorgen*'은 '돌보다', '보살피다' 등 배려와 연관된 의미도 포함하는 말이긴 하지만, 그보다는 필요한 것을 '구하다', '마련하다', '조달하다' 등 실용적이고 실천적인 의미에 더 가까운 말이다. 또한 하이데거가 『존재와 시간』에서 '*Besorgen*'의 예로 드는 것들은 대개 의복이나 음식물 등 도구적이고 실용적인 '손 안의 것들'을 마련하고 구하는 행위와 관련된 것들이다. 이에 따라 역자는 '*Besorgen*'을 필요한 것을 구하거나 구하려 마음 쓴다는 의미로 '구함' 및 '마련함' 등의 말로 번역하기로 결정하였다. 또한 이미 앞에서 그렇게 한 것처럼 보통 '염려'로 번역되는 '*Sorge*'는 대개 '마음 씀'이라 번역할 것이다. 오직 문맥에 따른 특별한 사정이 있는 경우에만 '*Sorge*'의 번역어로 '염려'가 사용될 것이다.

것이다. 내 아들들이 그들의 아버지로서 살아가는 나에게 나를 사랑하고 존경하는 아들들이 되어 줌으로써 응답하는 일, 내 학생들 중 어떤 이들이 내 가르침에 학업에 열중함으로써 응답하는 일 등은 내가 아버지이고 또 선생인 한 나에게 매우 중요한 것이다.

더욱이 하이데거는 I.4에서 우리는 목적들을 추구하는 동안 함께 시간을 보내는 동반자들과 우리 자신을 대개 엄격하게 분리하지는 않는다는 것을 밝힌다. "**우선** 현사실적 현존재는 평균적인 방식으로 발견된 공동세계 속에 존재한다. **우선** 나는 본래의 자기라는 의미로 존재하지 않으며, 세인의 방식 안에서 남들로 존재한다. …" (167/129). 아버지가 되려고 살면서 나는 또한 내 아들들이 아이들이기 때문에 살고 있는 것이다. 내가 나 자신을 아버지로서 발견하고 또 의식하는 일은 내 아들들을 내 자식들로서 발견하고 또 의식하는 일과 얽혀 있다. 계속 아버지로 존재하면서 나는 내 아들들이 계속 자식들로서 존재하도록 하며, 아버지로 존재하는 자신만의 특별한 방식을 깨달으면서 동시에 내 아들들이 자식들로 존재하는 그들만의 특별한 방식 또한 깨닫는다. 나의 자아는 내 주위의 사람들의 자아로부터 독립되어 있지 않다. 이러한 현상은 **자기의 사회적 세계로의 침잠**이라고 불릴 수 있을 것이다.

자기가 사회적 세계로 침잠한다는 것은 인과율적 상호의존의 관계에 관한 심리학적 명제도 아니고 실체들의 상호의존에 관한 형이상학적 명제도 아니다. 차라리 그것은 자신이 자신에게 발견되는 방식에 관한 현상학적 명제이다. 하이데거는 자신이 종종 자신에게 고립된 자로서 발견**될 수 있다**는 것을 부정하려 하지는 않는다. 그는 다만 고립된 자기의 발견은 예외적일 뿐이라고 주장하려 한다. 침잠은 일상적 경험의 한 측면이다; 그것은 하이데거가 우리의 평균성이라 부르는 것에 속한다. 하이데거는 평균성을 "… 우선 그리고 대개 무차별적인 현존재의 특성"

으로 기술한다 (69/43). 평균성은 배경 조건을 구성하며, 여기서의 배경 조건은 인간으로서의 삶에 전형적일 뿐만 아니라 어떤 특정한 인간으로서 살아가는 방식을 예외적인 것으로서 이해하게 만드는 기준이기도 한 그러한 조건을 의미한다. 예를 들어 하이데거는 우리가 자신을 동료들로부터 고립된 자로서 경험하는 것, 단순히 소외된 자로서가 아니라 다른 사람들로부터 독립적으로 존재하는 그러한 자로서 자신을 경험하는 것은 대단히 이례적이라고 주장한다. 그것은 지속하기 쉽지 않은 자기-이해의 형식이며, 어떤 경우에도, 가장 일반적인 방식으로는, 자기 주변 사람들의 생활 방식에 대한 **거부**로서, 즉 단순한 고립이 아니라 고립**주의적 태도**로서 발견된다. 은둔자로서 살아가는 것과 같은 고립적 태도는 다른 사람들의 존재를 위한 마음 씀을 포함하는데, 이는 그것이 대개 다른 사람들에 대한 도덕적 혹은 실존적 **반응**에 의해 발동하는 것이기 때문이다.

사회적 세계로의 침잠은 또한 어떤 의미에서는 자기성의 포기를 포함한다. 사회적 세계에 침잠해 있으면서 나는 자신을 **지니는** 것이 아니라 차라리 — 하이데거의 언어로 표현해 보면 — 공공에 "흩어져" 있다. 하이데거는 이러한 흩어짐을 자기를-가짐, 본래성, 혹은 맥쿼리와 로빈슨이 번역하는 바에 따르면, "진정성"(authenticity; *Eigentlichkeit*)에 대조시킨다. 그저 인간으로서 존재함만으로도 우리는 자기를-가짐과 흩어짐 사이에서의 선택에 직면하게 된다:

> 그리고 현존재는 본질적으로 매 순간 자신의 본래적 가능성으로 있기에 이 존재자는 그 자신의 존재에서 자기 자신을 "선택"**할 수 있으며**, 획득할 수 있고, 자신을 잃어버리거나 혹은 결코 자신을 획득하는 일 없이 "겉으로만" 그러한 것처럼 보일 수도 있다. 하지만 현존재가 자신을 잃어버리거나 아직 자

신을 획득하지 않는 것과 같은 일들은 오직 그것이 그 자신의 본질에 따라 가능하고도 본래적인, 즉 그 자신에 본래적인 것으로서 존재하기에 일어날 뿐이다. (68/42-43*)

하이데거는 §9에서 이러한 대조에 관해 많이 이야기하지는 않는다. 나중에 우리는 (xvii)절에서 자기를-가짐이 하이데거가 "부단함과 견고함"이라 기술하는 "자기-지속성"의 형식에서 절정을 이룬다는 것을 보게 될 것이다 (369/322). 이 자기-지속성은 투쟁을 통해 획득되어야만 하는 일종의 성취이다. 하이데거의 철학에서 자아의 통일성과 영속성에 가까운 개념이 있다면 그것은 바로 자기를-가짐을 통해 획득되는 이러한 실존적 자기-지속성이다. 하지만 이 자기-지속성은 주어진 어떤 것이 아니다; 그것은 경험의 논리적 조건도 아니고 어떤 자기-실체 안에서의 경험들에 내재하는 속성도 아니다. 차라리 그것은 근본적인 자기를-의식함이 강화되어 나타나는 것이다. 하지만 그저 평균적 일상 안에서 무차별적인 양식으로 살아가는 한에서는 우리는 이러한 철저하고도 본래적 방식으로 자신을 경험하지는 않는 것이다.

요약해 보자면, 자기-의식에 관한 칸트적 전통에서의 개념에 대한 하이데거의 응답은 다음과 같다: 우리는 우리 자신에게 인식적으로 자기를-의식함이나 도덕적 책임에서보다도 더 근본적으로 열어밝혀져 있다. 우리는 우리가 누구인지의 물음이 우리 자신에게 문제가 되는 한에서 우리 자신에게 열어밝혀져 있다. 심지어 삶에 대한 관심을 잃어버린, 삶으로부터 철저하게 소외되고 우울에 빠져 버린 — 하이데거가 **불안**이라는 항목 아래 다루는 — 예외적 상황에서조차 정체성 물음은 회피할 수 없는 물음으로서 나타나며, 바로 이것이 소외가 고통스러운 이유인 것이다. 하지만 나 자신이 나 자신에게 이렇게 열어밝혀져 있음은 나를 외떨어진 채 영속하는 개인으로 드러내지 않고 도리어 나와 관계를 맺어오는 한 사회적 세계에 침잠해 있는 자로서 드러낸다. 이 세계, 세계에서의 가능성들, 세계 안의 용품들과 이 세계에서 나와 함께 살아가는 다른 사람들은 나 자신의 삶이 내게 문제가 된다는 바로 그런 이유만으로도 나에게 문제가 된다. 이 모든 것들이 다 **실존성**의 표제 아래 다루어지고 있는 것이다.

연구를 위한 물음들

하이데거의 "실존" 개념은 당신과 내가 동일하지 않은 자아로서 우리의 경험, 개성, 체질 및 성격에서의 변화들을 통해 지속한다는 것을 함축하는가?

IV. 세계-안에-있음

우선 그리고 대개 우리는 세계 안에 침잠해 있다. 이러한 고찰의 중요성은 철학의 전통에서는 감추어져 있었는데, 그것은 전통 철학이 자기-의식 및 도덕적 의무에 초점을 맞추고 있었기 때문이다. 자기-의식이나 도덕적 의무에 사로잡혀 있는 동안 우리는 우리 자신을 세계와 다른 사람들로부터 외떨어져 있는 자로 경험하게 되는 것이다. 자기에 대한 하이데거의 현상학적 접근은 우선 자기-발견의 기본적 형식에 초점을 맞춘다: 나는 나에게 문제가 되는 그것이다. 이렇게 보면, 나는 나 자신을 주변 사람들과 그 안에서 내가 살고 있는 세계로부터 떼어 놓을 수 없게 된다. 하이데거의 관용구적 표현에서처럼, 우리는 **세계-안에-있는** 것이다. 하이데거는 세계-안에-있음을 우리가 처해 있는 기본적 상황이나 우리 자신의 구성틀로서 기술한다. 세계-안에-있음을 구성하는 "안에-있음" 혹은 "내재성"은 의식이나 도덕적 의무가 아니라, 차라리 친숙함(*Vertrautheit*)이다.

> [독일어] 표현 "*bin*"["am"]은 "*bei*"["…의 집에" 혹은 "…에 의해/따라"]와 연결되어 있는 것이어서, "*ich bin*"["I am"]은 그 이면에 "나는 거주한다" 혹은 이런저런 방식으로 내게 친숙해진 것으로서의 세계 안에 "머문다"의 의미를 지닌다. "*ich bin*"의 부정사로서의 존재(있음)는 (즉 존재라는 말이 어떤 실존적인 것으로 이해될 때) "… 안에 거주함", "…과 친숙함"을 의미하는 것이다. (80/54)

하이데거는 자신의 주장을 보강하여 줄 어원학적인 설명들도 제공하고 있는데, 아마 우리로서는 계속 현상학적 측면에 초점을 맞추는 것이 최선일 것이다. 우리는 세계에서 그저 존재하거나 사는 것이 아니라 차라리 거기에 **거주하거나 머문다**; 즉, 우리는 근본적으로 **세계와 친숙**한 것이다.

이러한 생각을 개진해 나가려면 우리는 그에 관한 몇몇 사실들을 먼저 탐구해 보아야 한다. 첫째, 하이데거는 우리가 세계 **안에** 있는 방식을 사물이 무언가 다른 것 안에 있는 방식과 대조시킨다. 허버트 드레이퍼스가 잘 지적하고 있는 것처럼,[31] 하이데거는 "안에"라는 말의 **실존적** 의미와 **물리적** 의미를 대조시키는 것이다. 둘째, 하이데거는 "세계-안에-있음"이 우리의 **기본적 구성틀**이라 언급하며, 이는 그저 우리가 세

31 Hubert L. Dreyfus, *Being-in-the-World* (Cambridge, MA: Massachusetts Institute of Technology Press, 1991), ch. 3.

계 안에서 살고 있다는 것 이상의 의미를 지닌다. 우리가 행하는 일들 및 행위들의 다른 모든 방식들은 세계-안에-있음의 특별한 방식들이라는 것이다. 셋째, 우리는 둘째 주장의 특수한 적용으로서 §13의 명제, 즉 **지식**이나 **인식**은 세계-안에-있음의 "발견된" 혹은 파생적 양식이라는 것을 언급할 수 있다. 이제 이 세 가지 관점들과 한 번 씨름해 보자.

세계가 **나의 것**임은, 그것이 나에게 **풀어야 할 문제가 됨**은 단순히 내가 객체들의 체계 안에 위치해 있다는 것 이상을 뜻한다. 무엇 안에 위치해 있음은 **포함되어 있음**이다. 한 집합의 원소들은 논리적으로 그 집합에 포함되어 있으며, 물리적 객체들은 좀 더 큰 객체들에 포함되어 있을 수도, 객체들의 체계 안에 포함되어 있을 수도 있다. 내 컴퓨터는 내 연구실 안에 있지만, 연구를 **자신의** 연구로서 경험하지 않는다; 연구는 컴퓨터에게 **풀어야 할 문제**가 아닌 것이다. 나 역시 내 연구실 안에 있다. 나는 내 연구실이라는 물리적 객체 안에 포함되어 있으며, 내 연구실 안에 있는 사물들의 집합에 속한다. 하지만 이런 식으로 포함되어 있다는 것보다 더 중요한 것은 내가 이 연구실을 **나의 것**으로서 경험한다는 것이다; 그것은 내가 **풀어야 할 문제**와 관련되어 있는 것이다. "내 것"이라는 말은 법률적 소유권을 암시할 수도 있지만 우리의 관심사는 물론 그러한 문제가 아니다. 내가 일거리를 집 근처 커피숍에 가져갈 때조차 나는 그 커피숍을 여전히 〔내가 일하는 곳이라는 의미에서의〕 나의 것으로 경험한다. 그것이 **나에 의해 소유**되어 있지 않을지라도 말이다. 내가 그것과 **친숙한** 한 그것은 나의 것이다. 이 친숙함이 우리가 보통은 주목하지 않는, 그러나 우리 경험에 이미 틈입한, 그 배경인 것이다. 하이데거가 『존재와 시간』에서 기술하는 다른 많은 현상들처럼 이러한 친숙함은 그것이 부재한 상태에서 가장 분명하게 나타난다. 여행을 하면서 다른 도시에 있는 커피숍으로 향하면서 나는 종종 어느 정도 불편함을 경험한다. 의자들은 낯설게 느껴지고, 음악도 다르며 커피를 끓이는 방식도 다르다. 내 삶의 지반들의 친숙함은 그것이 부재할 때 불쑥 떠오르는 것이다.

이러한 대조들은 우리의 경험을 특징짓는 기본적 친숙함을 밝혀 준다. 우리는 어떤 객체들의 체계 안에서의 특정한 위치를 점유하고만 있는 것이 아니라 오히려 **하나의 세계 안에서 산다**. 하나의 세계 안에서 삶은 자신이 사는 세계를 친숙한 것으로서 경험함이며, 그 주위에서 나아갈 바를 앎이다. §14에서 하이데거는 "세계"라는 말의 네 가지 다른 의미들을 대조시킨다 (93/64-65). 그중 지금 우리의 관심을 끌 만한 것은 첫 번째와 세 번째이다. 첫 번째 의미에서의 세계는 — 하이데거는 첫 번째 의미의 세계를 계속 "세계"라고 인용부호를 붙여 표기하기로 결정하였는데 — "세계 안에 있는 현전할 수 있는 존재자들 전부"를 지칭한다. 이러한 의미의 "세계"는 존재하는 사물들의 체계 혹은 집합이다. (다시 한 번 드레이퍼스를 따라) 우리는 이러한 세계를 **사물들의 우주**라고 부를 수 있을 것이다. 세 번째 의미에서의 세계는 하이데거가 인용부호 없이 표기하는 세계인데, "그것은 '그 안에서' 현사실적 현존재가 '산다'"라고 말할 때의 세계이다. 이 세계는 구체적 체험의 맥락 또는 주위세계이다. 이러한 의미에서의 세계는 하이데거가 I.3에서 탐구하는 특별한 구조를 지닌다. 하이데거는 그 구조를 "의미"라 부르며, 이는 I.1에서 언급된 내-것임과 풀어야-할-문제가-됨을 연결시키는 그 기본조건이기도 하고, I.2에 따르면 우리가 하나의 세계 안에 존재하는 방식이기도 하다.

하이데거의 "세계-안에-있음" 개념이 지니는 두 번째 측면은 세계-안에-있음이 우리의 근본 구성틀이라는 것이다. 맥쿼리와 로빈슨은 "근본 상태"라는 용어를 사용하지만 이는 하이데거가 말하고자 하는 바를 잘 전달하지 못하는 용어이다. 하이데거가 사용하는 실제 독일어를 글자 그대로 번역해 보면 "근본 구성〔틀〕"(*Grundverfassung*)이 된다. 어감의 차이가 굉장히 중요한데 이는 §§12와 13에서 하이데거가 말하고자 하는 바가 우리의 경험과 행위들의 모든 양식들이 세계-안에-있음의 특정한 형식들이기 때문이다. "현존재의 세계-안에-있음은 그 현사실성과 함께 언제나 이미 안에-있음의 특정한 방식들 안으로 흩어져 있거나 심지어 파편화되어 있기도 하다" (83/56–57). 하이데거는 그러한 "안에-있음의 특정한 방식들"의 목록을 제시하며, 여기에는 무엇인가 생산하거나 사용하는 행위들 및 무엇인가 고려할 때 나타나는 심리적 태도들이 포함된다.

안에-있음의 특정한 방식들 중에는 우리가 주위의 대상들과 관계하는 다양한 방식들도 있다. 하이데거는 우리가 세계-안에-있음으로 말미암아 주위 세계 안에 있는 사물들과 맺게 되는 관계를 다음과 같은 특별한 용어로 표기한다: **마련함**(혹은 관계하며-**구함**) (83–84/57). 위 (iii)절에서 다루어 본 "배려"(*Fürsorge*)처럼, "마련함"(*Besorgen*)은 "마음 씀"(*Sorge*)으로부터 파생된 말이다. 우리는 우리 주위의 대상들 및 우리가 직면하게 되는 사건들의 상태들과 관계하며 무엇인가 구한다; 우리는 그러한 것들과 무관심하거나 활동성 없는 관계를 맺는 것이 아닌 것이다. 그들은 우리에게 차이를 만들거나 풀어야 할 문제가 되고, 이는 심지어 이 풀어야 할 문제가 — 하이데거가 예로 드는 무엇인가 소홀히 하거나 풀지 않고 내버려 두는 경우처럼 — 순전히 사적인 경우에서조차도 그러하다. 우리가 행위와 존재를 통해 관계 맺게 되는 모든 것들이 이러한 마음 씀으로 채워져 있는 것이다. "현존재가 있을 때마다 그것은 하나의 사실이다; 그리고 이러한 사실의 사실성을 우리는 **현사실성**이라 명명한다" (82/56). 그는 **사실들**(*Tatsachen*)과 맥쿼리와 로빈슨이 대문자로 표기해서 사실들과 구분하는 **현사실들**(*Fakta*)의 차이를 다음과 같이 묘사한다: 사실들은 눈앞에-있음 (및 손-안에-있음)의 정해진 측면들인 반면 현사실들은 현존재의 정해진 측면들이다. 즉, 내 컴퓨터가 6파운드의 무게를 지니고 있다는 것은 사실이지만 내가 아버지라는 것은 현사실이다. 이 양자는 개별적 존재자들이 규정되는 방식과 이를 통해 그들이 다른 존재자들과 달라지게 되는 방식의 예들이지만 하이데거는 이러한 두 가지 규정성 사이에서 발견되는 중요한 존재론적 차이를 강조하기를 원한다: 아버지로 존재함은 세계-안에-있음의 방식인 반면 6파운드의 무게가 나가는 것은 그렇지 않다는 것이다.

아마도 이에 대해서는 **우리는** 사실적 규정성들 역시 지니고 있다는 이의가 제기될 수도 있을 것이다: 예컨대, 나는 (사적인 비밀이지만) 특정한 무게를 지니고 있다. 이에 대한 설명으로 하이데거는 다음과 같이 쓴다:

> … 세계 없이 존재하지 않는, 예컨대 현존재 자신과도 같은 그러한 존재자 역시 세계 "안에" 현전하는, 더 정확히 말해 나름대로 일리가 있으면서도 동시에 한계도 지니는 그런 방식으로 단지 현전하는 것으로서 **파악될 수 있기** 때문이다. 그런데 이렇게 하려면 안에-있음의 실존적 파악은 도외시하거나 아예 보지 못해야만 할 것이다. 하지만 "현존재"를 현전하는 것의 하나로서 그리고 단지 현전하는 것으로서만 파악하는 것이 가능하다는 사실은 현존재에게 본래적인 "현전함"의 방식과 혼동되어서는 안 된다. (82/55)

나를 특정한 무게를 지니고 있는 사람으로 묘사하는 것은 "안에-있음의 실존적 상태를 무시하는 것"(이거나 적어도 그런 것일 수 있다). 그것은 나를 물리적 객체들과 마찬가지의 방식으로 묘사하는 것이다. 나는 x 파운드의 무게를 지닐 수 있으며, 이에 대해서는 현존재가 살아 있거나 죽어 있거나 아무런 차이도 없다. 그러므로, 만약 우리가 한 개인의 실존성을 무시하고 그를 혹은 그녀를 단순한 하나의 물리적 사물로 다룬다면, 우리는 그 개인을 그의 혹은 그녀의 사실적 규정성들을 통해 묘사할 수 있다. 하지만 그렇게 하면서 우리는 그의 혹은 그녀의 삶을 **삶** 그 자체로서 만들어 주는 그 무엇인가를 놓치게 된다. 사람들은 단순히 x 파운드의 무게를 지니는 것이 아니다; 그들은 그러한 무게를 과체중이나 과소체중, 혹은 어떻든 상관없는 그러한 무게로서 경험하며 사는 것이다. 세계-안에-있음의 방식으로서의 무게는 무차별적인 물리적 속성의 하나가 아니라 차라리 실존적 조건의 하나이다. 우리는 유사한 방식으로 생물학적 성이나 물리적 높이 및 신장에 대해서도 말할 수 있다. 현존재의 현사실성은 그의 세계-안에-있음의 방식의 규정성들로 이루어져 있는 것이다.

하이데거는 여기서 존재론적 상황을 다음과 같이 정리한다: 현존재를 **파악**하거나 혹은 **고찰**할 두 가지 방식이 있다; 무언가 현전하는 것으**로서** 그리고 현존재**로서**. 이러한 설명은 하이데거를 칸트로부터 유래하는 선험초월론적 철학의 전통에 꽤 그럴듯하게 자리매김하게 만든다. 칸트에 대한 어떤 독해에 따르면 누메나(noumena, 물 자체)와 페노메나(phenomena,현상들)에 대한 칸트의 구분은 (예컨대 자연적 사물들과 초자연적 사물들 같은) 두 상이한 존재자들의 집합을 구분하는 것이라기보다는 하나의 집합을 이루며 존재하는 존재자들을 숙고하거나 고찰하는 두 상이한 방식들을 구분하는 것이다.[32] 『순수이성비판』에서 세

---

32 다음 참조: Henry E. Allison, *Kant's Transcendental Idealism* (New Haven: Yale University Press, 1983). 하이데거 역시 다음의 저술에서 이와 유사한 관점을 보이는 것 같다: *Phenomenological Interpretation of Kant's "Critique of Pure Reason."*

번째 자가당착을 다루며 자유에 관해 논할 때 칸트는 이러한 접근방식을 취한다. 그는 우리가 한 개인의 행위를 심리학적으로 설명할 때 우리는 자유에 관한 숙고들을 무시하고 결정론적인 관점에서 행위를 고찰해야만 한다고 주장한다. 하지만 우리가 한 개인의 행위를 도덕적으로 심판할 때 우리는 그의 혹은 그녀의 자유를 무시할 수 없으며, 그를 혹은 그녀를 결정된 바대로 움직이는 기계처럼 다룰 수도 없다. 각각의 경우에 우리가 설명하거나 심판하는 개인이나 행위는 같지만 그 개인 및 그의 혹은 그녀의 행위에 대한 우리의 **태도**는 달라지는 것이다.

사실성과 현사실성에 대한 하이데거의 구분 역시 같은 방식으로 구성되었을 것이다. 우리는 한 개인에 대해 두 상이한 태도들 가운데 하나를 받아들일 수 있다: 한 개인의 비개성적 속성들에 초점을 맞추는 과학적으로 묘사하는 태도와 한 개인이 세계-안에-있는 방식에 초점을 맞추는 실존적 태도가 그 두 태도이다. 칸트가 이러한 구분을 **반성적** 혹은 **방법론적**으로 설명하는 반면 하이데거는 그것을 **존재론적**이라 특징짓지만 이러한 차이는 처음의 인상과는 달리 실제로는 별로 크지 않다. 어쨌든 현상학의 문맥에서 보면 존재론은 반성적 기획의 하나이다: 우리는 우리의 다양한 세계 경험의 방식들의 **의미**를 탐구하는 것이지 전통적인 방식에서처럼 우주의 구성인자들의 목록을 작성하는 것은 아닌 것이다.[33]

위에서 언급된, 세계-안에-있음에 대한 하이데거의 분석이 지니는 세 번째 측면은 『존재와 시간』 §13의 주제이다: 그것은 인식이란 안에-

---

33 덧붙여, 선험초월론적 반성적 탐구를 존재론적이라 간주하는 하이데거의 해석으로부터 우리는, 예컨대 내가 아버지라는 것과 x 파운드의 무게를 지니고 있다는 것은 같은 존재자에 관한 것이 아니라는 결론을 도출할 수 있다. 우리는 다른 방식으로 존재하는 두 항목들의 산술적 동일성에 관해 논할 수는 없는 것이다.

있음에 정초한 양식이라는 명제이다. 하이데거의 주장을 개진하기에 앞서 우리는 먼저 "인식"과 "앎(지식)"이라는 말의 의미에 관해 생각해 보아야만 한다. 맥쿼리와 로빈슨의 번역에서 §13의 제목은 "안에-있음에서 예시화된 하나의 정초된 양식. 세계를 앎"이다 (86/59). "세계를 앎"으로 번역된 독일어는 "*Welterkennen*"이다. "*Erkennen*"과 "*Erkenntnis*"는 철학에서는 자주 지식을 뜻하는 말로 사용되며, 이에 대한 예는 지식의 이론을 뜻하는 *Erkenntnistheorie*이다. 하지만 그들은 또한 인식을 뜻하는 말로 사용될 수 있으며, 이는 칸트가 그 말을 사용하는 가장 일반적인 방식이기도 하다. 최근의 칸트 번역가들은 이전의, 그리고 좀 더 일반적으로 정착된 번역에서 쓰이는 "지식"(knowledge) 대신 "인식"(cognition)을 선택하기 시작했다.[34] 『존재와 시간』 §13에서 하이데거가 논의하는 *Erkenntnis*가 정당화나 진리 같은 지식(knowledge)의 어떤 특별한 인식론적 의미에 초점을 맞추는 대신 지향성의 일반적 관점들을 직접 겨냥하고 있기 때문에 여기서는 "인식"이라는 용어를 사용하는 것이 더 좋을 것이다. (하이데거는 지식에 관해 특히 §43에서 별도로 논의한다.)

하이데거의 §13에서의 명제는 인식이 안에-있음에 정초되어 있다는 것이다. 이것은 친숙함이 인식보다 더 기본적이라는 것과, 인식이 자기 충족적이지 않은 친숙함의 파생적 양태의 하나라는 것을 의미한다. 좀 더 확실하게 표현해 보면 이것은 다음과 같은 의미이다: 한-세계-안의 현존재는 객체를 인식하는 주체가 아니다. 하이데거는 주체-객체 도식을 일상적 경험의 묘사에 부과하려는 모든 시도들을 현상학을 사용해

---

34 예를 들어, *Critique of Pure Reason*, trans. by Paul Guyer and Allen W. Wood (Cambridge, UK: Cambridge University Press, 1998).

서 막아 버린다. 우리는 앞의 제2장에서 경험에 있어서의 주체-객체 모델에 대한 하이데거의 비판을 살펴보았다. 만약 주체-객체 모델이 일상적 경험을 어색하고도 뒤틀리게 묘사하도록 강제한다는 것을 인정한다면 다음과 같은 문제가 제기된다: (주체-객체 모델에 사로잡혀서) 객체를 향해 초월해 가려는 주체의 고립과 (하이데거의 모델에서처럼) 이미 열어밝혀져 있는 한 세계의 친숙함 가운데 더 근원적인 것은 무엇인가? 주체의 고립은 친숙함에 일어난 우연적 결함 같은 것으로 이해되어야만 할까, 아니면 친숙함의 경험이 우리가 주의 깊게 주목하지 못하는 인식적 성취로 이해되어야만 할까? 이어지는 장(章)들은 친숙함이 인식보다 더 근본적이라는 것을 설득하려는 하이데거의 시도**이다**. 지금은 우선 세 가지 논점들을 먼저 밝혀 두는 것이 좋을 것이다.

첫째, 하이데거는 바로 이러한 물음이 지금까지는 논의되지 않았었다고 주장하는데, 이는 세계 및 우리의 세계-안에-있음의 현상이 간과되어 왔기 때문이다. 하이데거는 자신이 이러한 문제를 처음으로 제기한다고 생각한다. 아마 이 점에 관해서는 그가 옳을 것이다. 비록 20세기의 다른 철학자들이 비슷한 논의들을 제시하기는 했더라도 말이다. 존 듀이는 경험이란 지식보다는 차라리 실천적 노하우(know-how)의 문제라고 주장했다.[35] 듀이는 하이데거가 대학에서 공부를 시작하기도 전에 인식론과 주체-객체 구별에 비판을 가하기 시작했는데, 듀이는 하이데거 및 그의 스승들이 잘 알지도 못했고 또 알았다고 하더라도 거의 동의하지 않았을 그러한 관용구들, 언어 및 전통에 의지해서 글을 썼다. 실존적 현상학과 미국의 실용주의가 건강하게 서로 대화하면서 교류하

---

35 다음 참조: Dewey, *The Quest for Certainty and Experience and Nature*, in *Later Works: 1924–1953*, vol. 1 (Carbondale and Edwardsville: Southern Illinois University Press, 1981).

지 못했던 것은 20세기 철학이 놓친 커다란 기회들 중 하나이다. 1930년대 초에는 루트비히 비트겐슈타인 역시 주체 및 객체, 아는 자와 알려지는 것 등의 표현은 풀어내는 것보다 더 많은 문제들을 만들어 내는 철학적 구성물들이라고 주장했다.[36] 그는 주체성을 향한 전통적인 철학적 접근방식들을 더욱 새로운 것들로 대체하려고 시도하는 대신 차라리 전통적으로 행해져 온 철학을 아예 끝장내려고 했다. 이렇듯 하이데거는 경험에 대한 주체-객체 모델을 거부하는 유일한 철학자가 아닌 것이다.

둘째, 우리가 위의 (ii)절에서 지적했으며 또한 좀 더 상세하게는 앞으로 (xii)절에서 다루게 될 것이지만, 내적 대상들의 개념 및 그 파생적 관념으로서의 인식적 내용은 마음과 자연에 관한 아리스토텔레스적 형이상학의 잔재들이다. 그들은 오래되었을 뿐만 아니라 이제는 소멸해 버린 세계관과 연결되어 있는 것이기 때문에 대단히 의심스럽게 보인다. 그럼에도 우리는 내부성에 관한 일반적 은유들과 **내용**과 **내재**라는 관념들에 의존하는 특별한 철학적 이론들을 구분할 수 있다. 철학적 이론들이 의심스럽다 하더라도 이러한 사실 자체가 주체성 및 내부성의 은유를 통해 여러 문제들을 함축적으로 논의할 수 있다는 일반적인 측면들까지 무시하게 할 이유는 되지 못한다는 것이다. 하이데거가 만들어 낸 신조어들에 우리가 하이데거보다는 덜 이끌린다면 (누가 그렇지 않겠는가?) 우리는 주체성과 내부성의 언어를 계속 사용하기를 원하게 될 것이다. 하지만 우리는 어쨌든 열차에 오르기 전 우리의 짐들을

36 다음 참조: Wittgenstein, *Philosophical Investigations*, 2nd ed., trans. by G. E. M. Anscombe (Oxford, UK: Blackwell, 1997) and *Preliminary Studies for the "Philosophical investigations," generally known as the Blue and Brown Books*, 2nd ed. (New York: Barnes & Noble, 1969).

잘 살펴서 인간의 삶에 관한 우리의 논의들을 자기도 모르게 전통적인 형이상학적 가정들로 짓누르지 않도록 주의해야만 할 것이다.

마지막으로 셋째, 나는 하이데거가 인간의 삶을 주체-객체 모델에 따라 해석하는 것에 반대해서 어떤 대안이 될 만한 건설적 논의를 제공하려 시도한다고 믿지는 않는다. 『존재와 시간』에 대한 최근의 몇몇 해석들은 하이데거가 그러한 건설적 논의를 제공한다고 주장한다. 이러한 해석들 중 가장 유명한 것은 허버트 드레이퍼스의 『세계-안에-있음』과 마크 오크렌트의 『하이데거의 실용주의』이다.[37] 이 책들은 매력적이고 설득력 있으며, 주의 깊게 공부해 볼 만한 가치가 있다. 하지만 경험에 있어서의 주체-객체 모델에 반대해서 어떤 대안이 될 만한 건설적 논의를 제공하려는 시도에 관한 한, 이 책들은 하이데거가 실제로 시도했거나 혹은 『존재와 시간』에서 성취하기를 원했을 만한 것 이상으로 나아간다. 하이데거의 주장들은 현상학적이다. 경험에 있어서의 주체-객체 모델에 관련된 하이데거의 주장은 이 모델이 우리의 경험에 정당하지 못하다는 것, 그것이 우리로 하여금 우리의 경험을 어색하고도 부적절한 방식으로 묘사하도록 강제한다는 것, 우리의 일상적 삶과 동떨어진 추상적 문제들과 숙고들에 관한 철학적 탐구들에 그 주안점이 놓여 있다는 것 등으로 정리된다. 하이데거는 철학을 하는 전통적 방식과 그가 우리에게 제공하는 새로운 방식 사이에 방법론적 돌파구를 만들려 시도하는 것이다.

요약하자면, 우리 자신에 관한 우리의 가장 근본적인 경험은 내-것임(mineness)과 풀어야 할 문제가 됨과 더불어 흩어져 있다: 당신은 당신

---

37 Dreyfus, *Being-in-the-World* and Mark Okrent, *Heidegger's Pragmatism* (Ithaca: Cornell University Press, 1988).

의 삶을 당신의 것으로서 경험하며, 이는 당신이 누구인지가 당신에게 풀어야 할 문제(당신을 위한 고민거리)라는 것을 뜻한다. 당신은 우선 당신이 살고 있는 세계에 침잠해 있기에 당신은 세계를 또한 당신의 것으로서 경험한다. 세계는 단순한 "객체들의 우주"인 것이 아니라 차라리 사회적 환경이다. 비록 당신은 물리적으로 사물들의 체계에 자리매김되어 있지만, 당신 자신에 관한 당신의 가장 근본적인 경험은 당신이 살고 있는 곳을 당신에게 열어밝힌다. 당신이 포함된 객체들의 체계를 경험하려면 당신은 먼저 당신이 침잠해 있으며 또 동화되어 있는 삶으로부터의 일탈을 경험해야 한다. 이제 우리에게 필요한 것은 세계에의 참여에 관한 실증적인 현상학적 설명이다. 하이데거가 I.3에서 우리에게 제공하는 것이 바로 이것이다.

연구를 위한 물음들

과체중/과소체중/알맞은 체중을 지니는 것 및 x 파운드의 무게를 지니는 것과 병렬적으로 제시될 수 있는 다른 종류의 구별들에는 무엇이 있겠는가?

V. 세계

§14에서의 개괄적인 설명 이후 세계에 대한 하이데거의 탐구는 세 단계에 걸쳐 개진된다. 제3장의 부분 A는 세계를 현상학적으로 직접 탐구한다. 이 탐구는 경험되는 "우리에게 가장 가까운" 존재자들의 묘사로부터 세계 자체의 구조 분석을 향해 나아가며, 이 세계의 구조를 하이데거는 세계의 세계성이라고 부른다. 부분 B는 하이데거의 현상학적 분석을

데카르트의 **연장적 실체들**로서의 세계 개념과 대조시킨다. 마지막으로 부분 C는 현존재의 실존적 공간성, 즉 현존재가 거리, 가까움 및 물질적인 것으로 채워져 있는 공간성을 경험하는 방식을 탐구한다. 독자들을 위한 이 개론적인 글의 한계로 말미암아 나는 부분 A에 초점을 맞출 것이며, 부분 B는 건너뛸 것이고, 부분 C는 (vii)절의 몇몇 해설들을 통해서만 다루게 될 것이다.

소통과 도구

하이데거는 우리가 참여하며 세계와 상호작용하는 것을 "소통"(dealings)이라 부른다. 맥쿼리와 로빈슨이 95쪽 각주 #2에서 말한 것처럼 그들이 "dealings"이라 번역한 독일어 "*Umgang*"은 주위세계(*Umwelt*)와 둘러봄(*Umsicht*)과 같은 몇몇 다른 전문 용어들과 연결되어 있다. 주위세계(environment; 환경)는 오늘날 이 말의 주된 의미로 통하는 생태학적 현상이 아니라 차라리 "가까운 세계", 우리를 둘러싸고 있는 직접적으로 경험되는 세계를 의미한다. "둘러쌈"이라는 말이 여기서 의미하는 것은 공간적으로 둘러쌈이 아니라 실존적으로 둘러쌈이다: 그것은 우리가 침잠해 있으며 흡수되어 있는 그러한 직접적 세계의 둘러쌈을 뜻하는 것이다. 우리의 소통("사귐")은 주위세계("주변의 세상")에서 일어난다. 이러한 소통은 둘러봄("둘러-봄")이라는 특별한 형태의 "봄"에 의해 이끌린다. 하이데거는 "봄" 및 그에 관련된 말들을 『존재와 시간』에서 계속 지성의 은유로서 사용한다. 우리의 참여하는 일상적 소통은 지성적이지만 소통을 이끄는 지성은 인식적이기보다는 차라리 실천적이다.

소통은 어떤 것과 같은가? "우리에게 가장 가까운 종류의 소통은 이미 설명된 것처럼 그저 알아내려는 인식이 아니라 다루고 사용하려 마

련함이다”(95/67). 이에 관해 하이데거는 『근본문제들』에서 다음과 같이 묘사한다:

> 문을 통해 들어갈 때 우리는 의자들이나 손잡이 등을 특별히 따로 주목하지는 않는다. 그럼에도 그것들은 거기에 이러한 독특한 방식으로 있다: 우리는 주위를 살피며 그것들을 지나가고, 피하며, 때로 그것들에 부딪히기도 하는 것이다. 계단, 복도, 창문, 의자와 벤치, 칠판과 같은 다른 많은 것들은 따로 정립된 것으로서(thematically) 주어지지 않는다. (『근본문제들』, 163)

나는 종종 학생들 중 하나와 특정한 문제에 관해 토론하며 조지타운 대학의 철학과 강의실로 들어간다. 나는 내가 어디로 가고 있는지 보지 않는다; 나는 그냥 문을 통과해 걸을 뿐이다. 나는 무언가 변화가 있는 경우에만, 예를 들어 의자나 누군가와 부딪히는 경우에만 그것을 의식해서 보게 된다. 내 직접적 주위세계 안에 있는 사물들은 나에게 대개 인식적 사물들이 아니라 사용할 사물들, 사용하도록 손 안에 있는 것들, 즉 도구들인 것이다. 하지만 물론 주위세계가 낯선 경우 나는 시각적으로나 인식적으로 주위의 객체들을 주목하면서 주의 깊게 주변을 살피게 될 수도 있다. 낯선 세계에서 효과적으로 길을 찾아 나갈 수 있기 위해서 말이다.

우리가 경험하는 가까운 객체들이 어떤 것인지 물어본 뒤 하이데거는 96쪽에서 다음과 같이 대답한다: 그것들은 사물들이다. 물론 이것은 하이데거의 관점이 아니라 전통적인 관점에 입각한 대답이다. 이는 『존재와 시간』에서 전형적으로 나타나는 하이데거식 교수법이다; 그는 처음에는 독자들로 하여금 그가 다루고자 하는 주제를 전통적 분석의 관습에 따라 이해하도록 하지만 이는 단지 그 이후에 전통 철학의 오류가 드러나도록 하기 위한 것일 뿐이다. 혼란을 피하려면 독자들은 이러한 전략을 미리 알고 있어야만 한다. 하이데거는 이 절과 그다음 절을 왜 이러한 전통적 응답이 잘못된 것인지 설명하고 또 주어진 현상을 이해할 수 있게 할 새로운 용어들을 확립하는 것에 할애한다. 그는 우리가 경험하는 가까운 객체들의 분석을 "가치로 충전된 사물들"의 분석으로 간주한다. 이러한 설명은 후설이 『이념들(*Ideas*)』 §28에서 제시한 "자연적 태도"에 대한 규정을 반영하도록 교묘하게 계획된 것이다: 후설은 공간 속에 퍼진 객체들의 세계에 대한 설명에서 우리는 우선 객체들 중 몇몇은 "가치로 충전되어 있다"는 것을 의식하게 된다고 밝히는 것이다. 나는 내 주위의 사물들의 세계를 의식하며, 그들 중 몇몇은 기능적 가치를 지니고 있다: 내 바로 앞에 있는 이 사물은 컴퓨터이며, 그것은 글을 쓰거나 이메일을 보내는 데에 쓰인다; 이 사물은 조명기구이며, 그것은 나의 연구실을 밝히는 데 쓰인다.

하이데거는 이런 식의 설명을 거부하는데, 그것은 이러한 설명이 우리가 주위세계에서 직접적으로 마주치며 소통하게 되는 존재자들이 "가치"를, 그 모범적 예로는 사용-가치를, 지니고 있다고 암시하기 때문이다. 이는 더군다나 우리가 그 객체들을 가치로부터 분리시켜서 묘사할 수 있다는 정반대의 암시로 이어지기도 한다. 나는 내 스테레오 스피커들을 "그저 사물들"로 묘사할 수 있고, 그 뒤 그 "가치중립적인" 묘사에 그들의 기능, 유용성, 혹은 가치 등에 관한 진술을 덧붙일 수도 있다. 전통 철학에 익숙해져 있는 사람에게는 이렇게 하는 것이 스피커들을 묘사하는 자연스러운 방식이다. 어쨌든 스피커들은 정말로 나무로 만들어진, 그 안에는 전선 같은 것들이 있는, 직각의 기둥 모양인 것임이 확실하다. 이 직각의 기둥 모양을 지닌 것들은 내 삶에서 어떤 역할을 담당하고 있지만, 그것들은, 설령 인류가 멸망한다고 하더라도, 직각의 기둥 모양의 것들로서 계속 존재하게 될지도 모른다. 더 이상 아무 쓸모도 없게 된 뒤에도 말이다. 그러므로 그들의 사용성은 바탕에 깔린 그들의 실재성에 덧붙여진 어떤 것이다. 무엇이 이보다 더 분명할 수 있겠는가?

앞에서 전개된 주도적 원리를 상기해 보자: 세계를 향한 우리의 근본적인 접근은 세계와의 친숙함이지 세계의 인식은 아니다. 내가 말하는 자들에 대해 지니는 친숙함은 어떠한 성질을 지니는가? 나는 **말하는 자들로서의** 그들과 친숙한 것이지 내 삶을 위한 쓰임새를 지닌 직각의 기둥들로서의 그들과 친숙한 것은 아니다. 참으로, 나와 친숙한 내 주위세계 안의 존재자들은 종종 가치중립적으로 묘사될 수 없는 것들이다. 스피커들의 색은 무엇이고 내 책상 위 전화의 모양은 어떠한가? 이런 질문들에 대답하려고 나는 잠시 하던 일을 멈춘 채 생각에 잠기기도 한다. 이미 친숙해진 사물들에 관해 나는 실제로는 잘 알지 못하는 것이다. 내가 잘 알지 못하는 이유는 도구적인 것들을 향한 나의 접근이 그것들에 관해 가치중립적으로 어떤 묘사를 한 뒤 거기에 가치를 덧붙이는 식으로가 아니라 주로 내 활동적 삶에서 그들이 지니는 역할을 통해서 이루어지기 때문이다. 사용-대상들을 가치중립적인, 가치가 덧붙여지긴 했지만 원래 가치로부터 자유로운 그러한 존재자들로 보는 것은 그것들을 향한 인공적인 태도를 요구하며, 하이데거는 이러한 태도를 "순전한 지각적 인식," "조작하지 않기" 등으로 기술한다. 하이데거는 이러한 우리의 일상적 소통에서 나타나는 가까운 존재자들을 지칭하려고 특별한 말 하나를 선택해서 사용한다: 그것은 **도구**라는 말이다.

그는 도구는 종종 우리의 경험에 전혀 **나타나지**(present) 않는다고 덧붙인다.

> 우선 손 안에 있는 것에 본래적인 점은 그것이 바로 본래적으로 손 안에 있기 위해 그 자신의 손-안에-있음에서 흡사 물러나는 것과 같아야 한다는 점이다. 우리의 일상적 소통이 우선 머물도록 하는 그것은 도구들 자체가 아니라 그때마다 산출되어야만 하는 작업인 것이다. … (99/69)

친구와 함께 시간을 보내고 이야기도 나눌 준비를 하며 거실에서 음악을 틀을 때 내가 스피커들에 마주치게 되는 것은 아니다. 스피커들은 내 경험으로부터 물러난다. 내 경험에 나타나는 것은 내가 초점을 맞추고 있는 음악과 거실의 분위기이다. 내가 분위기를 알맞게 조성하고 앉아서 친구와 이야기를 나누기 시작한 뒤에는 음악과 분위기 역시 물러나게 될 수도 있다. 친구와 내가 이야기의 주제에 초점을 맞추면서 말이다. 적절하게 작동할 때 도구는 내 경험에 나타나지 않는다. 하나의 도구는 종종 전혀 의식된 객체가 아닌 것이다.

게다가 대개 도구는 우리의 세계를 개별적 객체들이 아니라 도구적 맥락들을 통해 채운다 (97/68). 나의 거실은 그것을 거실로서의 방으로 만들어 주는 도구의 회로망(matrix)을 지닌다: 스피커들뿐만 아니라 소파, 의자들, 양탄자, 커피 테이블 등등이 그 회로망을 이루는 것이다. 만약 누군가 나에게 내 거실에 무엇이 있는지 묻는다면 나는 잠시 하던 일을 멈추고 생각에 잠겨야만 한다. 나는 즉석에서 대답할 수 있을 만큼 잘 알지는 못하지만 거실 안에 들어가서 그 안에 있는 것들을 마음대로 사용하고 정리할 수 있을 만큼 거실은 나에게 친숙하다. 나의 거실은 도구의 전체 맥락과도 같으며, 거실의 목적에 맞게 기능할 수 있도록 그 안의 모든 것들이 정돈되고 정리되어 있다. 소파는 거실에 **속한** 것이며, 그 때문에 우리는 예를 들어 길가에 소파 하나가 아무렇지도 않게 놓여 있으면 그냥 지나치지 못하고 한 번 더 보게 되는 것이다. 길가에 놓여 있는 소파는 **제 위치를 벗어난** 것이다. 물론 누군가는 그냥 그런 소파로 가서 앉을 수도 있겠지만 보통 소파의 사용은 항상 소파가 거실에 속해 있다는 것과 연관되어 있는 것이다.

요약하자면, 한 도구와의 만남은 그 사용이다. 더 나아가 도구의 사용은 어떤 과제를 위한 사용이며 그런 사용에서 우리는 대개 우리가 하는 일에 빠져 있어서 도구 자체에는 거의 혹은 전혀 주의를 기울이지 않는다 (도구가 특별한 주의를 요구하도록 만들어진 것이거나 잘못 작동하는 경우가 아니라면 — 이 두 경우에 관해서는 나중에 더 논의될 것이다). 우리는 도구를 그것이 우리의 세계와의 소통을 위해 지니는 역할과의 관계에서 이해한다. "유용성, 기여성, 사용성, 조작성 등과 같은 상이한 '-하기-위하여'가 도구전체성을 구성하는 것이다" (97/68).

하이데거는 도구의 존재를 파악하려고 새로운 용어를 만들어 낸다: 그것은 **손-안에-있음**이다. 그는 도구의 손-안에-있음을 단순한 사물들의 현전함과 대조시킨다. 맥쿼리와 로빈슨은 하이데거의 독일어 용어 "*zuhanden*"과 "*vorhanden*"이 지닌 "손"(hand)이라는 어근을 강조하려 했으며, 이 두 용어는 〔사용할 수 있도록 이미〕 내 손 **안에** 있는 것과 〔아직 사용할 수 없도록 순연한 사물에 지나지 않는 것으로서〕 내 **눈앞에** 있는 것을 서로 대립시킨다. "손-안에-있음"이 무엇을 뜻하는지 설명하려고 하이데거는 다음과 같이 쓴다: "오직 이러한 '그-자체로-있음'을 [즉, 손-안에-있음을][38] 지니고 있는 것으로서 존재하는 것이지 그냥

---

38 역자 주: 저자는 하이데거 인용문에서의 '그-자체로-있음'을 별도의 설명 없이 '손-안에-있음'과 동일한 것이라고 설명하지만 이는 정확한 설명은 아니다. 하이데거가 '그-자체로-있음'이라는 말로 표현하고자 하는 것은 '손-안에-있는' 도구적 존재자들 역시 순연한 현상으로 환원될 수 없는 실제의 존재자로서, 도구적 가치와 무관하게 그 자체로 있는 어떤 존재자의 존재를 지시하는 것으로서 이해된다는 것이다. 특히 하이데거가 '전회'를 전후한 시기에 다룬 여러 주요 개념들 중 하나인 사물 개념에서 (예컨대

나타나기만 하는 것이 아닌 한에서만 도구는 넓은 의미에서 조작될 수 있고 또 쓰일 수 있는 것이 된다” (98/69). 그는 “단순히 나타나는”(*vorkommt*) 것을 우리가 쓸 수 있는 것과 대조시킨다. 그러므로 “*zuhanden*”은 쓸 수 있음을 뜻하는 말이고, “*vorhanden*”은 그냥 나타나는 혹은 **현전하는** 존재를 뜻한다. 하이데거의 명제는 우리의 주위세계 안에 있는 존재자가 대개 무엇을 **위해 있는**가 하는 문제는 쓰이기 위해, 우리가 쓸 수 있도록 하기 위해, 사용을 위해 있다는 것을 통해 설명된다는 것을 의미한다.

하이데거의 사상에 비판적인 사람이라면 망치는 실제로 나타나거나 혹은 현전하지 않는 한 사용되지 못한다는 것을 누구도 부인하지 못할 것이라는 식으로 이의를 제기할 수도 있을 것이다. 하이데거는 §15에서 이러한 문제를 다룬다:

> 하지만 손-안의-것은 단지 현전함을 근거로 해서만 “존재한다”. 하지만 이로부터 — 일단 이 명제가 옳다고 전제하면 — 손-안에-있음이 존재론적으로 현전함에 정초되어 있다는 결론이 따라 나오는가? (101/71)

두 번째 문장에서의 표현 “일단 이 명제가 옳다고 전제하면”은 첫 번째 문장의 의미를 약화시킨다. 하이데거는 **설령** 손-안에-있는 존재자들이 현전하는 존재자들 “때문에”만 혹은 그 “토대 위에”만 있을 수 있다는 명제가 **참이라고 하더라도** 손-안에-있음의 **존재**가 현전하는 것의 특성들을 통해 정의될 수 있다는 결론이 따라 나오지는 않는다고 말하는 것이다. 이 지점에서 범주적 환원성과 존재론적 의미형성에 관한 토론

예술 작품의 사물성 개념에서) 이러한 생각이 잘 드러난다.

이 열릴 수도 있을 것이다.[39] 하지만 그러한 토론들은, 어떤 관심 때문에 일어난 것인지 상관없이, 하이데거의 현상학적 방법을 반영하지 못한다. 하이데거의 목적은 우리가 도구를 어떻게 경험하는지 묘사하는 것이며, 따라서 중요한 물음은 모든 도구가 현전하는 어떤 것의 변용으로서 나타나는지 하는 것이다.

현상학적으로 말하면 모든 도구들이 현전하는 것으로 나타나지는 않는다. 이것을 이해하려면 인습적 의미에서의 도구나 연장의 좁은 범주 너머로 시야를 옮기는 것이 가장 좋다. 하이데거는 §15에서 도구에 초점을 맞추지만 하이데거는 논의를 전개해 나가면서 점진적으로 시야를 넓혀 나간다. 그는 재료들 (§15), 기호들 (§17), 그리고 일반적인 의미에서의 용품들이라 불릴 수 있는 것에 이르기까지 포괄적으로 문제를 다루는 것이다 (§18). 이러한 방식은 좋은 것이다. 많은 사람들은 통상적인 의미에서의 도구가 우리 삶에서 지배적이라고 생각하지 않기 때문이다.

재료들. "작업에는 '재료들'을 향한 지시가 있다. 작업은 가죽, 실, 못과 같은 것들에 의존하는 것이다" (100/70). 망치로 선반들을 만들면서 나는 내 작업장에 있는 연장들만 사용하지 않는다. 나는 널판지들, 못들 등등도 사용한다. 더 나아가 하이데거는 재료들의 범주를 원료까지 포함하도록 넓힌다: "사용되는 도구에서 사용을 통해 '자연'이 발견된다. 자연이 자연의 생산물들을 통해 발견되는 것이다" (100/70). 부엌에서 요리하면서 나는 사발과 프라이팬, 주걱만 사용하지 않는다. 나는 달걀들과 시금치, 그 밖에 다른 음식물들도 사용하는 것이다. 달걀들은 통상

---

39 다음 참조: John Haugeland, "Ontological Supervenience," *Southern Journal of Philosophy*, vol. 22 (1983 Supplement) and "Weak Supervenience," *American Philosophical Quarterly*, vol. 19 (1982).

적인 의미에서는 도구가 아니다. 이웃집에 달걀을 던지지 않는 한 말이다; 그것들은 (부엌에서) 요리에 사용되는 원료이며, 그것은 나무가 불을 피우려 구매되는 원료인 것과 마찬가지이다. 내가 요리하는 달걀들은 요리를 위한 달걀들이지 생물학자들이 생각하는 것처럼 생물학적 속성들을 지니고 있는 자연적인 사물들이 아니라는 것이다.

> 하지만 여기서의 자연은 단순히 현전하는 것이나 자연적 힘으로 이해되어서는 안 된다. 숲은 목재가 자라는 산림이고, 산은 채석장이며, 강은 수력이며 바람은 '돛에 부는' 바람이다. 발견된 '주위세계'와 더불어 그렇게 발견된 '자연'과 만나게 되는 것이다. (100/70)

기호들. 기호들 역시 일종의 도구이다. 전통적 의미에서의 도구는 아니라고 하더라도 말이다. "하지만 기호들은 우선 그 자체로 도구들이며, 도구로서의 그 특별한 의미는 **보여 줌 혹은 가리킴**에 있다" (108/77). 하이데거가 기호의 예로 삼은 것은 자동차의 회전 신호이다. 회전 신호는 도구의 하나로, 우리는 그것을 운전 중에 사용할 수 있으며 그 특별한 기능은 운전자가 어느 길에서 회전하려 하는지 가리키는 것이다. 하이데거는 기호들을 말이나 '담화'와 구별해서 다루는데 (이 점에 관해서는 I.5에서 논의될 것이다), 이는 말이 기호들의 집합이 아니기 때문이다. 말은 의사소통이나 묘사를 위한 도구들로 이루어져 있지 않다; 차라리 말은 우리가 다른 이들과 세계를 공유하게 해 주는 표현적 매체의 하나이다. 이와 같은 이유로 하이데거는 회전 신호들과도 같은 관습적 기호들을 폭풍을 알리는 구름과 같은 자연적 기호들과 융화시킨다. 양자가 모두 다른 현상들을 가리키는 지시자로 사용될 수 있기 때문이다. 하지만 하이데거는 기념비들이나 상징들을 기호들로 분류하지는 않는다. 기념비들과 상징들은 표현적이기 때문이다; 그들은 도구이기보다는 차라리 일종의 담화인 것이다.

용품들.[40] 마지막으로, 그리고 아주 흥미롭게도, 하이데거는 §18에서 손-안에-있음의 개념을 도구보다 훨씬 더 광범위한 의미로 사용할 수 있게 해 주는 용어를 도입한다.

> 손-안에-있음의 존재가 지시의 구조를 지니고 있다고 말하는 것은 그것이 자체적으로 **지시됨**의 성격을 지니고 있다는 것을 뜻한다. 존재자는 그것이 그 자신인 이러한 존재자로서 다른 무엇인가에 지시되어 있음이 드러나는 방식으로 발견된다. 존재자는 다른 무엇인가의 곁에 있는 자신과 함께 〔자신을 통해〕 관계함(사태를 지님; *Bewenden*)을 지닌다. 손-안에-있음의 존재성격은 관계함〔(사용)사태; *Bewandtnis*〕인 것이다. (115/83-84*)

하이데거는 §15에서 '지시'[41]라는 말을 다음과 같이 쓰면서 처음 사용한다: "'하기-위하여'의 구조 안에 어떤 것을 어떤 것에 지시함이 놓여 있다" (97/68). 도구는 어떤 기능을 수행하는 존재자이며, 이는 그것이 무엇인가 '하기-위한' 존재자라는 것을 뜻한다. 망치는 못을 박기 위한 것이고 마늘 압착기는 마늘을 압착하기 위한 것이다. 그러한 기능성은 **일종의** 지시이다. 하나의 도구가 특정한 도구적 맥락에 속해 있음 역시

---

40 나는 이 용어를 다음의 책에서 따왔다: Haugeland, "Heidegger on Being a Person."

41 독일어 "*Verweisung*"을 맥쿼리와 로빈슨은 보통 "지시 혹은 〔외연적〕 지시연관" (assignment or reference)이라고 번역한다. 나는 그냥 "지시"(assignment)라는 말만 사용하려 한다. 이는 하이데거의 개념이 사회적 관습의 이념에 가깝기 때문이기도 하고 영어에서는 "〔외연적〕 지시연관"(reference)이 프레게의 용어와 혼동되기 쉽기 때문이기도 하다.

일종의 지시이다 (97/68). 무엇이 이 두 종류의 지시들의 공통점인가? 그것들은 둘 다 일종의 관계함이다: 망치는 망치질과 작업장 모두에 관계해 있다. 이러한 개념의 관계함에 초점을 맞추면서 우리는 정확한 의미에서의 도구로 있지 않으면서도 우리의 활동에 관계하고 있는 대단히 많은 다른 것들을 볼 수 있다: 그림들 및 다른 종류의 장식품들, 종교적 가공품들, 소설책들 등등이 그러한 것들이다. 우리는 이러한 것들을 대개 어떤 특정한 목적을 위해 사용하지는 않지만 그것들이 무엇인지 말하려면 우리는 그들이 우리의 삶에서 담당하고 있는 역할들에 관해 말해야만 한다. 즉 우리는 그들의 물리적 속성들 이상의 것에 관해 말해야 한다는 것이다. 인간 삶의 용품들은 존재론적으로 그것들이 무엇인지가 우리의 실천들에 의해 **지시된** 것으로 **존재함**에 의해 구별된다; 그것의 존재는 관계함인 것이다.

이제 "현전하는 존재자들 때문에만 손-안에-있는 어떤 것이 있는 것"이 아닐까, 하는 질문으로 돌아가 보자 (101/71). 만약 우리가 연장들에만 초점을 맞추면 손-안에-있는 것이 무언가 그 바탕에 깔려 있으며 우리의 실천적 삶에 의해 가치가 부여되는 현전하는 것을 요구하는 것으로 보일 수 있다. 하지만 우리가 시야를 일반적인 의미에서의 용품들로 확장시키면 정말 그런지 훨씬 더 불확실하게 된다. 만약 당신과 내가 「햄릿」을 읽고 있으면 우리는 같은 책을 읽고 있는 것인가 아니면 두 상이한 책들을 읽고 있는 것인가? 우리에게는 「햄릿」의 견본 두 개가 있지만 드라마로서는 오직 하나인 「햄릿」이 있을 뿐이다. 전통적 형이상학자는 드라마와 견본 사이의 관계를 풀어내려고 고심하면서 종-표본들이나 보편-특수 등과 같이 자기가 더 잘 이해한다고 생각하는 〔개념적〕 관계에 동화시키려고 시도할 것이다. 하지만 이런 식의 동화는 드라마와 그 견본 사이의 관계가 지닌 특별한 의미를 놓치기 쉽다. 드라마와 그 견본 사이의 관계는 붉은 사물들과 보편적 붉음 사이의 관계와는 다른 것이다. 그것은 말-유형(word-type)과 말-표본(word-token) 사이의 관계와 더 가깝다. 하지만 이것도 정확한 설명은 아니다. (「햄릿」은 어쨌든 편집되고 요약되고 번역될 수 있는 것이다.) 요점은 바로 이것이다: 당신과 나 둘이서 읽고 있는 드라마 「햄릿」에 관한 한 우리는 그것을 현전하는 어떤 것으로서 만나지 않는다. 그것은 물리적 특성들과 더불어 이 장소에 위치해 있는 어떤 것이 아닌 것이다.

요컨대 손-안에-있음은 존재자의 하나이며, 이 존재자는 우리의 실천에 관계함에 의해 정의된다. 주걱, 달걀, 회전신호, 성배 혹은 드라마가 무엇인지 말하려면 우리는 이러한 존재자들을 그것들이 우리의 삶 속에서 맡고 있는 역할을 통해 묘사해야만 한다. 하이데거가 I.3에서 강조하는 것은 아니지만 현전하는 것은 우리의 삶과 그것이 우리의 삶 속에서 맡고 있는 역할에 의존하지 않고 존재하는 것이다. 은하계, 쿼크, 충전된 전기, 그리고 도마뱀은 우리의 마음 씀 및 관심과 무관하게 그렇게 존재하는 것이다.

둘러봄과 망가짐

§13에서 하이데거는 우리의 평균적 일상에서 세계와의 소통은 인식에 의해 이끌리지 않는다고 주장한다. 차라리 소통은 참여하는 친숙함의 문제이다. 우리가 세상에서 분주하게 일할 때 우리는 우리 주위의 존재자들을 항상 주목하지는 않으면서 그것들과 만나고 그것들을 사용한다. 이것은 우리의 소통이 "자동적"이며, "마음 씀 없이" 혹은 기계적 습관에 의해 일어나는 일이라는 것을 뜻하는가? 그렇지 않다.

하지만 사용하고-다루는 소통은 맹목적이지 않다. 그것은 다룸을 이끌고 그

> 것에 특별한 확실성을 부여하는 고유한 봄의 양식을 지니고 있는 것이다. 도구와의 소통은 '하기-위하여'의 다양한 지시관계들에 따른다. 그런 식의 자기를-맞춤의 봄은 **둘러봄**이다. (98/69*)

무엇이 둘러봄인가?

"봄"이라는 말로 하이데거가 뜻하는 것은 시지각이 아니다. 그는 봄을 지성을 위한 은유로 사용한다. 그는 우리가 우리의 주위세계 및 용품들과 친숙하며, 주위세계에서 우리는 용품들과 기술들과 능력을 통해 만나는 것이지 인식을 통해 만나는 것은 아니라고 주장한다. 게다가 이러한 기술들은 지적이다. 망치로 못을 박을 때 내가 망치를 들고 휘두르는 방식은 상황에 맞게 조정된 것이다. 적어도 내가 망치질을 할 줄 안다면 그런 것이다. 나는 동작을 멈추고 어떻게 망치질을 할 것인지 생각하지 않아도 된다. 실제로 만약 내가 동작을 멈추고 생각하게 되면 나는 망치를 잘못 휘두르기 쉬울 것이다. 나는 내 행위가 일어나는 상황 및 그 목적을 통해 어떻게 할 것인지 이해하며, 이때 나는 목적에 초점을 맞추고 있을 뿐 세세한 행동방침들은 나의 능숙한 기술들이 알아서 하도록 내버려 두는 것이다.

> 일상적 소통이 우선 머무는 곳은 연장들 자체가 아니다. 그때마다 산출해야만 하는 작업이 본래 〔현존재가〕 구한 것(*das Besorgte*)이며, 따라서 손-안에-있음 역시 〔현존재가〕 구한 것이다. 작업은 그 안에서 도구와 만나게 되는 지시관계의 전체를 지닌다. (99/69)

한 상황에서의 나의 기술과 능력은 그 상황에 맞게 조율되어 있기에 나는 내가 무엇을 하고 있는지 분명히 알거나 혹은 인식적으로 성찰할 필요도 없다. 나는 기술적으로 어려운 문제에 봉착할 때의 행동의 차원에 인식적으로 주의를 기울인다. 나는 내가 통달해 있는 행위의 측면이 아니라 내가 성취하려 애쓰는 목적에 초점을 맞추는 것이다.

물론 우리는 때로 우리가 작업할 때 사용하는 도구에 초점을 맞춘다. 내가 목수일에 서툰 경우를 생각해 보자. 판자를 자를 때 나는 의식적으로 작업에 주의를 기울이면서 둥근 톱이 줄을 따라 똑바로 움직이도록 애를 써야만 한다. 톱은 자꾸 미끄러지고 잘린 면은 울퉁불퉁하며, 할 수만 있다면 나는 단면이 똑바르게 될 수 있도록 자르고자 하는 선을 따라 판자에 미리 반듯한 막대 등을 고정시켜 둔다. 하지만 내 집을 개조했을 때 나는 장인 목수가 작업하는 것을 보는 즐거움을 누렸다. 나는 그가 완전히 똑바르게 자르면서도 줄곧 농담을 하기도 하고 개인적, 정치적 생각들을 설득력 있게 늘어놓기도 할 수 있다는 것을 깨달았다. 심지어 그는 종종 자신이 작업하는 것을 작업하는 내내 쳐다보지도 않는 것이었다. 이것은 떨리지 않는 손, 강인함 및 사십 년 경험의 산물이다. 우리가 활동하면서 잘하려 애쓰는 것은 능숙함의 범위와 정도에 의존하는 것이다. 친숙하지 않은 연장들에는 초점을 맞추어야만 하지만 친숙한 연장들은 그렇지 않다. 우리의 근원적인 혹은 본래적인 세계-안에-있음은 친숙함의 문제이며, 세계와의 관계에서 자신의 길을 개척해 나갈 때 친숙함은 능력이나 능숙함으로 작용하는 것이다.

그럼에도 때로 우리는 도구에 초점을 맞추어야만 한다. 도구가 제대로 기능하지 않거나 어떤 다른 방식으로 작업을 방해할 때가 그렇다. 그러한 고장 혹은 "손-안에-**없음**"의 현상들이 §16의 주제이다: 눈에 띔(*Auffälligkeit*), 거슬림(*Aufdringlichkeit*), 완강함(*Aufsässigkeit*) 등이 그러한 현상들이다. 제대로 작동하지 않을 때 도구는 눈에 띈다: "연장이 손상된 것으로 드러나거나 재료가 쓸모없는 것으로 드러난다." 도구는 그것이 의존해 있는 다른 도구가 없을 때, "그것이 '다루기 편하지' [*'handlich'*] 않을 뿐 아니라 '손-안에'[*'zur* Hand'] 〔있지〕 않을 때, 도구는 거슬린다 (103/73). 이런 경우 가지고 있지 않은 도구나 가지고 있으되 "손 안에" 가지고 있지는 않은 도구나 둘 다 손-안에-없는 것이다. 마지막으로, 우리가 구하는 것을 얻는 데에 유용한 수단이기보다는 오히려 방해만 될 때 도구는 완강하다. "우리가 구하려 마음을 쓸 수 없는 것, 그를 위해 쓸 '시간이 없는' 것은 여기-속하지-않는, 혹은 미결의 방식으로 손-안에-없는 것이다 (103/73-74). 손-안에-없음에 관한 하이데거의 현상학이 보이는 모든 세세한 설명들을 일관하는 두 개의 중요한 요점이 있다.

첫째, 손-안에-없는 도구와 만날 때 우리는 도구에 초점을 맞추거나 도구를 잘 사용하려 애쓰도록 강제된다. 그것은, 우리의 활동을 좌절시킨다는 바로 그러한 이유로, 손-안에-없다. 물론 무엇이 제대로 작동하지 않는 것인지에 대한 기준은 개인에 따라 다르다. 뻑뻑한 전동장치는 어떤 운전자에게는 심각한 도전이지만 능숙한 운전자에게는 별 문제가 아니다. 특히 이러한 어려움을 어떻게 다루는지 알고 있는 자동차의 주인에게는 아무 문제도 아니다. 그렇다면 손-안에-없음의 범주는 우리의 능력과 기술, 즉 우리의 이해력에 상관 있는 경우에만 의미가 있는 범주인 셈이다. 손-안에-없음은 성취되어야 할 일 자체와 관련된 것이라기보다는 우리의 능력들에 도전이 되고 그것을 다루려면 일부러 애를 써야만 하는 모든 것들을 뜻하는 것이다.

둘째, 손-안에-없음은 현전함이 아니라 손-안에-있음의 결여적 양태이다. 부러진 망치는 우리가 하고자 하는 바와 무관하게 그냥 그렇게 있는 나무와 강철 더미가 아니다. 부러진 망치는 좌절시키며, 나무와 강철 더미와는 전혀 다른 방식으로 그렇게 한다. 제대로 작동하지 않음은 부재함이 아니다; 그것은 쓸모없는 것이다. 현전하는 것과 부재하는 것 사이의 대조는 사용할 수 있는 것과 그렇지 않은 것 사이의 대조와 다르다. 고장 난 커피메이커는 실제로 현전하는 것이지만 단순히 그냥 현전하는 것이 아니라 우리의 주목과 활동의 초점이 될 심각한 문제로 현전한다. 어떤 것은 그냥 없어서, 그냥 부재함으로 말미암아 사용할 수 없게 될 수 있다. 하지만 어쨌든 사용할 수 **없음**은 그냥 **없음**과는 같지 않은 것이다.

그럼에도, 무언가 고장 났을 때의 현전함이 어떤 것인지 한 번 살펴보자.

> 순수한 현전함이 도구에 자신을 알려오더라도 그것은 다시 구해진 것의 손-안에-있음 안으로, 즉 고쳐져 다시 쓸 수 있는 상태에 있는 것으로 되돌아오기 위한 것이다. (103/73)

실천적 관점에서는 별로 고려되지 않았던 망치의 물리적 속성들은 망치가 제 기능을 발휘할 때보다는 망가질 때 더 잘 드러난다. 망치가 망가지면 나는 망치에 관해 한 번 생각하게 되고 망치의 색이 어떤 것인지(내 망치는 갈색이다) 기억해 내려 애쓰게 되는데, 이는 망치가 제 기능을 발휘할 때 나는 그 색깔에 아무 주의도 기울이지 않기 때문이다. 망치의 색은 실천적 관점에서는 별로 고려될 필요가 없는 것이다. (물론 만약 내가 색깔이 기호인 도구, 예컨대 색깔이 그 표준치수를 알려 주는 기호로 간주되는 전선을 다루고 있는 경우에는 색깔이 실천적 관점에서 중요하며 도구의 색깔은 내 활동을 위한 주제의 하나가 된다.) 하지만 망치가 부러지면 나는 말없이 그것을 쳐다보게 되어서 망치의 색깔이 나에게 더 눈에 띄게 되는 것이다. 실천적 관점에서는 별로 고려할 이유가 없었던 망치의 물리적 속성들이 지각된다. 하지만 망치를 고치면 망치의 색깔은 다시 고려되지 않게 되고, 망치의 사용가능성만이 다시 중요해진다. 망가짐의 경험들에서 단순히 현전하는 것이 어떤 것을 드러나게 하기는 하지만 그것은 보통 오직 내 실천적 활동이 재개되면 다시 망각 속에 사라져 버리기 위한 것일 뿐이다.

유의미성과 세계성

둘러봄은 우리가 행하는 작업의 과제를 문맥화하는 지시연관의 전체성에 의해 이끌린다. 선반을 만들려고 하고 또 그렇게 할 수 있기에 나는 작업하면서 도구 및 재료들과 관계하게 된다. 나의 둘러봄은 도구 및 재료들, 그것들과 진행 중인 작업의 관계를 규정하는 '하기-위하여' 관계들에 의해 이끌린다. 둘러봄은 작업장의 실천적 구조에 의해 이끌리며, 이 실천적 구조는 대개 작업에 몰두할 때의 내가 이미 이해하고 있는 그러한 구조이다. 둘러봄은 선반을 만들려고 내가 직접적으로 행동할 때 나를 이끌 뿐 아니라 좀 더 넓게는 내가 주위세계에서 움직이며 하나의 일에서 다음의 일로 옮겨 갈 때도 나를 이끈다. 나는 왜 선반을 만드는가? 미국에서 살다 보면 없애기 힘든 잡동사니들을 많이 지니게 되는데 선반을 만드는 것은 그러한 잡동사니들을 더 많이 보관할 수 있도록 차고를 정리하기 위한 것이다. 그러므로 차고에 관련된 제작 기획이 나를 좀 더 직접적인 기획인 선반의 제작에 관계시키는 셈이며, 이러한 기획은 나를 우선 판자를 8인치 크기로 자르는 작업에 관계시킨다. 이 모든 일들에서 나는 작업장과 나의 행위를 하나로 묶는 '하기-위하여' 구조에 의해 이끌리는 것이다.

종종 나는 좀 더 큰 기획에서 하부 기획으로 옮겨 가지 않고 수평적으로, 즉, 하나의 기획에서 다른 기획으로 옮겨 간다. 내일 수업을 위한 강의 노트들을 준비한 뒤 다른 수업을 위해 답안지에 평점을 매기는 일에 착수하는 식으로 말이다. 여기에는 수직적인 '하기-위하여' 관계가 없다. 그렇다면 무엇이 나를 이러한 이행을 하도록 이끄는가?

> 하지만 관계함의 전체성 자체는 더 이상의 관계함을 지니지 않는 어떤 '무엇을-위하여' (*Wozu*)로 되돌아가며, 이는 이 무엇 자체가 하나의 세계 안에서 손-안에-있음의 방식으로 존재하는 존재자가 아니라 그 존재가 세계-안에-있음으로서 규정되고 또 그 존재규정에 세계성 자체가 속해 있는 그러한 존재자를 지시한다는 것을 뜻한다. 이 근원적 '무엇을-위하여'는 하나의 관계함이 생겨나게 하는 어떤 다른 존재자의 존재를 전제로 하는 '그것을-위하여' (*Dazu*)가 아니다. 근원적 '무엇을-위하여'는 〔자체 목적인〕 '그 무엇을 위하여' (*Worum-willen*)의 하나인 것이다. 하지만 '그 무엇을 위하여'는 항상 현존재의 존재에 관한 것이며, 이는 현존재 자신의 존재에 있어서 현존재에게 문제가 되는 것은 늘 바로 존재 자체라는 뜻이다. (116-117/84)

나는 보통은 독립적인 이 두 과제들을 떠맡는다 — 이 수업을 위한 준비의 하나로서 이 강의를 준비하는 것과 저 수업을 위한 준비의 하나로서 답안지에 평점을 매기는 일. 그것은 물론 일종의 선생이 되기 위한 것이다. 이 작업장이나 저 사무실 안의 도구와 재료 및 작업들을 규정하는 '하기-위하여' 구조는 기능적 역할들의 추상적 그물망 이상의 것이다. 그것들은 내가 하는 일체의 행위들이 바로 그것을 위한 것인 현존재로 존재함의 방식과 일반적으로 관계하고 있음으로 말미암아 서로 결합되어 있는 것이다.

불행하게도 하이데거는 생존과도 같은 삶의 어떤 궁극적 목적을 상정하는 것 같은 인상을 남긴다. 혹은 적어도 그가 남긴 다음과 같은 설명을 이런 방식으로 해석하는 것은 가능한 일이다: "… 그리고 이러한 보호는 현존재의 거주처를 마련 '하기-위하여' (*um-willen*), 즉 현존재의 존재 가능성을 위하여 '있다'" (116/84). 하지만 이것은 잘못된 인상이다. 나는 또한 한 아버지이고, 남편이며, 아들이기도 하고, 이웃이기도 하며, 청소년 야구단 코치이기도 하다. 이 모든 목적들은 내 삶에서의 어떤 궁극적인 목적으로 환원될 수 있는 것들인가? 분명 우리로 하여금 그렇게 생각하도록 만드는 무엇인가가 있기는 하다. 우리 인생의 여정을 전체적으로 그려 보아야만 할 때 특히 우리는 그런 느낌을 받게 된다. 만약 청소년 야구 연맹의 이사회에 종사하는 것이 내 직업적 연구 활동을 방해할 정도가 되면 나는 이러한 갈등에 직면할 수밖에 없게 된다. 나는 어떤 것이 더 중요한 일인지 자신에게 묻게 되는 것이다. 만약 이 모든 일들을 합리적으로 잘 정리해 두려는 마음이 일어나게 되면 나는 이처럼 다양한 기획들을 종속시킬 수 있는 좀 더 깊고 포괄적인 목적을 찾고 싶어 하게 될 것이다. 이러한 생각은 예컨대 토마스 아퀴나스로 하여금 인생의 "최종적" 혹은 궁극적 "목적" 또는 목표를 상정하도록 만들었다. 필요한 경우 합리적 숙고의 행위 전체를 하나로 묶어세울 수 있는 궁극의 정착지 같은 것 말이다.[42] 여기서 합리적 숙고가 그러한 궁극의 정착지를 요구하는지 결정할 필요는 없다. 하이데거는, 합리적이든 아니든, 숙고가 우리로 하여금 우리가 누구인지, 무엇을 위하여 우리가 사는 것인지 등에 관한 심오한 질문들에 직면하게 만드는 양식이라고 생각하지 않는 것이다. 숙고는 망가짐에 반응하며 일어나는 경험의 한 형식이다 (410/359, §69b). 나는 보통 내가 경험하는 다양한 감정이

42 다음 참조: Thomas Aquinas, *Treatise on Happiness*, trans. by John A. Oesterle (Notre Dame: University of Notre Dame Press, 1964), p. 9 (Question 1, Art. 4).

나 조화에 의해 이끌리면서 서로 경쟁하는 관심사들과 기획들을 조율한다: 나는 본능적으로 이사회에 종사하는 일을 그만두게 되는데 이는 물론 직업 활동에 더 많은 시간을 할애할 수 있도록 하기 위한 것이고, 이러한 기획들이 나에게 문제가 되는 방식의 차이 때문에 내리게 되는 결정이다. 이에 관한 좀 더 상세한 해명은 (viii절에서) 처해-있음에 관해 논의하면서 제시될 것이다. 지금 여기에서는 다만 하이데거의 입장에서는 인생의 어떤 궁극적 목적의 개념을 전제할 이유가 없다는 것만 이해해 두면 충분하다.

다양한 '하기-위하여' 구조는 서로 결합되어 있으며 더 이상의 다른 목표들에 종속되지 않는 목적들을 지시한다. 이러한 구조가 바로 우리가 그 안에서 작업하는 실천적 맥락의 구조이다. 하이데거는 이 구조를 **유의미성**(significance)이라고 부른다. 이제부터 우리는 하이데거의 은어(jargon)들을 많이 접하게 될 텐데, 아마 그 은어들 몇 가지를 미리 살펴보는 것이 좋을 것이다. 하이데거는 다음과 같이 쓴다: "지시함의 이러한 관계들이 지닌 관계적 성격을 우리는 의미함으로 파악한다" (120/87). 하이데거가 사용하는 독일어 단어는 "*bedeuten*"이다. 비록 엄밀한 형식에서는 ("*be-deuten*"과 같이) 하이픈으로 연결되기도 하지만 말이다. 일반적으로 독일어 단어 "*bedeuten*"은 의미함을 뜻한다. 맥쿼리와 로빈슨은 (120쪽의 각주 #3에서) 하이데거가 하이픈을 달면서 의도하는 바는 아마 이 용어에서 어근 "*deuten*"을 강조하는 것에 있을 것이라고 지적한다. "*Deuten*"은 해석함과 가리킴을 뜻한다. 더 나아가 하이데거는 "*Bedeutsamkeit*"라는 말을 사용하는데 이는 "이 의미함의 전체"를 지시한다. "*Bedeutsamkeit*"는 독일어에서 일반적으로 의미나 중요성을 뜻한다. 그렇다면 하이데거는 도구, 재료, 과제 등이 그것들이 우리의 행위에서 담당하는 역할들에 의해 의미를 지니게 되거나 중요하게 되는 방식을, 그리고 그러한 역할들에 의해 어떻게 그것들이 서로를 지시하게 되는지 우리가 주목하기를 원하는 셈이다. 망치는 못을 박음을 가리키고 못을 박음은 망치를 가리킨다; 못을 박음은 사물들을 고정시킴을 가리키고, 이는 또한 선반을 만듦을, 선반을 만듦은 결국 당신이 집을 지닌 자이거나 목수이거나 공사장 인부 등이라는 사실을 가리킨다. 하이데거가 분석하는 모든 관계들은 (목적으로서의 '무엇을-위하여', '하기-위하여', 재료적 구성의 합목적성 등등) 우리가 그 안에서 작업하는 맥락의 구조, 혹은 세계의 구조를 구성한다.

세계는 이러한 가리킴들에 의해 결합되어 있다. 세계의 구조는 이러한 가리킴들 혹은 의미함들의 전체에 의해 구성되어 있는 것이다. "이러한 의미함의 관계 전체를 우리는 **유의미성**이라 부른다. 그것은 세계의 구조, 그 안에 현존재가 그러한 것으로서 그때마다 이미 있는 것인 그러한 세계의 구조를 결정한다" (120/87). 이러한 정의에 접근하는 두 가지의 방식이 있다. 현상학적 건축가로서의 하이데거는 세계의 구조적 형식을 나타내기를 원한다. 즉, 그는 각각의 경우마다 이런저런 맥락에 의해 채워져 있는 세계의 관계적 뼈대로서의 세계의 세계성을 보이기를 원하는 것이다. 이에 반해 실존적 현상학자로서의 하이데거는 우리가 그 안에서 작업하는 맥락에서의 유의미성 혹은 중요성의 짜임새를 강조하기를 원한다.

분명히 인간적인 양식에 의해 지배되는 세계에서 살려면 우리는 언제나 이미 세계의 유의미성 구조에 맞게 조율되어 있어야만 한다. 우리가 모르는 어떤 목적에 종사하는 작업장 안으로 들어갈 때 우리는 도구가 낯설어 당황하게 된다. 의미맥락을 구성하는 '하기-위하여' 및 목적들을 파악할 수 없기 때문에 작업장은 우리에게 친숙하지 않은 것이다. 의미맥락에 친숙해짐은 유의미성, 의미맥락 안에 자리매김되어 있는 사물들이 의미하는 바를 파악함이다. 무엇을 하기 위한 도구나 무엇에 관계된 장비로 어떤 것을 경험하는 우리의 능력은 유의미성의 구조에 대한 앞선 친숙함에 기초해 있으며, 이는 우리가 사물들이 우리의 세계 안에서 담당하는 역할들을 미리부터 이해하고 있었음을 뜻한다. 특별한 장비와 마주치고 그것을 사용할 때마다 우리는 그것이 우리의 행위들 속에서 담당하는 역할의 관점에서 그렇게 하는 것이다. 그것이 망치를 마주 대할 때와 나무와 금속 조각을 마주 대할 때 사이의 차이이다. 그러므로 기능들과 과제들 및 목적들이 서로 맞물려 이루는 그물망에 익숙해짐은 장비들과 조우하게 될 가능성의 조건 그 자체이며, 바로 이것이 실천적 의미맥락 안에-있음의 핵심인 것이다.

세계가 장비들의 의미맥락이기만 한 것은 아니다; 그것은 또한 인간적인 의미맥락이다. 작업장은 기능들의 관계적 체계이기만 한 것이 아니라 차라리 인간적 가능성들 안에서 하나로 엮이고 또 그 가능성들의 실현을 위해 정초된 역할들의 조직이다. 이것이 세계의 장비들을 세계 안에 머무는 사람들과 연결시킨다. 망치들, 못들 및 판자들은 목수일과 집을-가짐 및 그 밖의 모든 인간적 가능성들이나 그것들이 관계하고 있는 목적들을 떠나서는 무의미한 것들인 것이다. 그 반대도 마찬가지로 성립한다: 도구들이나 목수로서 해야 할 과제들과 무관하게 목수로 존재함은 가능하지 않은 것이다. 자신을 목수라고 소개하지만 나무를 가공하지도 않고 도구들도 사용하지 않는 자는 목수인 척하는 자에 지나지 않거나 목수일이 무엇인지 알지 못하고 있는 자이다. 그러므로 장비들이 인간적 가능성들과 "위로 연결되어" 있는 것과 마찬가지로 인간적 가능성들은 장비들과 "아래로 연결되어" 있다. 당신은 학교의, 일의, 가족의 세계 등 중첩하는 인간적 의미맥락들의 복잡한 조직 안에서 살고 있는 것이다. 이러한 세계들이 당신 삶의 (당신의 존재의) 다양한 측면들과의 관계에서 당신에게 의미를 만들어 준다. 게다가 당신의 존재의 다양한 측면들 역시 이러한 세계들과의 관계 속에서 의미를 만드는 것이다.

하이데거 특유의 의미에서의 세계 개념의 핵심은 바로 인간적 가능성과 장비들의 기능들 상호 간의 이러한 엮임이다.

> 현존재가 우선 자기를-지시함의 양식 안에서 자기를 이해하게 되는 '**무엇-안에서**'는 존재자가 우선 자기를-만나게-함의 '**무엇을-향하여**'이다. 사용사태의 존재양식 안에서 존재자가 자기를-만나게-함의 '무엇을-향하여'로서 자기를 지시하는 이해함의 '무엇-안에서'가 세계 현상이다. (119/86*)

세계는 이해의 지평이며 가능성들의 공간이고, 우리는 그것을 배경으로 하여 장비들과 우리 자신 모두를 이해하게 되는 것이다. 장비들이 그 안에서 구성적으로 관계하고 있는 역할들은 우리가 그 안에 우리 자신을 내맡기고 그럼으로써 우리가 누구인지 이해하게 되는 인간적 가능성들로부터 분리될 수 없다. 세계는 인간 삶과 우리가 우리 자신 주위에 배치하는 장비들 모두에 의미를 만들어 주는 단일한 지평인 것이다.

마지막으로 이것은 우리는 우리가 살고 있는 세계 안에서 할 일에 관여함으로써만 우리 자신일 수 있는 그러한 존재자라는 것을 함축한다.

> 현존재는 그러한 것으로서 언제나 이것, 즉 그 자신의 존재와 함께 본질적으로 이미 손-안에-있는 것들의 연관이 발견되는 것이니 현존재는, 그것이 **존재하는** 한, 언제나 이미 마주치는 "세계"에 의존해 있으며, 그 자신의 존재에는 본질적으로 이 **의존해-있음**이 속해 있는 것이다. (120-121/87)

우리 자신을 이해함은 세계에 의존하는 것이거나 혹은 더 정확히 말해 세계를 받아들이거나 묵묵히 그에 따르는 것이다. 표면적으로는 방금 인용된 문장들은 현존재의 "세계"와의 관계, 즉 우리의 세계를 채우는 사물들 또는 장비들의 체계와의 관계에 초점을 맞추고 있다. 하지만 장비들의 "세계에의 이러한 의존은 우리가 세계, 우리와 장비들 모두를 맥락화하고 자리매김하는 그러한 세계에 묶여 있어서 생겨나는 결과이다. 여기서 우리는 하이데거의 실존주의의 중요한 요소 중의 하나, 즉 전통 철학을 대단히 강하게 지배하는 추상화의 거부를 보게 된다. 칸트는 어떤 식으로든 자연의 제약으로부터 벗어나 있으며, 도덕적 관점을 취할 때 인간이 자신이 수행하는 행위들의 선택에 대한 책임을 거기에 돌리게 되는 인간의 지적 성격에 관해 쓴다. 후설은 세계를 무화할 사유의 실험에 관해 쓰는데, 이러한 실험을 통해 객체-지향적인 경험의 질서 및 조직은 우리의 경험에 남아 있는 모든 것들이 하나의 세계가 그로부터 경험될 자아-관점의 통각적 각성과 동일시될 지점에 이르기까지 소멸해 버리게 된다. 토마스 네이글은 잘 알려진 최근의 한 저술에서 "아무데도 없는 관점"[43]에 관해 쓴다. 세계로부터의 이탈 및 분리에 관한 이 모든 철학적 환상들은 (그것들은 모두 소크라테스가 영혼의 감옥인 몸에 관해 말한다고 알려 주는 플라톤의 철학에서 미리 형성된 것들이다) 말 그대로 환상들에 지나지 않는다. 인간적 존재자로 존재함은 세계 안에 얽혀 있음, 스스로를 세계로부터 이탈시킬 수 없음, 자신과 주위의 사물들을 세계라는 동일한 지평과의 관계에서 이해함과 똑같은 것이다.

---

43 Thomas Nagel, *The View from Nowhere* (New York: Oxford University Press, 1986).

용어정리

제3장에서 우리는 몇 가지 새로운 전문 용어들을 배운다.

지시 (혹은 외연적 지시연관): 한 존재자가 우리 행위에 있어서 그것이 지니는 역할에 지정되어 있음.

둘러봄: 세계 안에서 장비들과 관계 맺을 때 우리를 인도하는 "봄" 혹은 지성.

유별남: 어떤 연장이 제대로 작동하지 않을 때 보이게 되는 손-안에-없음의 양식.

소통: 세계 안에서 할 일에 관계함.

주위세계: 우리가 그 안에서 작업하는 직접적 실천적 의미맥락.

무엇을-위하여(목적): 우리가 종사하는 좀 더 큰 기획들과 그것들의 동기가 되는 자기-이해들 사이의 관계.

하기-위하여: 도구와 그것이 사용되는 과제 사이의 관계. 예컨대 망치와 못을 박음 사이의 관계.

관계함: 장비와 그것이 우리의 행위에서 담당하는 역할 사이의 관계.

완강함: 무엇인가 우리가 수행하는 일에 방해가 될 때 보이게 되는 손-안에-없음의 양식.

거슬림: 필수적인 "공동-장비"의 하나가 없을 때 하나의 연장이 보이게 되는 손-안에-없음의 양식.

현전함, 현전하는: 순연한 사물들의 존재 양식과 같은 것. 인간적 활동에서의 역할에 할당되지 않은 그러한 사물들.

손-안에-있음, 손-안에-있는: 도구로 존재함과 같은 것. 현상학적으로 보면 손-안에-있음은 인간적 활동에 있어서 무엇인가 사용될 수 있음을 뜻한다. 이것은 사물이 그저 있거나 눈에 띄는 것과 같지 않다.

유의미성: 의미함의 모든 관계들의 관계적 전체. 즉, 세계를 하나의 전체로

묶는 관계들의 망이다.

의미함: '하기-위하여', 목적, 관계함 등등의 관계적 질: 세계 안의 한 항목이 다른 것을 가리키거나 의미하고 또 그럼으로써 그것의 끌어들임 혹은 유의미성에 기여하도록 하는 관계.

손-안에-없음, 손-안에-없는: 무엇인가 인간적 실천에 있어서 사용될 수 없음. 이것은 사물의 부재나 눈에 띄지 않음과 같지 않다.

세계: 우리가 그 관계 속에서 우리 자신과 우리 주위의 장비들을 이해하게 되는 사회적 의미맥락이나 실존적 환경.

세계성: 세계의 존재. 유의미성이 세계의 존재이며, 따라서 세계성이다. 세계로 있음은 유의미성에 의해 특징지어지는 지평으로 있음이다.

"세계": 사물들의 체계, 우리 주위의 객체들의 집합.

연구를 위한 물음들

박물관에 있는 도자기 항아리처럼 의미맥락으로부터 늘 떨어져 있는 그러한 장비에 관해 우리는 철학적으로 무엇을 말해야 할까?

VI. 자기와 세인

현존재는 **누구**인가? 현존재란 어떤 경우든 나의 현존재이며, 이는 **내가** 현존재이고 또 당신이 현존재라는 것을 뜻한다. 그렇지 않은가? 그렇기는 하다. 하지만 이러한 대답은 알려 주는 만큼이나 더 알쏭달쏭하게 만드는 대답이다. 누가 세계-안에 있는지 **말하려** 하면 우리는 "내가 세계-안에 있다"고 말하는 것 외에 별로 다른 대안을 지니고 있지 않다. "나"는 "그때마다의 존재의 현상적 의미맥락에서 아마도 자신을 스스로의 '반대'로 드러내게 되는 어떤 것의 느슨한 **형식적 지시**"이다 (151-152/116). 이 말은, 비록 문법적으로는 세계-안에 있는 자는 바로 나라고 말하는 것이 올바른 것이라고 하더라도, 이러한 말이 내가 누구인지 알려 주는 것은 아니라는 것을 뜻한다. 이미 살펴보았듯이 우리는 우리가 관계하는 세계에 침잠해 있으며, 우리의 존재는 어떤 아무데도 아닌 곳으로부터의 고립된 관점의 유의미성으로서가 아니라 차라리 장비들로 둘러싸인 이 세계에서 살아가는 우리의 삶으로서 풀어야 할 문제가 된다. 우선 그리고 대개 우리는 세계로부터 분리된 것으로 경험하지 않는다. 그렇다면 우리는 우리 자신을 어떻게 경험하는가?

우리는 대개 우리 자신을 남들로부터 고립된 자로 경험하지 않고 차라리 **그들과 더불어** 세계 안에 침잠해 있는 자로 경험한다. "그러므로 결국 남들 없이 고립된 나는 우선적으로 주어져 있을 수 없는 것이다" (152/116). 일상적 삶에 종사하는 동안 남들과 마주치게 됨은 무엇과 같은 것인가? 장비들이 가치가 투입된 사물들이 아닌 것과 마찬가지로 남들 역시 심리적 속성들이 투입된 몸들이 아니다. 대개 우리는 남들을 손쉽게 곧바로 이해한다. 학과의 사무실 안으로 걸어가 보니 조교로 일하는 학생이 책상에서 전갈을 받고 있다. 안뜰로 가 보니 벤치에 앉아 한 남자가 점심을 먹고 있다. 나는 이런 것들을 이해하려 애쓸 필요가 없다. 대개 남들은 그냥 거기 있고, 하는 일들을 하고 있을 뿐이다. 망치들과 탁자들도 그냥 거기 있고, 그냥 망치와 탁자들로 그러할 뿐이다. 이것이 하이데거가 "유별나지-않음"과 "당연함"이라는 말로 특징지어질 남들의 존재 및 장비들의 존재에 관해 언급할 때 의도하는 뜻이다 (158/121). 장비들과 마찬가지로 남들이 하는 일 역시 세계 지평과의 관계에서 의미를 자아내는 것이다.

물론 남들은 장비들이 아니다. 그들은 사용될 사물로 나타나지 않는 것이다. 차라리 남들은 나와 함께 거기 세계 안에 있다. "[남들]은 현전하는 것도 아니고 손-안에 있는 것도 아니다; 반대로 그들은, 자유로이 풀어 주는 현존재 자체와 **마찬가지로, 그냥 거기 함께 있을** 뿐이다" (154/118). 남들 "역시 거기", 현존재와 "함께 거기" 있다고 말하는 것은 우리가 남들을 그들이 추구하는 것, 즉 그들이 추구하는 목적들(무엇을-위하여)과의 관계에서 이해한다는 것을 뜻한다. 조교로 일하는 학생이 전갈을 받고 있는 것을 볼 때 나는 그가 학생으로 자기를-이해하고 있기 때문에 일하는 것으로 이해한다. 그와 나는 우리가 하는 일들을 서로 이해할 수 있게 해 주는 사회적 지평을 공유하고 있는 것이다.

> 이러한 '**함께-로서**'의 세계-안에-있음을 근거로 하여 세계는 언제나 이미 내가 남들과 나누는 세계이다. 현존재의 세계는 **공동세계**인 것이다. 안에-있음은 남들과 **함께-있음**이다. 이러한 세계내적으로 그-자체로-있음은 **공동현존재**이다. (155/119)

남들과 그들이 하는 일은 보통 이해하기 쉬운데 이는 우리가 하나의 세계를 공유하기 때문이다. 하이데거는 남들을 "공동현존재"라고 부른다.

하지만 우리가 서로 무엇을 하는지 이해할 수 있게 해 주는 배경으로서의 지평만을 나누는 것은 아니다. 오히려 우리가 추구하는 목적들 자체가 서로 얽혀 있다고 보는 편이 올바를 것이다. 선생과 학자이기에 이 책을 쓰면서 나의 존재는 나에게 해결할 문제가 된다. 선생과 학자로 있음은 내가 세계 안에서 해 나가는 행위이기에, 이 행위와 연관된 장비들에 의해, 그리고 학생으로 있음과 같이 이 행위와 연결된 행위들을 해 나가는 남들과 내가 교섭하면서, 세계는 나에게 해결할 문제가 된다. 간단히 말해 내가 선생이고 학자인 한 나와 남들의 관계는 그러하다는 것이다. 나의 목적들을 추구하면서 나는 학생들과 독자들의 목적에 종사하고 또 그것을 지지한다. 선생으로 자기를-이해함이 학생으로 자기를-이해함과 엮여 있기에 나의 목적을 위한 행위는 곧 남들의 목적을 위한 행위이기도 하다. "그러므로 함께-있음으로서 현존재는 본질적으로 '남들을-위하여' '있다'" (160/123). 세계-안에 있는 한 현존재는 응당 함께-있음이기도 하며, 그 자신의 삶이 풀어야 할 문제가 되는 한 남들의 삶 역시 현존재에게 응당 풀어야 할 문제가 된다. 이처럼 풀어야 할 문제가 됨을 하이데거가 "마음 씀", 그리고 남들의 존재가 풀어야 할 문제가 됨은 "배려"(*Fürsorge*, 문자 그대로의 의미는 "위하여-마음 씀")라고 부른다는 것을 기억하자. "마음 씀"이 염려나 전념하는 마음처럼 어떤 특별한 정서적 상태를 지칭하는 용어가 아니라는 것을 이해하는 것이 중요하다. 그것은 또한 "배려" 역시 마찬가지이다. "배려"는 우리가 우리 자신의 삶을 살아가는 한 남들의 존재가 우리 자신에게 응당 풀어야 할 문제가 됨을 표현하는 전문 용어에 지나지 않는 것이다.

아마 현존재는 **본질적으로는** 함께-있음일 수 없다는 비판이 제기될 수도 있을 것이다. 결국 우리는 누구나 때로는 혼자인 것이다. 이러한 비판에 대한 하이데거의 응답은 다음과 같다: "함께-있음은 실제로 누구도 눈앞에 있지 않거나 지각되지 않는 경우에조차 현존재의 실존적 특성이다" (156/120). 혼자 있을 때에도 우리는 여전히 어떤 자기를-이해함 때문에 행동하는 것인데 이 자기를-이해함은 남들의 자기를-이해함과 엮여 있는 것이다. 남들과 함께 있음은 그들 앞에 있음이 아니라 차라리 그들이 무엇을 추구하는지 및 그들이 그들의 삶을 어떻게 꾸려나가는지 등이 나에게 차이를 만들어 낸다는 것이다. 그러므로 설령 누군가 모든 사람들로부터 벗어나기 위해 아이다호의 언덕에 있는 오두막으로 숨어 버린 수행자이거나 은둔자라고 할지라도 남들은 여전히 그에게 풀어야 할 문제가 되는 셈인데, 이런 경우 남들은 경멸받을 만한 자들이나 피해야 할 자로 그러한 것이다. 은둔자가 되는 것은 자기를 이해하고 남들과 관계를 맺는 반-사회적 방식이다. 반-사회적이 되는 것은 사회적이 되는 "사적" 방식이다; 그것은 남들이 추구하는 것의 유의미성에 대한 태도의 하나인 것이다.

이것은 우리가 공동체적 존재자들임을 뜻하는가? 꼭 그렇지는 않다. 우리가 근본적으로 공동체적이고 우리의 자기이해가 그 바탕에서는 "우리-이해"라는 관점은 "공동체주의"라고 불린다. 지난 30년 동안 공동체주의의 정치적 및 윤리적 관점이 영미 철학에서 크게 떠올랐다. 그것은 앨러스데어 매킨타이어, 찰스 테일러, 아미타이 에치오니를 포함해 광범위한 영역의 정치철학자들 및 윤리철학자들에 의해 옹호되어 왔다.[44] 『존재와 시간』에서 하이데거의 주된 관심은 정치적이지도 않고 윤리적이지도 않고, 다만 존재론적이다. 그렇기에 우리가 물어야 할 질문은 정치적 혹은 윤리적 공동체주의를 포용할 것인지가 아니라 "존재론적 공동체주의"를 포용할 것인지의 질문이다. 존재론적 공동체주의는 헤겔의 철학에 가장 근접해 있지만 이를 주의 깊게 그리고 여기서의 관심사에 가까운 방식으로 발전시킨 이는 찰스 테일러이다.[45]

존재론적 공동체주의는 인간으로 존재함은 한 공동체의 일원으로 존

---

44 다음 참조: Alasdair C. MacIntyre, *After Virtue: A Study in Moral Theory*, 2nd ed. (Notre Dame, IN: University of Notre Dame Press, 1984), Charles Taylor, *The Ethics of Authenticity* (Cambridge, MA: Harvard University Press, 1992), and Amitai Etzioni, *The Common Good* (Oxford: Blackwell Publishing, 2004).

45 *The Ethics of Authenticity* 외에도 *Sources of the Self: The Making of the Modern Identity* (Cambridge, MA: Harvard University Press, 1989) 및 "Interpretation and the Sciences of Man," *Philosophy and the Human Sciences: Philosophical Papers*, vol. 2 (Cambridge, UK: Cambridge University Press, 1985) 역시 참조. 이 글들이 다음 절에서의 인용문의 출처이다.

재함을 뜻한다는 관점이다. "공동체"는 테일러가 "공통 의미들"(common meanings)이라고 부르는 것에 의해 성립된 사회적 집단이다: "이를 통해 내가 의미하는 것은 무언가 유의미한 것의 관념들인데 이 관념들은 모든 사람들이 그 관념들을 소유하고 있다는 그러한 의미에서 공유되는 것일 뿐만 아니라 또한 공동의 지시세계(reference world) 안에 존재한다는 의미에서 공통된 것이다." 테일러는 미국의 예를 사용한다. 미국은 다른 여러 가지 가운데서도 자유라는 공통된 지시의미에 의해 성립된 국가라는 것이다. 게다가 그는 공통의 지시의미를 지니기 위해 미국인들이 이 지시의미가 뜻하는 바가 무엇인지에 관한 일치된 의견을 지녀야만 하는 것도 아니라고 지적한다. 2006년에 "붉은-주 공화당 지지자들"과 "파란-주 민주당 지지자들"은 자유로운 사회가 무엇을 의미하는지에 관해 서로 다른 개념들을 지니고 있었다.[46] 자유에 관한 서로 다른 개념들은 정형적으로는 자유에 관해 말하려고 우리가 사용하는 본보기들에서 구체화된다. "붉은-주 지지자들"에게는 학교에서 기도할 자유와 총기를 소유하고 사용할 자유가 자유의 예들이지만 "파란-주 지지자들"은 이를 받아들이지 않는다. "파란-주 지지자들"에게는 학교에서 기도하도록 강요당하지 않을 자유와 낙태할 자유가 미국식 자유의 예들이지만 붉은-주 지지자들은 이를 받아들이지 않는다. 파란-주 지지자들과 붉은-주 지지자들은 국가 교회로부터의 자유, 심지어 자기 고유의 종교적 분파를 건립하고 지역의 쇼핑센터에 교회를 세우는 것과 같은 자유의 다른 예들은 똑같이 긍정하는데, 이러한 자유의 관념은 독일 사람에게는 거의 생기지도 않을 것이다. 우리는 자유에

---

46 역자 주: "붉은-주 공화당 지지자들"과 "파란-주 공화당 지지자들"이라는 표현은 미국 대선에서 공화당 지지세가 강한 주는 붉은색으로, 민주당 지지세가 강한 주는 파란색으로 표시하기 때문에 생긴 표현이다.

관한 서로의 의견을 일치시키지 못할 수도 있는데, 이는 정확히 미국식 자유의 관념들이 서로 다르기 때문에 일어나는 일이며, 그럼에도 자유가 우리 모두에게 공통된 지시물이기 때문에 일어나는 일이다. 신-나치처럼 자유의 개념에 아예 동의하지 않는 미국인들은 공동체로부터 동떨어져 있다. 비록 법적으로는 그들이 미국시민으로 남아 있긴 하더라도 말이다. 그러므로 〔자유라는 개념의〕 공통된 인정과 참여가 공동체 즉 "우리"의 의미를 성립시키는 셈이다. "우리 미국인들은" 바로 이러한 공통된 인정과 참여에 의해 우리들이 서로 하나로 묶여 있음을, 다른 공동체들로부터 구별됨을 경험하게 되는 것이다.

하이데거의 공동-세계가 꼭 이러한 의미에서의 공동체인 것은 아니다. 바로 그 때문에 하이데거는 남들을 지칭하려 "우리"라는 용어를 사용하지 않으며, 세계를 "우리-세계"로서 언급하는 대신 "공동-세계"라고 언급한다. "우리" 대신 하이데거는 자신이 뜻하는 바를 표현하려고 독일어로 "*das Man*"이라는 새로운 용어를 하나 주조해 낸다. 이 점에 대해서는 제2장에서 설명한 바 있으며, 나는 이 용어를 전에 말한 것처럼 "세인"(the Anyone)이라는 말로 번역하게 될 것이다.

> 게다가 이 남들은 **특정한** 남들이 아니다. … 우리가 우리 자신이 본질적으로 그들에게 속해 있다는 것을 감추려고 사용하는 말인 "남들"은 일상적 서로-함께-있음에서 우선 그리고 대개 "거기 있는" 그러한 존재자들을 지칭한다. 그들이 누구인가는 이 사람 저 사람, 자기 자신이나 누군가 다른 사람들 및 남들의 합계 등을 통해 대답될 수 없다. 그 대신 남들이 "누구"인가는 **세인** (*das Man*)이라는 중성명사를 통해 표현될 수 있다. (164/126)

남들은 공통된 인정과 참여에 의해 구성된 하나의 공동체가 아니라 차라리 세인이다. 공유된 사회적 지평인 공동세계는 어떤 특정한 집단, 개인들의 집합이 아니라 차라리 사회적 구조, 장비-역할들의 그물망, 과제들 및 목적들로 만들어진다. 이 그물망이 하이데거가 I.3에서 "유의미성"이라 부르는 것인데, 하이데거는 여기에 다음과 같이 덧붙인다: "세인 자신이 … 유의미성의 지시관계를 잇는다" (167/129). 우리는 우리가 추구하는 것에 의해 결정되고 우리가 추구하는 것은 우리가 행하는 것에 있어서 풀어야 할 문제가 되는 것에 의해 구성된다. I.4에서 하이데거가 주로 관심을 지니는 문제는 우리에게 어떤 것들이 어떤 방식으로 풀어야 할 문제가 되는지가 우리가 살고 있는 사회의 양식들에 의해 규정된다는 것을 확실하게 해 두는 일이다.

이러한 사회적 양식들은 오늘날에는 **사회적 정상성**의 양식들이라고 지칭될 그러한 것들이다.

> 우리는 **세인**이 즐기듯 그렇게 즐기고 만족한다; 우리는 **세인**이 보고 판단하듯 그렇게 읽고 보고 판단한다; 심지어 우리는 **세인**이 물러나듯 그렇게 다수의 '커다란 무리'로부터 물러난다; 우리는 **세인**이 무엇인가에 격분하듯 그렇게 '격분한다'. 특히 규정된 것도 아니고 합계와는 다른 방식으로 모두이기도 한 세인이 일상성의 존재양식을 규정한다. (164/126-127*)

사람들이 일하는 방식들이 있다. 망치질하는 방식, 운전하는 방식, 커피를 마시는 방식, 그리고 선생으로 존재하는 방식이 있는 것이다. 우선 그리고 대개 우리는 남들이 하는 대로 일들을 한다. 누군가 커피를 남들처럼 마시기에 그의 현전은 유별나지도 않으면서 동시에 명백하다. 나는 "그가 무엇을 하고 있는지 아는데", 이는 그가 남들처럼 하기 때문이다. 만약 그가 커피를 비정상적으로 마시고 있으면 (예컨대 커피를 마시는 동안 그가 커피숍 바닥에 누워 있으면) 그는 눈에 거슬리고, 두드러지며, 생각할 거리를 던져 주는 셈이다. 이러한 사회적 양식들은 "기대들"의 집합으로 간주될 수 있을 것이다. "기대"라는 말의 의미를 너무 좁게 해석해서 기대할 때 일어나는 심리적 상태 같은 것으로 한정하지 않는다면 말이다.

하이데거는 사회적 정상성의 존재를 알리는 것에 만족하지 않고 그것이 어떻게 기능하는지 현상학적으로 탐구한다. 그는 일탈의 현상 및 그에 대한 우리의 반응방식에 주목한다. 일탈은 우리에게 풀어야 할 문제가 되고, 일탈에 대해 우리가 보이는 마음 씀을 하이데거는 "거리감"이라고 부른다. 일탈은 우리에게 두드러져 보이는 것이고, 유별난 것이며 우리는 그로 말미암아 방해받는다. 대개 우리는 그것을 억압하려 든다. 우리는 부적절하게 옷을 입은 사람들을 흘겨보고, 틀린 발음들을 교정해 주며, 누군가 흔히 말하듯 "상식에 벗어난" 사람이라고 판단되면 은근히 혹은 노골적으로 그에게 그에 대한 우리의 생각을 알려 준다. 이러한 일탈의 억압은 하이데거가 "예속"이라고 부르는 것에 이르게 된다: "하지만 이러한 함께-있음에 속해 있는 거리감에는 현존재가 일상적 서로-함께-있음으로서 남들에게 **예속**되어 있다는 것이 놓여 있다"(164/126). 우리는 남들의 입장에서 일탈을 억압하려는 시도들을 하도록 예속되어 있으며, 이는 실로 우리 자신의 일탈을 억압하려는 것과 같다. 미국의 어느 도시를 가든 길을 걷는 사람들은 대개 서로 아주 비슷하게 옷을 입고 있다: 남자들은 "남자용 옷들"을 입고, 여자들은 "여자용 옷들"을 입으며, 아무도 벌거벗은 채 혹은 우주 비행사의 의복을 입고 돌아다니지는 않는다. "일탈적 공동체들"에서조차 사람들은 자주 서로 아주 비슷하게 옷을 입는다. 그들 모두가 함께 일탈하고 있음으로 해서 더 큰 공동체에게 충격을 주려고 시도하면서 그렇게 하는 것일지라도 말이다. 이러한 유사성, 인간으로서의 삶 속에 나타나는 이러한 정상성을 하이데거는 "평균성"이라고 부른다.

평균성 및 일탈에 대한 우리의 억압적 반응을 통해 하이데거는 그가 제II편에서 더 상세하게 다루게 될 주제 하나를 도입한다: 그것은 바로 **평준화**이다.

> 그러므로 세인은 그 자신을 현사실적으로 평균성에서 유지하는 것이니 여기서의 평균성은 자기에게 속한 것, 우리가 통용되도록 하거나 그렇게 하지 않는 것, 우리가 성공을 승인하는 것과 거부하는 것의 평균성을 뜻한다. 무엇이 감행될 수 있고 또 감행해도 되는 것인지 규정해 주는 이러한 평균성은 전면에 등장하는 모든 예외들을 감시한다. (165/127)

일탈의 억압을 통해 평균성이 강요됨은 기이하고 이상한 행위들을 최소화할 뿐 아니라 동시에 특별한 탁월한 성취 역시 막는다.

> 모든 종류의 탁월함은 소리도 없이 억압된다. 모든 근원적인 것은 하룻밤 새 이미 오래전부터 알려져 있던 것으로 다듬어진다. 투쟁을 통해 획득된 모든 것은 편리한 것이 되어 버린다. 비밀들마다 그 힘을 잃어버린다. (165/127*)

닥터 제이의 화려한 농구 스타일은 1970년대에는 경이로웠지만 지금은 중학교 체육관에서도 볼 수 있는 스타일이 되었다. 가슴을 파고들고, 개성적이며 번뇌에 사로잡힌 듯한 스킵 제임스, 로버트 존슨의 블루스 노래와 같은 것들은 나중에 산업표준처럼 되어 버렸으며, 오늘날에는 어떻게 그것을 연주할지 가르쳐 주는 웹사이트들도 있는 지경이다.

하이데거는 §27에서 분명 평준화의 현상을 과장한다. 탁월함은 완전히 막히지는 않으며 모든 개혁들이 "하룻밤 새" 표준화되고 평준화되는 것은 아니다. 일탈의 억압은 종종 "소리도 없이"가 아니라 차라리 꽤 시끄럽게, 때로는 갈등과 폭력까지 수반하며 일어난다. 평준화의 경향을 과장하면서 하이데거는 그가 실존주의적 선구자들이었던 니체 및 키르케고르와 가깝다는 것을 나타내는데, 이들 역시 똑같은 수사에 빠져 있었으며, 하이데거가 여기서 "공공성"이라고 부르는 것에 관해 하이데거와 똑같이 암담한 관점을 지니고 있었던 것이다. 이에 관해서는 하이데거의 실존주의를 다룰 때 좀 더 상세하게 살펴보게 될 것이다. 지금으로서는 우리로 하여금 주위 인간들의 삶을 지속적으로 인식할 수 있도록 하고 별다른 조처 없이 서로서로 이해하도록 하는 힘들이 체제 순응과 사회적 억압의 형식을 발생시키는 힘들이기도 하다는 것에 하이데거가 주목하고 있었다는 것을 인정하는 것으로 족하다.

누가 일상적인 방식으로 세계 안에 있는가? 누가 현존재의 평균적이고 일상적인 "주체"인가? 하이데거는 "이 '누구'는 중성명사인 세인"이라고 쓴다 (164/126). 세 절 뒤에 하이데거는 다음과 같이 덧붙인다:

> **우선** 현사실적 현존재는 평균적으로 발견된 공동세계 안에 있다. **우선** "나"는 본래적 자기라는 의미에서 "있는" 것이 아니라 세인의 방식 안에서 남들로 있다. 이러한 세인으로부터 그리고 이러한 세인으로서 나는 나 "자신"에게 우선 "주어지게" 된다. 우선 현존재는 세인이고 대부분 그렇게 머무는 것이다. (167/129)

하지만 그는 같은 절 조금 앞에서는 약간 다르게 설명한다:

> 일상적 현존재의 자기는 **세인-자기**이며, 이는 **본래의**, 즉 고유하게 포착된

> 자기와 구분된다. 세인-자기로서 그때마다의 현존재는 세인 안으로 **흩어지기에** 자신을 우선 발견해야만 하는 것이다. 이러한 흩어짐이 우선 마주쳐 오는 세계 안에서 구하고 마련하며 나타나는 그러한 존재양식의 "주체"를 특징짓는 것이다.

세인 혹은 세인-자기인 일상적 현존재는 누구인가?

『존재와 시간』 §9에서 하이데거는 현존재는 각각의 경우 나의 것이라고 선언한다. 하이데거가 세인에게 공을 넘기는 그러한 종류의 성취들은 (만약 그렇게 불려도 좋다면) 나의 것이거나 내 고유의 것일 수 있는 것들은 아니다. 실제로 하이데거는 다음과 같이 주장한다:

> 각자는 남이며 누구도 자기가 아니다. 일상적 현존재가 **누구**인지의 질문에 대한 대답인 **세인**은 **아무도 아닌** 바, 이 아무도 아닌 누군가에 서로 함께 있는 모든 현존재는 언제나 이미 넘겨져 있는 것이다. (165-166/128)

일탈이 측정되도록 하는 표준을 놓는 공적(public) 정상성은 당신이나 내가 소유할 수 있는 것이 아니며, 우리는 우리 자신을 그것으로부터 해방시키거나 그것을 멀리할 수 없다. 그래서 세인이 어떻게 세계-안에 있을 수 있는지 보여 주기는 어렵다. 하지만 **당신과 나**는, 하이데거가 말하는 것과 같이 세인에게 "우리 자신을 잃어버리는" 그러한 방식으로 우리의 삶이 세인에 의해 지배되는 식으로, 세계-안에 있을 수 있다. 그러므로 "세인-자기"라는 말로 하이데거가 의미하는 것은 세인에게 철저하게 예속된 채 삶을 살아가는 개인적 자기일 수밖에 없다. 우리는 세인-자기와 본래적 자기 사이의 차이를 나중에 (xiii)절에서 다루게 될 것이다. 여기서는 내가 방금 묘사한 구별, 즉 사회적 정상성 혹은 세인을 한편으로 하고 정상성, 즉 세인-자기에 철저하게 예속된 개인을 다른 한편으로 하는 그러한 구별만 알면 충분하다. 즉 일상적 자기에 관한 질문의 대답이기도 한 하이데거의 명제는 일상의 자기는 세인-자기라는 명제라는 것이다.

여기 §27에서 하이데거가 분석한 것이 지니는 난점은 두 가지이다: 세계는 인간사에 특정한 평균성을 부과하는 공적 혹은 사회적 정상성에 의해 구성되며, 우선 우리는 이 평균성 안에서 어떤 자율적 주체라기보다는 하나의 세인-자기로서 산다. 우리의 사회성에 관한 하이데거의 개념은 독일에서 전통적으로 논의되어 오던 것과는 어딘가 다르다. 헤겔은 우리의 사회성이 그가 "객관적 정신"이라고 부르는 것에 의해 구성된다고 생각했는데, 이는 공동체적 가치들 혹은 우리-지향들이 우리가 함께 행하는 것들과 제도들 안에서 구체화된다는 것을 뜻한다. 찰스 테일러를 비롯한 공동체주의자들은 이 점에서 헤겔을 따른다. 하이데거가 이러한 종류의 사유에 있어서 기여한 바는 세계의 사회적 차원이 헤겔에 의해 파악된 것에 비해 덜 절대적이라는 것을 논구했다는 것에 있다. 헤겔에게 공동체의 의미가 중심적이었던 이유는 아마도 그가, 그 이전의 루소와 오늘날의 공동체주의자들처럼, 정치철학의 토대를 개발하기를 원했기 때문이었을 것이다. 즉 그는 한 공동체의 통일성을 공동의 제도들과 법문화, 우리-지향성들을 통해 인식할 수 있게 할 어떤 토대를 제공하기를 원했다는 것이다. 하이데거는 정치적 철학자가 아니다: 그는 (『존재와 시간』에서) 정치나 국가에 관심을 두지 않았던 것이다. 차라리 그는 우리가 우리 자신의 의미를 어떻게 이해하게 되는지, 우리가 어떻게 공통된 지성을, 우리의 삶에 걸려 있는 것이 무엇인지에 관한 공통된 생각을 공유하게 되는지 이해하기를 시도하고 있었다. 이것은 공동체적 의미를 반드시 요구하지는 않는다. 비록 종종 그것이 공동체적 의미를 포함하기도 하지만 말이다.

정치적 윤리적 공동체주의자들이 현대적 삶의 섬뜩한 원자론과 공동체제의 붕괴를 애도할 때[47] 하이데거의 철학이 들어설 여지가 생겨나게 된다. 그는 우리 삶의 공동체적 의미가 말 그대로 붕괴되는 경우에서조차 우리가 어떻게 우리의 삶을 이해하기를 지속할 수 있는지 이해하기를 원한다. 분명한 것은 세계가 나의 것이라는 것이 세계가 우리의 것이라는 것을 요구하지는 않는다는 것이다. 그것은 다만 세계가 하나의 공동-세계일 것을 요구할 뿐이다.

연구를 위한 물음들

다른 누구의 삶과도 전혀 연관되지 않은, 즉 존재론적으로 고립된 삶을 상상해 보라. 그러한 삶은 대체 어떤 것일까? 왜 하이데거는 그러한 삶의 가능성이 '현존재는 본질적으로 함께-있음'이라는 그의 명제를 반박하게 할 수도 있다는 것을 진지하게 받아들이지 않을까?

VII. 열어밝혀져-있음과 그때-거기

우리가 본 것처럼 현존재는 우선적으로 자신의 세계 안에서 그것을 의식하거나 그것에 관한 믿음 및 그 안에서 행위할 의도들을 지니면서 존재하지 않는다. 차라리 현존재는 가장 근본적으로는 세계에 친숙해짐에 의해 자신의 세계 안에 있다. I.3에서 하이데거는 우리에게 친숙한

47 다음 참조: Robert N. Bellah, *Habits of the Heart: Individualism and Commitment in American Life*, 1st Calif. pbk., updated edition with a new introduction (Berkeley: University of California Press, 1996).

세계와 그 세계 안에서의 존재자들의 구성을 탐구한다. I.4에서 그는 세계의 사회적 차원과 우리 현존재가 우선 세인-자기, 즉 자신을 세계의 공공적 결합성을 통해 이해하는 그러한 자기로서 존재하는 방식을 기술한다. I.5에서 하이데거는 우리의 친숙함을 그러한 것으로서 좀 더 세세하게 분석하기 시작한다. **하나의-세계-안에** 있음은 어떤 것일까? 우리의 안에-있음은 어떤 것인가? 하이데거의 대답은 다음과 같다: 하나의-세계-안에-있음은 세계가 자신에게 **열어밝혀지는** 것과 같다. §28은 I.5로의 짧은 도입부이다. 거기서 하이데거는 두 개의 중요한 개념들을 소개한다: 열어밝혀져-있음과 그때-거기.

열어밝혀져-있음. 열어밝혀져-있음을 의식이나 자각 같은 전통 철학적 개념에 대한 하이데거의 대체 개념이라고 생각해 보라. 우리가 본 것처럼 하이데거는 의식, 경험, 자각 및 지향성 같은 말들을 피하는데 이는 전통적 언어가 달갑지 않은 철학적 짐을 지운다고 그가 느끼기 때문이다. 특히 전통적 언어는 세계-안에-있음의 주체-객체 모형을 포함한다. 하나의 세계에 관해 의식하거나 자각하는 것, 그것을 경험하는 것, 그것에 관한 지향적 표상들을 지니는 것 등은 모두 객체적 세계를 향한 주체적 상태들이다. §28에서 하이데거는 우리의 세계-안에-있음의 주체-객체 모형은 "현상을 파편화하며, 현상을 파편들로부터 다시 하나로 결합시킬 가망도 지니고 있지 않다" (170/132)고 말한다. 만약 우리가 하나의 세계를 향한 주체적, 표상적 혹은 지향적 상태들을 지닌다고 가정하게 되면 당연히 다음의 질문이 제기된다: 어떻게 우리는 하나의 세계를 포착해서 그것을 이해하려고 "주체적 영역"을 "초월"할까? 하이데거는 현상의 선제적 파편화를 피할 방안으로 열어밝혀져-있음이라는 말을 제시한다. 우리가 세계를 의식하거나 지향적으로 세계에 향해 있다고 말하는 대신 하이데거는 세계가 우리에게 열어밝혀져 있다고 쓰는 것이다.

세계가 열어밝혀진다는 것은 무엇을 뜻하는가? I.5는 이러한 질문에 대한 대답이다. 하이데거는 열어밝혀져-있음이 내가 다음과 같이 지칭할 세 개의 측면들을 지니고 있다고 분석한다: 처해-있음(심정성), 이해 그리고 담화. 처해-있음은 아주 거칠게 말하면 사물들의 중요성, 사물들이 우리에게 풀어야 할 문제가 되는 방식에 대한 우리의 감성이다. 이해는 우리가 우리 주변의 세계에 능숙하게 정통해짐이다. 담화는 거칠게 말해 세계를 언어 안에서 분절적으로 결합할 수 있는 우리의 능력이다. 즉 하이데거는 의식과 지향성이라는 전통적 관념들을 이해, 기분, 그리고 언어라는 열어밝혀짐의 세 가지 측면에 관한 분석으로 대체한다는 것이다.

그때-거기. §28에서의 다른 새로운 개념은 그때-거기이다. "그때-거기"라는 용어는 "Dasein"으로부터 파생된 것으로, Da-sein은 그때-거기-있음을 뜻한다. "Dasein"이라는 말을 분해해서 "그때-거기"를 강조하는 것이 우리의 존재를 이해하는 데 어떤 기여를 할까? 하이데거는 다음과 같이 설명한다:

> '여기'와 '저기'는 하나의 '그때-거기'에서만, 즉 '그때-거기'의 존재로서 공간성을 여는 하나의 존재자가 있는 경우에만 가능하다. 이러한 존재자는 그 자신의 가장 본래적인 존재에서 비폐쇄성의 성격을 지닌다. '그때-거기'라는 표현은 이러한 본질적 열어밝혀져-있음을 뜻한다. 이를 통해 이 존재자(현존재)는, 세계의 그때-거기-있음과 하나로서, 그 자신을 위해 '그때-거기' 있다. (171/132)

"그때-거기"가 열어밝혀져-있음에 덧붙이는 것은 위치, 장소, 공간성의 의미이다. 지면의 한계 때문에 나는 I.3.C에 수록된 공간의 현상학은 탐구하지 않는 편을 택했다. 하지만 여기에 그것에 관한 약간의 설명이 정리되어 있다.

우리가 친숙해진 세계는 단순한 의미의 구조, '하기-위하여'와 '무엇을-위하여'의 틀 이상의 것이다. 차라리 세계는 어딘가에 있다. 내 세계와의 친숙함은 장소들과의 친숙함이다: 내 가정, 내 이웃, 내 일터. 이러한 장소들은 객관적 기하학적 현상들이 아니라 차라리 실존적 현장들이다. 장소와의 친숙함은 가까움과 멂의 의미를 포함한다. 가까움과 멂은 측량사가 측량할 문제가 아니다. 그것은 도리어 경험적 상황들 속으로 퍼져 있는 것이다. 부엌은 내게 지리학적으로 거실보다 사무실에 더 가깝지만 내 집에서의 배치 때문에 경험적으로는 더 멀리 떨어져 있다. 측량사의 평가에 따르면 어떤 가게는 나와 가깝지만 만약 내 집에서 그 가게로 가는 길이 오르막이거나 해서 걷거나 자전거를 타고 거기로 가는 것이 힘들면 경험적으로는 멀다. 그러므로 우리는 가까움과 멂을 경험적인 것과 기하학적인 것으로, 혹은 배치를 실존적인 것과 기하학적인 것으로 구분할 수 있다.

여기서 중요한 점은 현상학적으로는 우리가 시공간 속에 그냥 위치해 있는 것이 아니라는 것이다; 오히려 우리는 항상 어딘가 우리에게 다소간 친숙해진 곳에 있다. 세계와의 친숙함은 "여기"와 "거기" 혹은 "저 너머"를 포함한다. "여기"와 "저기"를 가지려면 우리는 위치해 있어야만 하는데, 하이데거는 위치함의 기본적 의미를 "그때-거기"라는 용어로 포착하려 시도하는 것이다.

하이데거는 또한 전통적 빛의 은유를 장소의 은유로 대체하려고 "그때-거기"라는 말을 사용한다. 철학적 전통은 우리가 세계에 개방되어 있음 또는 세계를 의식함을 파악하려 시도하면서 항상 봄과 빛의 은유를 사용해 왔다. 심지어 하이데거 자신도 지성을 묘사하려고 봄의 은유에 기댄다. 하지만 봄과 빛은 우리로 하여금 우리 자신을 세계로부터 거리를 두고 있는 것으로, 초월되어야만 하는 만(gulf)의 한 끝에 있는 것으로, 혹은 아마 내부성의 영역에 사로잡혀 있어 우리가 그로부터 우리의 "지향적 광선"(후설)으로 객체들을 비추어야만 하는 것으로 이해하도록 조장한다. 하이데거는 숲 속의 빈터라는 은유를 제공하는데, 이는 우리가 우리 자신을 **여기** 우리 주위의 사물들과 함께, 거기, 함께 처해 있는 것으로 경험하는 것이지 우리로부터 떨어져 있는 객체들에 마주 서 있어서 지향적 초월이라는 신비로운 능력에 기대어 객체들에 도달하게 되는 것은 아니라는 것을 지적하려는 것이다.

하지만 은유를 통해 설명하는 것에는 한계가 있다. 이제 우리는 I.5의 어렵고 까다로운 주제로 관심을 돌려야 한다: 이해, 처해-있음(심정성), 그리고 담화에 관한 하이데거의 분석들.

연구를 위한 물음들

"나는 이 객체를 의식하고 있다"고 말하기보다 "세계는 나에게 열어밝혀진다"라고 말하는 것이 정말 어떤 철학적 차이를 가져오게 될까?

VIII. 처해-있음(심정성)

처해-있음(*Befindlichkeit* — 번역에 관해서는 나중에 논하겠다) 혹은 기분(mood)은 우리의 세계와의 친숙함의 기본적 측면들 중 하나이다. 철학의 상식은 기분을 주체성의 전형적 범례로 간주한다. 기분은 무언가 "내 안에" 있는 것, 내 심리적 특성의 하나이다. 하이데거는 이런 식으로 기분을 이해하는 것을 **현상학**을 근거로 거부한다. “기분을 지님은 우선 심리적인 것에 연관된 것도 아니고 그 자체 수수께끼 같은 방식으로 밖으로 나아가 사물과 개인의 관계를 특징짓는 내부의 상태를 뜻하지도 않는다” (176/137). 자, 이것은 우스운 주장이다, 그렇지 않을까? 대체 기분보다 더 심리적인 것이 또 무엇이 있겠는가?

우리는 기분을 고립된, 의식이라는 상자에 갇힌 내적 경험으로 경험하지 않는다. 하이데거는 다음과 같이 쓴다: “기분은 우리를 엄습한다. 그것은 ‘밖’으로부터도 ‘안’으로부터도 오지 않는다. 그것은 세계-안에-있음으로부터, 그러한 있음의 방식으로서, 일어나는 것이다” (176/136). 불행하게도 『존재와 시간』에서 하이데거는 자신의 관점을 분명히 할 현상학의 기본 관점들을 충분히 제공하지 않는다. 훨씬 더 나은 설명이 1929/1930년 하이데거가 수행한 일련의 강의들인 『형이상학의 근본개념들』 §17에 나온다. 『존재와 시간』에서와 마찬가지로 기분은 마음의 빛이 비쳐야 비로소 나타나도록 “어떤 내면 ‘**안**’에 있는 것이 전혀 **아니지만**, 바로 이 같은 이유로 실은 **밖에 있는 것도 전혀 아니**”라고 설명한 뒤 하이데거는 다음 쪽에서 이렇게 계속 설명한다:

> 보통 말하듯 기분이 좋은 사람들 주위는 생기가 넘친다. 그렇게 함으로써 그들은 마치 전염성이 있는 세균들이 한 생물체에서 다른 생물체로 왔다 갔다 옮겨 다니듯 그렇게 다른 사람에게 전달되는 정서적 경험을 초래하는 것일까? 실제로 우리는 기분은 전염된다고 말한다. 또 이와 달리 어떤 사람들은 우리 곁에 있으면서 그들의 존재 방식을 통해 모든 것을 우울하고 생기 없게 만든다: 그들은 자기 밖으로 나오는 법이 없다. 이것은 무엇을 뜻하는가? 기분은 부수 효과로 생기는 것이 아니라 무언가 미리부터 우리가 서로 함께 존재하는 방식을 결정하는 어떤 것이다. 기분은 마치 우리가 각각의 경우에 우

선 거기에 잠겨서 철저히 그에 따라 기분이 맞추어지게 되는 분위기처럼 언제나 이미 거기 있는 것처럼 보인다.[48]

현상학적으로 기분은 거기에 우리가 빠져들게 되는 분위기이지 내적 상태가 아니다.

하이데거는 한 개인의 기분이 그 자신의 주위세계에 분위기를 내는 방식에 관해 생각한다. 아마 우리들은 누구나 항상 "우울한"(down in the dumps), 매사가 너무 힘들다고 느끼고 불평만 늘어놓는 그러한 이웃을 하나쯤은 지니고 있을 것이다 (혹은 우리 자신이 그러한 이웃일 수도 있다). 그런 사람은 굽은 어깨로 다니며, 기꺼이 웃지 못하는 성향을 보인다. 걸음을 멈추고 그런 사람에게 말을 걸며 "이봐, 요새 좀 어때?" 하는 식으로 물어보면 그는 아마 "우리 사장은 더러운 작자야. 그가 오늘 무슨 짓을 했는지 알아?" 같이 대답할 것이다. 우울한 자가 곁에 있으면 대화가 잘 진전되지 않는다. 왜 그러한가? 이웃의 기분이 당신에게 감염되어서? 그렇지 않다. 기분은 내적 기질이 아니라 차라리 분위기인 것이다.

하이데거의 분석에 따르면 기분은 우리의 경험에 있어서 다면적 역할을 한다. 우리는 우리의 존재가 우리에게 쟁점이 됨을 살펴보았다. 우리의 존재가 쟁점이기에 그것은 우리에게 풀어야 할 문제가 된다. 우리의 존재가 풀어야 할 문제가 되는 **방식들**은 기분 속에 열어밝혀져 있다. 탁자, 의자, 그리고 바위 등과 달리 우리는 "좌절감을 느끼기"도 하고 "의기양양해하기"도 한다. 우리의 삶은 힘들 수도 있고 쉬울 수도 있으

---

48 *The Fundamental Concepts of Metaphysics: World, Finitude, Solitude*, trans. by William Mcneill and Nicolas Walker (Bloomington: Indiana University Press, 1995), pp. 66-67.

며, 풀릴 수도 있고 막힐 수도 있고, 죄책감에 짓눌릴 수도 있고 경쾌할 수도 있다. 이러한 "느낌들" 중 어느 것도 경험에 있어서의 객체가 아니며, 그렇다고 단순히 우리의 "내적 기질"이기만 한 것도 아니다. 차라리 풀리거나 막히거나, 좌절감을 느끼거나 의기양양해하는 것 등은 모두 자신의 삶을 이끌어 가는 방식들이다.

게다가, (iii)절에서 본 것처럼, 우리는 우리의 존재로 "내맡겨져" 있다. 내맡겨짐은 수동적이다; 그것은 무엇인가 요구함보다는 차라리 무엇인가에 넘겨짐을 뜻하는 것이다. 이것 역시 기분의 열어밝히는 일의 한 요소이다:

> 현존재와 같은 것으로서 존재함은, 명확하게든 아니든, 그 자신의 던져져-있음 안에 처해 있는[*sich befindet*] 방식으로 그 자신의 그때-거기를 지님이다. 처해-있음에서 현존재는 언제나 이미 그 자신 앞으로 데려와 있으며, 그 자신을 지각하는 자기-앞에-현전함으로서가 아니라 기분이 잡힌 처해-있음으로서 언제나 이미 자기를 발견해 왔다. (174/135*)

우리는 삶에 던져져 있다. 이것은 단지 자신을 의식할 때의 우리가 이미 인간적 삶을 살고 있다는 것만을 뜻하지는 않는다. 실제로 그렇기는 하지만 하이데거가 말하고자 하는 바는 그것이 아니다. 오히려 하이데거는 "던져져-있음"이라는 말로 우리가 삶에 "종속되어" 있음을, 그것이 우리에게 우리가 그것에 관해 마음 씀으로부터 풀려날 수 없다는 의미에서 "짐이 됨"을 표현한다. 실제로, 어떤 순간이든 우리는 언제나 이미 세계에 조율되어 있고 그 안에 처해 있다. "종종 지속적으로 유지되는 균형 잡히고 생기 없는 무기분은 언짢음과 혼동되어서는 안 되는데, 그것" 또한 일종의 기분이다 (173/134). 업무적인 이유로 무관심한 것은 삶에 대해 마음 쓰는 방식의 하나인 것이다.

기분은 삶의 분위기만 정하는 것이 아니라 우리 주변의 사물과 사람, 그리고 사건 등을 받아들이는 상이한 방식으로 의미를 들여 불러오도록(import)[49] 우리를 조율한다. **의미를 들여 불러옴**(import)은 어떤 것이 우리에게 풀어야 할 문제가 되는 방식이다.[50] 예를 들어 §30에서 하이데거는 두려움을 세 가지 구성적 용어들을 통해 분석한다: 그에 직면해 우리가 두려워하는 것, 두려워함 자체, 그리고 그것에 관해 우리가 두려워하는 것. "그에 직면해" 우리가 두려워하는 것은 두려움의 대상, 즉 두려운 어떤 것이다. 두려움의 대상이 됨은 두려운 것으로서 있음**이다**. 두려움은 대상들을 그 두려워할 만함을 통해 드러낸다. 두려움을 모르는 사람은 두려워할 만한 것을 경험하지 않는 사람이다; 대개의 사람들이 두려워하는 대상들을 두려움을 모르는 사람은 그냥 지나쳐 버린다. 쉽게 상사들과 맞대면하고 그들에게 그들이 불공정하고 냉담하다는 것을 지적하는 한 개인에 관해 생각해 보자. 그는 두려움을 모른다. 무서운 상사 앞에서 오금을 저려 하기보다 그는 상사를 자신이 생각한 바를 분명하게 전할 수 있는 동등한 인간으로 바라본다. 두려움은 두려워할 만한 것을 드러내고, 두려움을 모르는 자는 다른 사람들이 쉽게 경험하는 두려워할 만한 것의 경험을 그저 하지 않는 것이다.

---

49 역자 주: 영어 원문에서의 import라는 말은 원래 즉각적으로 분명하게 드러나지 않는 의미를 지칭하는 말이다. 역자는 이 용어를 문맥에 따라 '의미를 들여 불러옴' 또는 '의미'라고 번역할 것이며, 가능한 한 '의미를 들여 불러옴'이라 번역하려 한다. 여기서의 의미는 사물의 객관적 속성에 바탕을 두고 있는 어떤 인식적 의미가 아니라 한 존재자에 대해 현존재가 지니고 있는 태도 또는 기분에 의해 생겨나는 매개적 의미이기 때문이다.

50 나는 "의미를 들여 불러옴"(import)이라는 용어를 테일러, "Interpretation and Sciences of Man"에서 취한다.

물론 풀어야 할 문제가 모두 두려움처럼 직접적이고 강력한 것은 아니다. 정비소에서 연장들을 가지고 일을 할 때 나는 필요할 때마다 쉽고 자연스럽게 망치를 향해 손을 뻗는다. 그것이 믿을 만한 것이기 때문이다. 믿을 만함은 이런 의미로 〔무엇인가 사용하기 위해〕 의미를 들여 불러옴이다.

> 하지만 손-안에-있는 것의 무용성, 저항성, 위험성에 의해 영향을 받는 일은 안에-있음이 그러한 것으로서 실존적으로 사전에 그렇게 규정되어 있는 경우, 그것이 이러한 방식으로 세계내적으로 만나게 되는 것들로부터 **연관되어지는** 경우에만 가능하다. (176/137)

그러므로 유용성 혹은 저항성조차 도구들이 견지할 수 있는 것을 불러옴이다. 그것들은 업무를 수행하면서 도구가 우리에게 풀어야 할 문제가 되는 방식들이다. 그것들은 우리의 세계에서 둘러봄을 특징짓는 기분들 안에서 열어밝혀져 있다.

하이데거는 그의 분석을 다음과 같이 요약한다: "처해-있음 안에는 실존적으로 보았을 때 열어 내는 세계에의 의존성이 놓여 있다. 바로 이 의존성으로부터 우리는 풀어야 할 것을 만나게 되는 것이다" (177/137-138). 우리는 실존에 던져져 있으며, 세계에 종속되었고, 삶에 넘겨졌다. 즉 우리는 '어떻게 우리에게 세계가 풀어야 할 문제가 되는가' 의 관점에서 세계를 만나게 되는 존재자인 것이다. 우리는 사물이 풀어야 할 문제가 되는 방식으로 방향을 전환하며, 이 방향의 전환 혹은 기질이 우리의 기분이다.

계속하기 전에 내가 하이데거의 독일어 신조어인 "*Befindlichkeit*"의 번역어로 선택한 "disposedness"에 관한 논의가 있어야만 한다. 맥퀴리와 로빈슨은 "*Befindlichkeit*"를 "state-of-mind"(마음-상태)로 번역하는데 이는 꽤 오해의 소지가 많은 번역이다. 하이데거는 "mind"(마음)라는 말을 삼가며, "state"(상태)라는 말은 속성들을 지닌 실체들을 암시한다. 그럼에도 맥쿼리와 로빈슨은 "마음-상태"라는 말을 사용하는데, 이는 이 말의 구어적 사용이 하이데거가 추구하는 의미를 하나 포착하기 때문이다. 한 친구가 사랑하는 사람을 상실해 버렸다고 생각해 보자. 우리는 아마 "그의 마음이 지금 어떤 상태야? 슬픔? 화? 절망?" 하고 묻게 될 것이다. 이런 식으로 사용되면 "마음-상태"는 한 사람의 평안과 고생을 두드러지게 하는 "기분"과 상당히 유사한 것을 의미하게 된다. "마음-상태"에 함축된 이러한 의미는 마음 및 상태라는 말에 결합되어 있는 부담스러운 철학적 의미들을 떼어 내고 나면, 하이데거가 "*Befindlichkeit*"라는 말로 뜻하는 바와 매우 가깝다. 하이데거는 분명 "*Befinden*"이라는 명사와 연관시키며 말을 만들었을 것인데 "*Befinden*"(〔어떤〕 상태〔에 있음〕)이라는 말은 재귀 동사 "*sich befinden*"으로부터 온 말이다. 한 사람의 *Befinden*은 그의 상태를 지칭한다; 예컨대, 의사는 환자에게 그의 **상태**(*Befinden*)에 관해 물을 수 있다. 독일어 "*Wie befinden Sie sich?*"는 "당신 좀 어떠세요?"를 뜻한다. 이것은 영어 형용사 "disposed"라는 말의 의미 하나와 일치한다.[51] 처해-있음(disposedness)은 우리의 존재론적 특성으로서 우리가 언제나 어떤 기분에 있다는 것을 표시한다. "우리가 처해-있음이라는 말로 **존재론적으로** 보여주는 바는 **존재적으로** 가장 잘 알려지고 가장 일상적인 것이다: 기분,

51 "The Oxford English Dictionary," 〈*http://www.oed.com/*〉에서 "disposed" 항목을 살펴볼 것. 내가 선호하는 사용 항목은 #2에 나오는 초서(Chaucer)의 다음 구절이다: "그대의 숨결에서 악취가 나면 그것은 그대가 좋지 못한 상태에 있음을 나타낸다" (c 1400).

기분을-지님" (172/134).

하이데거가 §§29-30에서 기분의 가장 기본적인 예로 든 것은 공포이다. 하지만 공포를 기분으로 분류한 것은 좀 이상한 일이다. 어떻게 기분과 감정을 구분할 것인가 자체가 논란거리인 문제이기는 하지만 현대문학에서 종종 기분과 감정이 구분되는 방식의 하나는 정서적 상태가 불러일으키는 반응과 행위-변경의 범위를 관찰함에 의한다. 우울과 기쁨 같은 기분은 "광범위한 잠재적 반응들이 일어나도록 영향을 줄 수 있으며, 그중 많은 반응들은 기분을 촉발시키는 사건과 별 상관이 없는 것처럼 보인다."[52] 만약 누군가 학대를 받아서 우울에 빠지게 되면 뒤따르는 우울은 그의 행동들과 행위들에 광범위한 영향을 끼칠 것이다: 그는 먹고 싶어 하지 않을 수도 있고, 독서처럼 그가 평소에 좋아하던 일을 할 기분이 들지 않을 수도 있다. 이런 식으로 드러나는 우울의 증상들은 주제적으로만 보면 우울을 야기한 학대와 〔직접적〕 관계가 없다. 이와는 대조적으로 만약 누군가 다른 사람을 멸시하면 그 효과는 일반적으로 멸시하는 자와 멸시받는 자 사이의 상호작용에 국한된다.

이런 식으로 기분과 감정을 구분하는 것은 분명 거칠고 상투적이다. 그것은 별로 정확하지 못하며, 의심의 여지없이 연속적인 현상들을 성찰해서 얻어진 것이지 두 개로 분명히 갈릴 수 있는 현상들의 집합을 성찰해서 얻어진 것은 아니다. 그럼에도 기분이 여기저기 스며들 영향력을 지니고 있음을, 즉 기분이 한 개인의 행동에 있어서 그 총체적 분위기로 작용할 수 있음을 강조하는 것은 하이데거의 기분의 현상학과 일치한다. 게다가 기분-상태의 좀 더 광범위한 영향들에 초점을 맞춘 바

52 William N. Morris and Paula P. Schnurr, *Mood: The Frame of Mind* (New York: Springer-Verlag, 1989), p. 3.

로 그러한 심리학자들은 또한 기분이 "자기-점검"의 기능을 지니고 있다는 것을 강조한다.[53] 내 생각에 이러한 자기-점검적 기능은 바로 하이데거가 "'사람이 어떤 상태에 있는지 그리고 사람이 어떤 생활을 하는지' 드러낼" 때 염두에 두는 것이다. 즉 기분은 우리에게 우리의 일반적 상태를 열어밝힌다. 하이데거가 "*Befindlichkeit*"라는 말을 선택한 이유 중 하나는 이것임이 거의 틀림없다.

이 자기-점검적 성격은 하이데거가 두려움의 "무엇에-관함"을 분석할 때 나타난다. 기분의 "무엇에-관함"은 언제나 자기 자신이다; 기분은 어떤 의미를 담고 있는 것으로서의 한 객체만을 열어밝히는 것이 아니라 또한 무언가 자신과 관련된 것을 열어밝힌다. 두려움의 경우, 하이데거는 두려움이 "위험에 처하고" 우리 자신에 "내맡겨진" 우리를 우리에게 열어밝힌다고 암시한다 (180/141). 무서운 객체는 우리를 위험에 처하게 한다. 이것이 두려워할 무엇의 한 측면이다. 두려움에 의해 열어밝혀진 의미인 위협적으로 있음과 자기-점검에 의해 열어밝혀진 의미인 위협당하며 있음 사이에는 상관관계가 있다. 이러한 특성은 사랑이나 즐거움 같은 다른 감정들에서는 훨씬 덜한 정도로 나타난다. 부모가 자식에게 느끼는 사랑은, 구식으로 표현해 보면, 자식을 사랑스러운 것으로서 열어밝힌다. 그렇지만 나의 아들들이 나에게 사랑스러운 자식들로 열어밝혀지는 한에 있어서 나는 나 자신에게 열어밝혀지지 않는다. 마찬가지로 걸음마를 하는 이웃집 아기가 익살스러운 짓을 하는 것을 — 예컨대 원을 그리며 춤을 추고 즐겁게 노래하고 있다고 해 보자 — 보고 내가 즐거워할 때 그 아기는 내게 유쾌한 아기로서 열어밝혀진

53 기분은 "우리에게 우리가 일반적으로 어떤 상태에 있는지 알려 주고" "자기-규제적 과정들이 일어나도록 하는 것으로 간주된다" (같은 책, pp. 2-3). 모리스가 인용한 문헌들 참조.

다. 그렇지만 이 아기의 유쾌한 장난들을 경험하면서 "내가 어떤 상태에 있는지 그리고 어떤 생활을 하는지" 등은 나에게 거의 열어밝혀지지 않는다.

그러므로 하이데거는 많은 심리학자들이 오늘날 "기분"이라고 부르는 것과 매우 유사한 어떤 것을 염두에 두고 있었던 것처럼 보인다: 기분은 전체 상황을 광범위하고 지속적으로 열어밝히며, 우리가 어떤 상태에 있는지 그리고 어떤 생활을 하는지 우리에게 열어밝힌다. 시사점이 많은 이러한 관점으로부터 보면 하이데거가 두려움을 기분의 한 예로 사용한 것은 유감스러운 일로 보인다. 그는 아마, 두려워할 때 내가 나 자신에게 위험에 처한 것으로서 열어밝혀진다는 두려움의 특성에 의해 잘못 인도되었을 것이다. 또한 그는 그때그때 일어나는 두려움이 아니라 두려움의 양상을 염두에 두고 있었던 것 같다. 이러한 경우 그가 왜 그토록 강하게 두려움의 **대상**에 초점을 맞추었는지 이해하기가 어렵기는 하지만 말이다. 두려움의 양상은 두려운 대상을 별개로 드러내기보다는 자신을 두려움의 가능성들에로 조율한다. 『존재와 시간』 §40에서 하이데거는 그가 "불안"이라고 부르는 것을 어느 정도 깊이 있게 분석했는데, 사실 기분의 예로서는 불안이 공포보다 훨씬 더 낫다. (주목할 만한 것은 하이데거가 나중에 우리 자신 그 하나인 순응하는 공중(the conformist public)은 불안을 두려움으로 대체해 버림으로써 불안으로부터 우리의 주의를 돌려 버리려 시도한다고 주장한다는 것이다. 그렇다면 기분의 좋은 예가 아님에도 두려움을 상세히 검토해 볼 필요가 어디에 있는지 이해할 만한 셈이다.)

한 걸음 물러서서 하이데거의 기분 및 처해-있음 개념을 살펴보자. 첫째, 기분은 **의미를 들여 불러오며-열어밝힌다**: 기분은 사물들이 풀어야 할 문제가 되는 방식을 열어밝히는 바, 이는 존재자들이 지니고 있는

〔의미를 들여〕 불러옴이다. 둘째, 기분은 분위기를 탄다: 현상학적으로 보면 기분은 사적 개인의 내적 상태라기보다는 우리가 잠겨 드는 분위기처럼 작용하는 것이다. 셋째, 기분은 **자기-검열적**이다: 기분은 하이데거가 지적한 것처럼 (173/134) 우리에게 "우리가 어떤 상태에 있는지 그리고 우리가 어떤 생활을 하는지" 드러낸다. 넷째, 기분은 **수동적**이다: 우리는 기분에 넘겨진다. 또한 하이데거는 공식적으로 기분의 삼중 구조를 분석하는데 그것은 기분이 "무엇에-직면함", "무엇에-관함" 그리고 기분 자체라는 세 계기들을 지닌다는 것을 뜻한다. 무엇에-직면함은 의미를 들여 불러오며 열어밝히는 기분의 성격을 염두에 둘 때 가장 잘 이해될 것이고, "무엇에-관함"은 자기-검열의 차원에서 볼 때 가장 잘 이해될 것이다.

더군다나 기분은 "색"도 아니고 독립적으로 주어진 인식의 대상들을 "해석"하지도 않는다. 두려움과 관련해서 하이데거는 자신의 요점을 다음과 같이 정리한다: "우리는 미래의 악(*malum futurum*)을 우선 미리 결정하고 나서 두려워하지 않는다. 그렇다고 두려워함이 무언가 다가오고 있는 것을 먼저 확인하는 것은 아니다. 두려워할 만한 것은 두려워할 만한 것으로서 미리 발견되는 것이다" (180/141). 많은 어린이용 만화들이 여기에 착안하고 있는데, 예컨대 한 인물이 다가오는 기차를 보지만 단지 기차에 치이기 직전에서야 비명을 지르는 식이다. 이것이 우스꽝스러운 이유는 우리는 즉시 기차를 두려워할 만한 것으로서 경험하는 반면 만화 속의 인물은 분명 위험을 자각하지 못하고 있기 때문인데, 이로부터 우리는 희한한 긴장감을 느끼게 되는 것이다. 하지만 우리의 경험은 보통 그렇지 않다. 비록 하이데거가 더 논의하지는 않지만, 그의 관찰은 단순히 무언가 두려워할 만한 것을 발견할 때 우리는 대개 "처음부터" 두려움에 사로잡히게 된다는 것을 지적하는 것보다 더 깊이 나아간다. 하이데거는 "정서적으로 중립적인 인식적 내용"을 경험에서의 "정서적 변화"로부터 떼어놓을 수 없다고 지적하는 데에까지 나아간다고 생각해도 무방하리라는 것이다.

거리를 걷고 있는데 낯선 사람이 크고 강한 개를 산책시키고 있고, 그 개가 당신이 접근할 때 당신을 향해 사납게 짖어 댔던 일을 생각해 보라. 그 낯선 사람은 개줄을 뒤로 잡아당기면서 "쉿" 혹은 "따라와"와 같은 말을 한다. 당신은 두려움에 사로잡혀 있다; 개는 두려워할 만한 것으로서 드러난다. 개의 큰 송곳니는 밖으로 드러나고, 어깨와 다리에 물결 모양의 근육 또한 그러하다. 이런 일이 일어나면 아마 최소한 한 번이나 두 번쯤 그 낯선 사람은 당신에게 "오, 이 개는 전혀 나쁘지 않아요. 그냥 짖을 뿐이죠. 실은 귀엽고 사랑스러운 개죠"라는 식으로 말할 것이다. 당신은 다가가서 손을 내민다. 개는 당신의 손에 대고 킁킁거리다 핥는다. 당신은 개를 다독거려 준다. 개에게서 두려워할 만한 것이 느껴지지 않게 되면 당신은 개를 다른 관점에서 보기 시작한다. 개의 얼굴이 얼마나 귀엽게 생겼는지, 개의 혀가 얼마나 부드러운지 알게 되는 것이다. 당신은 "이제 보니 이빨도 그리 크지 않군" 하고 중얼거린다. 요컨대 경험에 있어서 정서적으로 중립적인 인식 내용이란 **당신이 보는 바로 그것**일 텐데, 부분적으로 그것은 당신이 느끼는 두려움이나 안락감의 기능에 의존한다. 똑같은 개가 다르게 보인다. 이제 당신은 더 이상 개를 두려워하지 않는다. 경험의 내용은 "온통" 의미를 들여 불러옴으로 점철되어 있는 것이다.

그러므로 기분은 (1) 의미들을 발견하고, (2) 분위기로 작용하며, (3) 우리가 어떻게 생활하고 있는지 드러내고, (4) 수동적이며, (5) 대상들을 가지고 있고, (6) 경험의 내용을 함께 구성한다.

이러한 특성들을 알고 나면 우리는 기분과 밀접하게 연관된 현상들을 찾아볼 수 있다. 우리는 이미 감정에 관해 논의한 바가 있는데, 감정은 자기-검열을 예외로 기분과 몇몇 특징들을 공유하고 있으며, 기분에 비해 덜 분위기적이다. 속물적 감성이나 전문적 감정가의 감성에서와 같은 **감성**의 문제 역시 고려해 보자. 내 생각에 감성은 자기-검열을 제외하고 나면 기분의 모든 특징들을 지니고 있다. 우리 같은 "전형적인 중산층"과는 정반대인 "상속받은 재산이 있는 전통적 부자"와 함께 있는 경우를 생각해 보자.[54] "전통적 부자"와 함께 있노라면 우리 중산층들은 마치 우리가 너무 시끄럽게 말하고 누추하게 입은 것 같은 느낌을 지니게 되기 쉽다. 전통적인 부자 감성을 지닌 인물은 사물들이 독특한 의미들을 지니도록 하는 분위기를 자아낸다. 행위는 천박하거나 세련된 것으로 나타나기 쉬운데, 중산층이 있는 곳에서 이러한 구별은 그리 심하지 않은 것이다. 상이한 계층의 사람들은 상이한 세계관에 조율되어 있고, 사물들을 다르게 본다. 경험의 내용들, 자신의 고유한 분위기에 잠겨 든 사람의 경험 내용들은 그 분위기 밖에서는 발견할 수 없는 내용으로 점철되어 있다. 그러한 감성들은 잘 숙고해서 선택된 것이라기보다는 대개 삶의 이른 시기에 천천히 그리고 수동적으로 획득된다. (재정적으로 현명하게 처신하며 "신분상승"을 꾀하는 중산층들은 전통적 부자의 가치관과 감성보다는 대개 벼락부자의 가치관과 감성에 젖어 들게 되는 것이다.) 하지만 우리의 감성은 우리가 어떤 생활을 하고 있는지 검열하지 않으며, 그런 점에서 분명 기분과 구분된다.

덕 또한 기분과 몇몇 특성들을 공유하고 있지만 그 분위기적 성질은, 아주 없는 것이 아니라면, 상당히 적다. 아리스토텔레스가 『니코마코스 윤리학』에서 주장한 것처럼,[55] 그리고 그의 동시대 추종자들이 고수했

54 다음 참조: PBS, "People Like Us," (2001).

던 것처럼, 덕이 있는 인간은 덕이 없는 인간과 다르게 세상을 경험한다. 친절한 사람은 다른 사람들을 친절하게 대할 것을 요구하는 사회적 삶의 측면들에 조율되어 있다. 친절한 사람은 단지 다른 모든 사람들 역시 보는 똑같은 중립적 세계를 "보고" 난 다음 다른 결론을 도출하거나 다른 판단에 도달하게 되는 것이 아니다. 기분, 감정, 그리고 감성처럼 덕 역시 함양될 수 있지만 그것은 행위의 과정들처럼 직접 선택되는 것은 아니다. 덕은 이렇듯 경험상 수동적이다. 덕은 때로 우리를 덕이 없었더라면 보지 못했을 삶의 관점들에 조율되도록 한다. 더군다나 덕은 통상 분위기적이지 않다. 비록 그럴 수는 있지만 말이다. 우리가 "스토아적"이라 묘사하는 사람들은 종종, 예컨대 고통이 사소하게 여겨지도록 하는 분위기를 자아낸다. 정직한 사람들이 종종 속임수와 도둑질이 비천하게 여겨지도록 하는 분위기를 자아내듯이 말이다. 하지만 덕은 때로 "조용하고" 좀 더 "개인적"일 수 있다. 그럼 덕은 분위기와 무관한 것처럼 되는데, 때로 개인의 덕이 나중에야 알려지게 되는 경우도 있다는 점을 고려해 보면 더욱 더 그러하다.

그러므로 기분과 감정뿐만 아니라 감성과 덕 (마찬가지로 악덕) 또한 하이데거가 처해-있음과 기분 또는 기조 등의 개념 아래 관심을 보여 온 어떤 중요한 특징들을 공유한다. 열어밝히는 기분의 근본 작용은 경험의 색조를 정해 주고, 상황과 대상들의 의미들이 그 안에서 열어밝혀지는, 그리고 그것을 통해 상이한 생활양식에 우리가 조율되는 분위기로 기능한다. 기분에 관한 하이데거의 설명은 깔끔하고 분명하지 않다; 그는 기분을 감정과 적절하게 구분하지 않으며, 그의 분석들 중 어떤 것

---

55 다음 참조: *The Nicomachean Ethics of Aristotle*, trans. by W. D. Ross (London: Oxford University Press, 1963).

은 (예를 들어 기분의 삼중 구조 같은 것) 인위적인 것처럼 보인다. 하지만 기본적인 요지는 충분히 분명하다: 세계의 열어밝혀져-있음의 기본적 양태들 중 하나는 무엇이 풀어야 할 문제인지 그리고 우리가 어떻게 생활하고 있는지 등에 우리가 조율되어 있다는 것에 있다.

연구를 위한 물음들

비정상적 심리의 현상은 하이데거의 기분 개념을 통해 설명될 수 없는 것이 아닐까? 우리는 정말 고착화된 비정상적 불안을 내적이고 심리적인 것으로서 간주할 수 없을까?

IX. 이해와 해석

어떤 것을 이해함은 무엇인가? 철학적으로 영어 단어 "understanding"은 주로 지적 능력, 인식적 내용들을 파악하고 조작하며 사용할 수 있는 그러한 능력을 지칭한다. 현대 영어권 철학에서 그러한 인식 내용들은 일반적으로 명제와 그 요소들로 간주된다. 우선적으로 언어가 우리로 하여금 명제들을 이해할 수 있도록 하므로 현대 철학자들은 이해의 범위와 본질에 관한 탐구를 언어 철학의 영역에 종속시켜 왔다. 현대의 많은 대학들의 철학부에서는 언어철학이 윤리학 및 논리학과 더불어 철학의 주요 분과가 되어 버렸다. 이것은 리처드 로티가 오래전 철학에서의 "언어학적 전환"이라 명명한 것을 반영한다.[56] 하지만 "이해"라는 말

56 다음 참조: Richard Rorty (ed.), *The Linguistic Turn: Recent Essays in Philosophical Method* (Chicago: University of Chicago Press, 1967).

을 사용하는 이러한 철학적 방식은 일상적인 의미에 부합하지 않는다.

일상의 영어에서 우리는 "이해"라는 말을 훨씬 더 광범위한 의미로 사용한다. "이제 알았다"(see)와 "알고 있다"(know)라는 말들이 그러하듯이 말이다. 예를 들어 빵을 이해한다는 것은 지식이나 명제적 내용들의 집합을 지님에 한정되지 않는다; 그것은 동시에 꽤 많은 실천적 지식과 경험(know-how)을 지님을 뜻하는 것이다: 이 저녁을 위해 어떻게 적합한 빵을 고를지 안다는 것; 어떻게 빵을 적절하게 저장할지 안다는 것; 빵집으로 가는 길을 안다는 것 등등. 많은 명제적 지식을 지니고 있으면 도움이 될 뿐 아니라 아마 필요하기도 할 것이다. 하지만 빵을 이해함은 명제들을 이해함 이상의 것이다. 우리는 때로 "안다"라는 말을, 예컨대 내가 좋아하는 광고 문구인 "보(Bo)는 야구를 알아"에서와 같이 사용한다. 보 잭슨이 단지 야구의 규칙들만을 알거나 야구 역사에 관한 특정한 양의 지식만을 지니고 있었던 것은 아니다. 보는 동시에 야구를 하는 법도 알고 있었던 것이다. 바로 이러한 이해가 하이데거가 주로 관심을 보였던 이해이다.

이해의 기본적 구성

하이데거가 이해라는 말을 사용하는 방식에 따르면, 무엇인가를 이해한다는 것은 무엇인가 할 수 있거나 관리할 수 있거나 능숙하게 다룰 줄 안다는 것이다.

> 우리는 때때로 존재자적으로 말하면서 '어떤 것을 이해한다'는 표현을 '하나의 사물을 다룰 줄 안다', '그것을 담당할 수 있게 되었다', '어떤 것을 할 수 있다'는 의미로 사용한다. 이해 안에서 **실존적으로** 할 수 있게 된 것은 어떤 무엇이 아니라 실존함으로서의 존재이다. 이해에는 실존적으로 존재-가능으

> 로서의 현존재의 존재방식이 놓여 있는 것이다. (183/143*)

이러한 실천적인 일상적 의미에서 이해는 특별히 인식적인 현상이 아니다.

> 더구나 이해가 지닌 기획으로서의 성격은 우리가 이해하려 애쓰며 기획하고 추구하는 가능성들을 주제적으로 파악하지 않는다는 것을 말해 준다. 일종의 주제적 파악으로서의 이해는 기획된 것으로부터 그 가능적 성격을 앗아가는데, 이는 기획된 것을 이미 주어지고 사념된 존속물로 격하시킨다는 것을 뜻한다. … (185/145)

어떤 것을 인식적으로 파악함, 명제적 내용 안에서 혹은 명제적 내용들의 체계 안에서 포착하려 시도함은 우리가 이해하는 바를 피상적으로 만든다. 어떤 식으로? 열쇠는 하이데거가 이해를 가능성에로의-존재라고 특징지었다는 것에 놓여 있다 (188/148).

당신이 할 수 있는 것과 당신이 가능한 것으로서 묘사하는 것 사이의 차이를 생각해 보라. 자전거를 타려고 생각하고 계획할 때 나는 오른쪽으로 돌아 이 다리 위로 오르고 잠시 뒤 다리를 떠나는 것을 상상하고 묘사할 수 있다; 나는 심지어 다리 위에 물기가 있는지 없는지 등에 따라 크거나 작은 각도로 방향을 트는 것도 상상해 볼 수 있다. 물론 이러한 것은 내가 자전거를 타는 경우 나에게 실제로 열려 있는 다양한 가능성들의 가장 흐릿한 이미지에 지나지 않는다. 나는 명제적 형태로는 묘사할 수조차 없는 모든 종류의 상황 속에서 내가 정확히 어떤 각도로 방향을 전환할지 측량해 볼 수 있다. 아마 자전거를 타는 것과 같은 명백히 “신체적인” 능력들을 위한 이러한 주장을 기꺼이 인정하려 하면서도 특별히 "지적인" 능력들의 경우에는 개념적 이해의 힘을 과소평가해서는 안 된다고 여전히 생각하는 이들도 있을 것이다. 그렇다면 다른 경우를 고려해 보자: 요리. 조리법에 따르면 베이킹 접시에 매리네이드 소스를 곁들인 닭을 놓기 전에 우선 닭을 스튜용 냄비에서 구워야 한다. 닭은 언제 완전히 구워지는가? 언제 나는 닭을 베이킹 접시로 옮길 수 있는가? 요리책에는 "닭이 분홍색을 잃어버리고 갈색이 되어 가기 시작할 때"라고 쓰여 있다. 얼마만큼 분홍색이 사라져야 "갈색이 되어 가기 시작하는 것"인가? 이에 대한 유일한 대답은 '경험이 알게 해 준다'이다.

똑같은 분석을 "좀 더 자극적인" 기획에도 적용할 수 있다. 잘 알려진 법적 판결의 특징들 중 하나는 법규들을 정리함에 있어서 관습법 및 〔법 적용에 있어서의〕 원칙들과 지침들은 저절로 자명하게 적용되지 않는다는 것이다. 그것은 "신중한 재량"과 "상식"을 요구하는 것이다. 이는 명제적으로 설명될 수 있는 법적 상황의 특성들이 판결 과정을 통제하는 것이 아니라는 것을 뜻한다; 심판관은 우리가 보통 분쟁을 해결할 "판단"이라 부르는 것에 의존해야만 하는 것이다. 마지막으로, 토마스 쿤이 과학적 실천에 관한 유사한 주장들을 한 바 있다: 과학적 개념들, 법칙들, 그리고 정의들을 가지고 작업하는 법을 알려면 우리는 과학적 실천에 필요한 훈련을 받아야만 한다. "현대 물리학이 말하는 것을 아는 것"은 분명 참된 이해가 아닌 것이다.[57]

우리가 그 안에서 작업하는 가능성의 공간은 명제적으로 묘사될 수 있는 것보다 넓고 풍부하다. 그렇더라도 우리는 이 가능성의 공간을 〔언제나 이미〕 파악하고 있고 일정 정도 지배하고 있다. 우리에게는 우

57 다음 참조: Kuhn, *Scientific Revolutions*.

리가 묘사할 수 있는 것보다 훨씬 더 큰 역량이 있는 것이다. 이해는, 하이데거가 이 용어를 사용하는 바와 같이, 묘사할 수 있는 것 이상을 행하는 이러한 역량이다. 이것이 하이데거가 이해를 "그러한 존재가능의 존재…"로 묘사한 이유이다 (183/144). (맥쿼리와 로빈슨이 하이데거의 독일어 원어 "*Seinkönnen*"을 "존재를 위한 〔잠재적〕 가능성"(potentiality-for-Being)으로 번역한 것은 대단히 오해의 소지가 많은 일이라는 것을 유념할 것. 하이데거는 우리가 그것일 수 있는 어떤 것 혹은 할 수 있는 어떤 것, 우리의 역량에 관해 말하지 우리가 그것을 향해 발전해 갈 수 있는 어떤 것에 관해 말하지 않는다.)

하이데거는 가능성의 공간을 "임의의 여지" 혹은 "공작(maneuver)을 위한 방(여유 공간)" ("*Spielraum*," 185/145)이라 부른다. 이 가능성의 공간은 우리의 역량과 세계의 가능적 성격 사이의 뗄 수 없는 관계로 이루어진다.

> 세계가 세계를 통해 가능한 유의미성으로서 열어밝혀질 뿐만 아니라 세계내적인 것이 자유롭게 주어지게 되는 것 자체가 이 존재자를 자신의 가능성들에로 자유롭게 내어 준다. 손-안에-있는-것은 그러한 것으로서 그 유용성, 사용성, 유해성 가운데 발견된다. (184/144)

망치의 존재는 (망치는 그 무엇**이다**) 우리가 그것을 어떻게 사용할 수 있는가에 의해 구성된다. 우리가 망치를 어떻게 사용할 수 있는가는 무엇을 위해 우리가 망치를 사용하면서 행동하는가와 결합되어 있다. 즉 망치에 특징적인 사용성은 목수로 존재함, 집주인으로 존재함 혹은 무엇인가 소유함과 얽혀 있는 것이다. 이해하는 동안 우리에게 열어밝혀지는 가능성의 공간은 장비들을 사용할 가능한 방식들과 현존재로 존재하는 가능한 방식들이 통합된 장이다.

또한 하이데거는 "이해를" 특정한 경우에 특정한 항목을 이해함을 언급하려 사용한다. 이러한 맥락에서 하이데거는 종종 다른 조어를 사용한다: 기획. 기획함은 던짐이다. 비유적으로 말해, 이 머그잔으로 커피를 마실 때 나는 그것을 커피 잔으로 존재할 가능성, 마시는 일에 사용될 그 가능성에로 던지고 있는 셈이다. 이러한 기획의 행위에 있어서 우리는 이해되는 것, 즉 커피 잔과 그것을 커피 잔으로 이해하게 해 주는 그것, 즉 커피 잔으로 존재함의 역할을 알아본다. §32에서 하이데거는 그것에 의해 무엇인가 이해되는 어떤 것에 "의미"라는 이름을 붙인다(193/151).

마지막으로, 이해는 우리로 하여금 "볼 수 있게" 한다. (v)절에서 지적한 것처럼 봄은 하이데거에게 지성을 위한 은유이다. §31에서 하이데거는 다음과 같이 쓴다: "봄의 실존적 의미를 위해서는 봄에 의해 접근되어질 수 있는 존재자를 그 자체에서 은폐되어 있지 않은 것으로서 만나게 하는 봄의 특성만이 요구되어질 뿐이다" (187/147). 우리의 지성, 사물의 의미를 만드는 우리의 능력은 우리의 이해 안에 놓여 있다. 게다가 이 지성은 근본적으로 인식적인 것이 아니다; 그것은 실천적인 것이다. 존 듀이의 말로 표현해 보면,

> 지성은 그 일상적 사용에서는 실천적 용어이다: 그것은 문제들을 우리가 무엇인가 하도록 요구되는 다양한 상황에서의 필요와 가능성과 연관시켜 평가하는 능력인 것이다; 또한 그것은 사물들을 그것들이 가능하게 하거나 방해하는 조정 및 적응과의 관계에서 파악할 수 있도록 하는 능력이기도 하다.[58]

---

58 John Dewey, "Does Reality Possess Practical Character?" in Jo Ann Boydston

자기-이해

현존재로 존재함은 당신에게 당신의 존재가 문제가 됨이다. 즉 현존재로 존재함은 당신이 누구인지 그리고 인간으로 존재한다는 것이 무엇인지 등이 문제가 된다는 것이고, 이러한 문제가 당신에게 풀어야 할 문제가 된다는 것이다. "이해는 항상 처해-있음을 지닌다" (182/143). 만약 당신의 존재가 당신에게 풀어야 할 문제가 되지 않는다면 당신이 누구인지 그리고 인간으로 존재한다는 것이 무엇인지 등은 열린 문제일 수 있을 테지만 당신은 이러한 질문들에 대한 대답이 무엇인지 신경 쓰지(마음 씀) 않을 것이다. 위의 (iii)절에서 우리는 이러한 질문에 대한 답을 얻으려 특정한 태도를 지니는 일은 질문들에 관해 성찰하고 공식화된 대답을 발전시킨다는 것과 다르다는 것을 살펴보았다. 당신이 누구인지의 문제는 당신이 자신에 관해 무엇을 **말하는지** 혹은 **생각하는지** 등의 문제가 아니라 차라리 **당신이 어떻게 사느냐**의 문제이다. §31에서 하이데거가 이러한 설명을 하는 방식은 자신의 존재에 대해 태도를 취하는 것을 "가능성에로 몰아 나감"으로 특징짓는 것이다 (184/145). 자신이 되는 것은 인간적 가능성들을 향해 나아갈 자신을 기획함이다.

예컨대 나는 아버지가 될 수 있고, 철학 선생, 야구 감독, 요리사, 그리고 그 밖의 많은 것들이 될 수 있다. 요리사가 되는 것은 분명 내가 할 수 있는 일이다; 그것은 내가 때때로 연습해 볼 수 있는 기술들과 능력들로 구성되어 있다. **내가 요리사인지** 아니면 그냥 아버지 노릇을 하려고 요리를 할 뿐인지는 내가 요리를 어떻게 해 나가는지에 달려 있다. 나는 "요리 자체를 즐기기 때문에" "즐기려" 요리를 하는가 혹은 단지

(ed.), *The Middle Works, 1899–1924*, vol. 4 (Carbondale, IL: Southern Illinois University Press, 1977), p. 130.

아이들이 먹을 음식을 식탁 위에 올려놓으려고 요리를 하는가? 이 질문에 대한 답이 내가 요리사인지 아니면 그냥 아버지 노릇을 하려고 요리를 할 뿐인지를 결정한다. (요리를 하는 대부분의 사람들은 이러한 하이데거적 의미에서 보면 때로, 혹은 자주, 부모가 되려고 요리를 하는 셈이다.) 이러한 질문은 **어떻게** 요리가 나에게 **풀어야 할 문제가 되는지**와 결합되어 있다. 앞 절에서 본 것처럼 처해-있음은 우리에게 우리가 어떻게 지니고 또 생활하고 있는지 열어밝히는 것이다. 내가 만든 음식이 나무랄 데는 없지만 너무 많은 경우 나는 실패한 것인가 성공한 것인가? 이러한 질문에 대한 대답으로부터 우리는 아마 내가 요리하는 **목적**, 무엇을-위해 내가 요리하는지 알 수 있게 될 것이다.

그런 '무엇을-위하여' 나 자기-이해는 사회적 위치의 문제가 아니다. 법적으로나 사회적으로나 아버지이긴 하지만 아버지 노릇에 별 관심이 없는 사람과 아버지라는 것이 자기정체성의 한 부분인 사람을 대조해 보자. 무관심한 아버지는 아버지로서 할 일을 아무것도 하지 않으며, 아버지 역할을 잘하라는 사회적 개인적 요구에 직면하게 되는 경우 남북전쟁을 기리기 위해 그것을 표상하는 일에 참여하라는 사람을 대할 때와 마찬가지로 무관심할 것이다. 남들이 보기에 혹은 법적인 차원에서 보기에 그가 아버지로서의 의무를 수행하고 있는 것처럼 보일 수도 있다. 하지만 이러한 의무나 의무에 수반되는 아버지로서의 특권은 그의 마음을 사로잡지 않는다. 이러한 사회적 요구들과 권리들은 앤서니 기든스가 "사회적 위치"라 부른 것과 거의 일치하며, 나는 그의 용례를 따를 것이다.[59] 누군가 존재론적으로 아버지로서의 존재에 참여하지

59 Anthony Giddens, *The Constitution of Society* (Berkeley: University of California Press, 1984), p. 84.

않으면서 아버지로서의 사회적 위치를 지닐 수도 있고 또 그 역도 가능하기 때문에, '무엇을-위하여'는 사회적 위치와 같은 것이 아니다.

'무엇을-위하여'는 우리의 "정체성들"을 만들고, 이 정체성들은 우리를 실존적으로 참여시키고 우리가 누구인지의 의미를 만드는 인간 삶의 양상들에 연관되어 있다. 존재함에 의해 실존적으로 참여하게 되려면 우리는 그것을 향해 "앞으로 나아가야" 한다; 우리는 그 무엇으로 존재함으로써 하게 되는 일들을 해야만 하는 것이다. 우리 삶에서 가장 어려운 어떤 갈등들은 존재함에 실존적으로 참여함으로써 일어나는 자신의 정체성이 한 존재자로서의 자기를 스스로 이해하는 방식과 긴장 관계에 있을 때 일어난다. 양자 사이의 이러한 갈등은 양자가 같은 것이 아니라는 것을 보여 주며, 그렇기에 하이데거는 "기획은 현존재가 그에 따라 자신의 존재를 설계할 어떤 미리 고안된 계획에 따라 행위함과는 아무 상관도 없다"고 쓰는 것이다 (185/145).

더 나아가 우리의 가능성들은 "던져진 가능성들"이다.

> 하나의 **실존성**으로서 가능성은 **'자의의 무관심'** (*libertas indifferentiae*)이라는 의미에서의 제멋대로 떠다니는 존재가능을 뜻하지 않는다. 현존재는 본질적으로 처해-있는 것으로서 언제나 이미 특정한 가능성들 안으로 빠져 버린 채 있는 것이다. … 하지만 이것은 현존재가 현존재 자신의 책임으로 떠넘겨진 가능-존재, 철두철미하게 **던져진 가능성**이라는 것을 뜻한다. (183/144)

우리의 가능성들은 뷔페용 식탁 위에 차려지듯 우리 앞에 놓이지 않는다. 우리는 그들 가운데 어떤 것을 무심하게 선택하지 않는다. 차라리 〔선택에의〕 요구들은, 아버지로 존재함에의 실존적 요구에 내가 직면하게 되는 것처럼, 이미 나를 붙잡고 있다. 내 아들을 데려오려고 3시 20

분에 학교에 도착하는 것은 긴급한 일이다; 다른 아들의 축구 경기를 참관하는 것은 흥미로운 일이다. 나에게 이런저런 행위의 과정들이 풀어야 할 문제가 되는 이러한 상이한 방식들은 내가 이미 처해 있다는 것, 아버지로서의 나에게 이런저런 일들이 풀어야 할 문제가 되는 방식들에 내가 이미 조율되어 있다는 것을 반영한다. 간단히 말해 바로 이것이 내가 한 아버지라는 것의 의미이며, 한 아버지로서 나는 아버지로서의 존재가 나에게 할당하는 행위들과 기획들을 향해 나아가게 되는 것이다.

이런 이유로 하이데거는 다음과 같이 쓴다:

> 마찬가지로 언제나 현존재가 실존적으로 바로 그것인 가능-존재는 공허한 논리적 가능성이나 현전하는 한 존재자가 있음으로 말미암아 이런저런 일들이 '일어날' 수도 있다는 식의 가능한 사태로부터 엄격하게 분리되어야만 한다. 손-안에-있음의 양태적 범주로서 가능성은 아직 현실적이지 않은 것과 항상 필연적이지는 않은 것을 뜻한다. 그것은 단지 가능한 것을 특징지을 뿐이다. (183/143)

참나무는 100피트의 높이까지 자랄 수 있다고 말하는 것은 참나무가 실행에 옮길 수 있는 어떤 역량을 지니고 있다는 뜻이 아니지만 자신을 아버지라고 말하는 것은 자신이 실행에 옮길 수 있는 기술들과 능력들의 집합을 지니고 있다는 뜻이다. (하이데거는 이러한 맥락에서 **동물들**의 능력을 고려하고 있지는 않은데 이는 대단히 심각한 문제이다. 『존재와 시간』에서 하이데거가 남긴 동물들에 관한 소수의 언급들 중 하나는 "삶의 존재론은 결여적 해석을 통해 이루어진다"는 것이다 (75/50). 그는 『형이상학의 근본개념들』에서 더욱 풍부한 분석을 제공하는데, 그는 여기에서 동물들을 "세계 부족"이라는 말로 특징짓는다. 그 주된 논지는, 비록 동물들은 역량들을 지니고 있어서 단순히 현전하는 우연적 존재자가 아니지만, 그들은 그들의 역량들을 실행에 옮기면서 자신에 관한 어떤 태도를 취하지는 않는다는 것이다.)

물론 우리는 "단순한 가능성"이나 "잠재성"의 관점에서 사람들에 관해 말할 수도 있다. 나는 현재 청소년 축구부 감독이 될 수 있는 능력을 지니고 있지 않지만 만약 일련의 훈련 과정들에 참여하고 실제로 경기를 하기도 하면서 시간을 보내면 청소년 축구부 감독이 될 수 있는 능력을 지니게 될 수도 있을 것이다. 여기서 우리는 내가 지니고 있고 실행에 옮길 수 있는 능력들과 내가 획득할 수도 있는 능력들을 구분할 수 있다. "역량"과 "잠재성"이라는 말을 사용하는 우리의 방식은 이러한 구별에 꽤 잘 들어맞는다: 나는 청소년 야구부 감독이 될 수 있는 역량을 지니고 있지만 청소년 축구부 감독의 경우는 될 수 있는 잠재성만을 지니고 있을 뿐이다. 이와 또 다른 차이는 나의 "사실적" 특징들의 집합들이다: 나의 신장, 무게, 시공간적 위치 등등. 사실적 특징들 가운데에서 우리는 자신이 실제로 혹은 사실적으로 무엇인 것을 자신이 실제로 혹은 사실적으로 장차 될 수도 있는 무엇으로부터 구분할 수도 있을 것이다. 나는 실제로 키가 5피트 11인치이지만 1인치쯤 줄어들게 될 수도 있다. 하지만 앞서 (iv)절에서 본 것처럼 나는 이런저런 높이에 관해 실존적으로 말하지 않는다; 오히려 실존적으로 (만일 키가 내게 풀어야 할 문제가 되는 것이라면) 나는 나의 키인 것이다.

하이데거는 사회적 위치, 물리적 특징들, 혹은 잠재성의 관점에서가 아니라 존재할-역량으로서 **존재함**이라는 관점에서 우리 자신에 관해 사유할 것을 요구한다. 기획으로서의 이해는 현존재가 그 안에서 자신의 가능성들로서의 가능성들로 **존재하는** 현존재의 존재양식이다" (185

/145). 나는 존재를 위해 나 자신이 행하는 그 무엇이다; 나는 한 아버지, 청소년 야구부 감독, 선생 등인 것이다. 그러한 존재의 방식들은 나의 존재할-역량들이라는 의미에서 나의 "가능성들", 나의 실존적 능력들이다. 그것들이 내가 누구인지, 내가 나 자신을 어떻게 이해하는지 결정한다. 비록 내가 나 자신을 항상 그런 식으로 해석하거나 생각하는 것은 아니라고 할지라도 말이다. 이것이 하이데거가 현존재는 "… 항상 그 실제적 존재 '이상의 것' 이다. …"라고 말하는 이유이다 (185/ 145). 나는 특정한 키 혹은 무게로 표현될 수 있는 것 이상의 존재이다; 나의 존재는 내가 무엇을 할 수 있는가, 내가 세계에서의 나의 삶을 어떻게 꾸려 갈 수 있는가 등에 의해 결정된다. 하이데거는 계속 다음과 같이 말한다: "현존재는 결코 그가 현사실적으로 존재하는 것 이상일 수 없는데, 이는 그 자신의 현사실성에 존재가능이 본질적으로 속해 있기 때문이다. 하지만 현존재는 가능-존재로서 그보다 더 적은 것일 수도 없다. …" 현사실성은 현존재의 실존적 규정성이라는 것을 기억하라. 그러므로 하이데거는 여기에서 우리의 존재가능이 우리의 실존적 규정성에 속한다고 말할 뿐으로, 이는 나 자신의 존재는 내가 무엇을 할 수 있는가에 의해 결정된다고 말하는 것과 조금도 다르지 않은 것이다.

하이데거는 현존재는 "실존적으로 그 자신의 존재가능에서 아직 존재하지 않는 그것"이라고 말하면서 이 주제에 관한 논의를 발전시켜 나간다 (185-186/145). 선생, 감독, 혹은 아버지가 될 수 **있음**은 "고정적"인 것도 자기동일적 주체로서의 내가 지니고 있는 지속적 속성도 아니다. 이 절에서의 하이데거의 언어는 운동의 은유들로 점철되어 있다: 이해는 기획, 앞으로 내던짐이며, 이 기획 안에서 우리는 앞으로 나아간다. 더 나아가 "… 오직 [현존재가] 그것이 될 (혹은 그 반대로 되지 않을) 그 무엇으로 **존재**하기에 현존재는 자신에게 '너 자신인 그 무엇이 되라' 고 말할 수 있는 것이며, 또한 이 말의 의미를 이해할 수도 있는 것이다 (186/145). 현존재로 존재함은 미래를 향한 운동의 문제, 그 되어짐의 문제이다. 역사성에 관한 II.5에서 하이데거는 다음과 같이 쓴다:

> 실존의 운동성은 현전하는 존재자의 운동이 아니다. 그것은 현존재의 뻗침에 의해 결정된다. **뻗쳐진 자기를-뻗침의 특별한 운동성**을 우리는 현존재의 **사건**이라고 명명한다. (427/375*)

우리는 우리가 될 수 있는 그 무엇이 **아직 아니**지만 이 **아직 아님**과 그것이 암시하는 운동은 현전하는 존재자의 **아직 아님**이 아니다. 현전하는 존재자의 **아직 아님**은 아직 일어나지 않았지만 미래에는 일어날 그 무엇이다. 하지만 우리의 실존적 존재가능의 아직 아님은, 마치 사과가 아직 숙성한 사과의 붉음을 지니고 있지 않은 경우에서처럼, 우리가 아직 소유하고 있지 않은 어떤 특성이 아니라 차라리 우리가 그리로 나아가는, 그리고 우리를 현재 우리 자신으로서 구성하는 목적들인 것이다.

이해, 해석, 그리고 인식

『존재와 시간』 §13에 관해 논하면서 (위의 제 iv절), 우리는 하이데거가 일반적으로 인간의 경험에 대한 주체-객체 모델을 물리치길 원하다는 것을 확인해 보았다. 우선 그리고 대개, 나는 세계 안의 무관심한 주체로서 어떻게든 세계로 초월하려 시도하며 존재하지 않는다; 차라리, 나는 이미 세계 안에서 참여하며, 세계와 친숙한 채로, 세계에의 방향성 안에서 처해 있으면서, 세계 안에서 행동하면서 존재한다. 하지만 이런 일반적이고 현상학적인 묘사들을 제외하면 우리는 아직 하이데거가 어떤 식으로 인식을 파악하는지, 그리고 그가 어떤 식으로 인식을 "이해"

와 구별하는지 세세하게 알지 못한다. 이러한 문제를 다루려면 우리는 §32로 나아가야만 한다.

거기에서 하이데거는 자신의 **해석** 개념을 소개한다. 그는 "해석"이라는 말을 이해의 특별한 양식으로, 그 안에서 이해 안에 열어밝혀진 가능성들이 "작업된" 그러한 양식으로 사용한다. "가능성들을 작업함"이라는 말은 하이데거에게 가능성들을 분명하게 드러냄을 의미한다.

> 이해에서 열어밝혀진 것, 즉 이해된 어떤 것은 항상 그 자체에 '무엇으로서'가 명확히(explicitly; *ausdrücklich*) 두드러질 수 있는 방식으로 파악된다. 이러한 '(으)로서'가 이해된 어떤 것의 명확성의 구조를 이룬다; '(으)로서'가 해석을 구성하는 것이다. (189/149)

그러므로 해석이란 우리가 이해한 그 무엇인가를 어떠한 것**으로서** 이해함을 통해 명확하게 만드는 이해의 행위이다.

하이데거의 텍스트를 해석하면서 우리가 비판적으로 제기해야만 하는 질문은 하이데거가 말하는 "명확함"이 대체 무엇을 뜻하는가이다. 하이데거가 사용하는 "이해"와 "해석"이라는 말을 구분하는 것은 결국 해석상의(exegetical) 문제이지만, 그렇다고 그것이 텍스트의 의미를 시시콜콜하게 따지는 식의 문제인 것은 아니다. 어쨌든, 하이데거가 §13에서 인식이란 세계-안에-있음 안에서 정초되는 것이라는 생각을 개진하면서 인식을 "가장 넓은 의미에서의 해석"의 한 형태로 규정한다는 것을 상기해 보라 (89/62). 하이데거가 여기에서 특징짓듯이 어떻게 해석이 이해의 "실존적 파생태"가 되는 것인지 이해하는 것은 어떻게 인식이 세계-안에-있음 안에서 정초되는 것인지 이해하는 데 매우 중요하다.

아마 누군가는 "명확함"을 의식됨의 의미로 해석하려는 유혹을 느낄 것이다. 하지만 이는 분명 오류이다. 물론 무엇인가를 명확히 한다는 것은 결국 우리로 하여금 그것에 주목하도록 한다는 것과 같은 것이라고 생각할 수도 있다. 하지만 만약 "명확함"이 의식됨을 뜻하는 것이라면 하이데거는 모든 인식은 의식된 인식이라는 식의 명제를 제기했을 것이다. 이러한 명제는 실은 조금도 그럴듯하지 않다. 게다가, 이러한 관점의 대표자는 데카르트인데, 데카르트와 가장 가까운 후계자들인 스피노자와 라이프니츠조차 이러한 생각을 받아들이지 않았다. 덧붙여, 『존재와 시간』에 의식됨의 의미를 지니는 것으로 보이는 다른 용어인 "주제적"이라는 말이 있다는 사실도 고려해야만 한다. 즉, 우리는 하이데거가 사용하는 "명확함"의 의미를 다르게 해석해야만 하는 것이다.

때로 우리는 "명확한"이라는 말을 "내포된"(implicit)이라는, 즉 무엇인가 내포적으로 함축되어 있다는 말과 대조적인 의미로 사용한다. "함축됨"(implied)이라는 말은 여러 가지 의미를 지닐 수 있는데, 철학적으로는 보통 하나의 진술이 또 다른 진술들로 이어지거나 미리 전제하는 방식을 포착하려고 사용된다. "명확함"과 "내포됨" 사이의 이러한 대조는 진술들 혹은 명제들 사이의 논리적 또는 추론적 관계에 편승한다. 일단 이렇게 요점을 정리해 두고 나면 우리는 하이데거가 이해를 해석과 이런 식으로 대조하려고 하지 않았다는 사실을 이해할 수 있게 된다. 추론적 관계들은 언명들 사이의 관계들이고, 다음 장에서 언급되겠지만, 언명은 해석의 한 형태에 불과한 것이어서 함축과도 같은 언명들 사이의 관계들은 이해와 해석의 구분에 있어서 부차적이다. 더군다나 역사적으로 보면 이해의 발전이 추론적 논리의 발전을 따라 이루어진다는 것은 헤겔 철학의 핵심이며, 바로 여기에 헤겔을 위해 논리학이 철학의 가장 주요한 하위분과인 이유가 있다. 끝으로, 방금 언급된 설명은, 하이데거와 헤겔 사이에 주목할 만한 사유의 공감대가 형성되어 있는데도 왜 하이데거가 헤겔을 여전히 이해에 대한 전통적 오해에 사로잡혀 있는 철학자들 중의 하나로 간주하는지 잘 드러낸다.[60]

우리가 방금 살펴본 것처럼 하이데거가 "명확함"이라는 말을 사용하면서 헤겔의 "명확성" 개념을 고려하지 않았다는 것을 염두에 두면, 우리는 언명, 해석, 그리고 이해 사이의 연결들을 고찰하면서 새롭고도 더 나은 방향을 향해 나아갈 수 있게 된다. §13에서 하이데거는, 인식은 세계-안에-있음의 파생태라는 그의 명제를 전개해 나가는 와중에, 다음과 같이 쓴다:

> [인지함(*Das Vernehmen*)]은 가장 넓은 의미에서의 해석에 이른다; 그리고 그러한 해석을 토대로 인지함은 규정함이 된다. 인지되고 규정된 것은 명제들 속에서 표명될 수 있고, 그렇게 표명된 것은 유지되고 보존될 수 있다. (89/62*)

인식은 "규정함"의 한 형식인데, 이는 인식이 일종의 해석이기 **때문**이다. 게다가 인식은 "규정하기" 때문에, 그 내용은 명제들 안에서 표현될 수 있다. 아래 (x)절에서 우리는 하이데거가 "규정함"으로 의미하는 것이 무엇인지 보게 될 것이다. 지금은 일단 인식이 일종의 해석이기 때문에 그 내용은 명제들 안에서 표현될 수 있다는 것만 알아 두면 된다. 이

---

60 다음 참조: *Hegel's Science of Logic*, trans. by Arnold V. Miller (Atlantic Highlands, NJ: Humanities Press International, 1989). 하이데거의 헤겔 비판에 관해서는 다음 참조: *Hegel's Concept of Experience*, 1st ed. (New York: Harper & Row, 1970). 여기에서 설명된 바와 같은 의미로 사태를 명확히 함의 역동성에 관한 현대의 영향력 있는 설명으로는 다음 참조: Robert Brandom, *Articulating Reasons: An Introduction to Inferentialism* (Cambridge, MA: Harvard University Press, 2000).

러한 주장은 하이데거가 해석이란 언제나 명제적 내용을 지닌다고 생각하는 경우에만 타당할 수 있다. 이는 "명확한"(explicit)으로 번역되는 하이데거의 독일어 원어가 "*ausdrücklich*"라는 것과 잘 들어맞는다. "*Ausdrücklich*"는 표현을 뜻하는 "*Ausdruck*"에서 파생한 말이다. 그러므로 하이데거가 명확함을 표현 및 언어와 연결시키려 하는 것은 놀라운 일이 아니다.

§32에서 하이데거는 다음과 같은 명제를 제시한다: 명제적 내용을 지니는 이해(즉 해석)는 그렇지 않은 이해의 파생태이다. 기술적으로(descriptively) 특징짓는 그러한 방식으로 세계를 파악하는 우리의 역량은 우리의 참여적 역량들, 기술들, 능력들의 파생태이다. 이러한 생각은 좀 더 함축적으로 다음과 같이 정리될 수 있다: **표상은 우리의 참여적 역량들의 파생태이다.** 여기서 나는 "표상함"이라는 말을 존 설이 언어학적 의미와 심리적 지향성에 관한 그의 저술에서 명제적 내용을 지니는 언어 행위 혹은 심리적 지향성을 표기하려고 사용하는 방식대로 사용한다.[61] 이런 식으로 §32에서의 하이데거의 명제를 고찰하는 것은 또한 하이데거 저술의 배경이 되는 역사적 전통과도 잘 들어맞는다. 설이 "표상"이라는 말을 사용하는 방식은 칸트가 "인식"이라는 말을 사용하는 것과 매우 가깝다. 칸트에 의하면, 인식은 참이거나 거짓일 수 있는, 세계를 기술하거나 언급하는 데에 성공하거나 실패할 수 있는 표상적 상태이다. 인식의 전형은 판단이고, 판단은 개념적 행위로서, 우리는 판단함 안에서 그 어떤 것의 개념을 서술한다. 칸트는 더 나아가 그가 "직관"이라고 부르는 것, 즉 고양이 한 마리를 보는 것과 같은 지각적 행위

61 그리고 그가 "들어맞음의 방향"(a direction of fit)이라 부른 것도 포함하지만 여기에 초점을 맞출 필요는 없을 것이다. 다음 참조: Searle, *Intentionality* (Cambridge, UK: Cambridge University Press, 1983), pp. 11-12.

는 판단과 "동일한 형식의 통일성"을 지니고 있다고 주장한다. 좀 더 현대적인 언어를 사용해서 표현하자면, 봄(seeing)은 모두 (으)로서-봄이며, 지각은 개념들에 의해 중재되고, 모든 지각 행위의 내용은 판단함을 함축한다. 말하자면, 고양이 한 마리를 봄은 이것이 고양이임을, 깔개 위에 고양이가 있음 등을 〔판단하며〕 봄과 같다는 것이다.[62]

그러므로 §32에서의 하이데거의 명제는 다음과 같이 재정립될 수 있다: 인간의 삶에는 개념적으로 매개될 수도 없고 언명을 통해 파악될 수도 없는 능숙함과 지성의 차원이 존재한다. 짐작할 수 있듯이 하이데거로 하여금 이러한 명제를 제기하도록 한 접근방식은 현상학적인 것이며, 우리는 이미 이전에 현상학에 관해 고찰해 보았다. 하이데거는 §32에서 그가 "해석의 선-구조"라 부른 구조 안으로 자리매김한다. 선-구조는 해석을 이해와 연결시키고 이 두 현상들 사이의 차이를 좀 더 구체적으로 살펴볼 수 있도록 해 준다. 선-구조는 세 개의 요소들로 이루어져 있다: 미리-가짐, 미리-봄, 그리고 미리-파악함〔선-개념〕. 하이데거는 손-안에-있는 것의 해석을 예로 삼아 선-구조에 관해 설명한다.

미리-가짐. 하이데거는 다음과 같이 쓴다:

> 손-안에-있는 것은 언제나 이미 사용사태의 전체성으로부터 이해된다. 사용사태의 전체성이 주제적 해석을 통해 명확하게 파악될 필요는 없다. 설령 그런 식으로 사용사태의 전체성을 철저하게 고찰해 본다고 하더라도 그것은 다시 겉으로 드러나지 않는 이해로 다시 돌아가게 마련이다. 그리고 바로 이

---

62 Kant, *Critique of Pure Reason*, pp. A79/B104-105, B376-377, and §19 of the B-Deduction.

> 러한 양상 안에서 사용사태의 전체성은 일상적인, 둘러보는 해석의 본질적 토대이다. 이러한 해석은 그때마다 어떤 미리-가짐 안에서 정초된다. (191/150)

미리-가짐은 그를 통해 모든 구체적 해석이 일어나는 배경적 맥락의 이해이다. 손-안에-있음의 경우 이 배경적 맥락은 사용사태의 전체성, 즉 작업장과 도구를 그 용도 안에서 규정해 주는 도구적 역할들이 서로 맞물려 이루는 그물망이다. 도구적 역할들이 서로 맞물려 이루는 이 그물망에 대한 이해가 도구를 사용하고 도구가 그 쓰임새를 발견하게 되는 작업장을 돌아다닐 수 있는 우리의 역량이다.

미리-봄. 하이데거는 다음과 같이 계속한다:

> 나름대로 이해되었음에도 여전히 베일에 감싸여 있는 어떤 것을 자기 것으로 삼음은 언제나 어떤 관점 — 이해된 것은 그것과의 관계에서 해석되기 마련인데 — 의 인도 아래 수행된다. 해석은 미리-가짐 안에서 취해진 것을 특정한 해석의 가능성의 방향으로 "잘라 나가는" **미리-가짐** 안에서 그때마다 정초된다. (191/ 150)

"나름대로 이해되었음에도 여전히 베일에 감싸여 있는" 어떤 것이라는 말로 하이데거가 뜻하는 것은 무엇인가? 이러한 말은 분명 하나의 존재자가 우리에게 이해의 어려움들을 야기하는 상황을 암시한다. 존재자는 우리의 이해 역량들이 미치는 범위 안으로 들어오기에 이해되기는 하지만 여전히 베일에 감싸여 있다. 말하자면 이해를 가능하게 하는 문맥이 잘못 작동하고 있는 것이다. 예를 들어, 내 목공 기술들은 나로 하여금 목공 작업장에서 잘 적응하도록 하며, 망치, 못, 수준기 등을 이해할 수 있게 한다. 이 망치는 내 목공 기술이 미치는 범위 안으로 들어온다; 나는 그것을 이해한다. 하지만 그것이 잘못 작동하고 있으면 — 망치에 금이 가는 경우를 생각해 보라 — 그것은 여전히 베일에 감싸여 있다. 이 지점에서 망치는 〔망치를 망치로서 사용할 수 있도록 해 주는 실천적 삶의〕 배경으로부터 두드러지면서 "주제적 해석"의 대상이 된다: 나는 하나의 망치로서의 그것과 조우할 것이다. 미리-봄은 "이해되는 그 무엇이 바로 그에 따라 해석되게 되는 그 어떤 것을 고치는" 것이니, 이는 망치를 **망치로서** 조망할 수 있도록 해 줌을 의미한다. 미리-봄이 망치의 경험 안에 '**어떤-것-으로서**'를 도입하는 것이다.

미리-잡음. 하이데거는 다음과 같이 결론 내린다.

> 미리-가짐 안에서 〔어떤 것으로서〕 간주되고 '주의 깊게〔*vorsichtig*; 미리 보며〕' 구체화된 어떤 이해된 것은 해석을 통해 파악 가능해진다. 해석은 해석되어질 존재자에 속해 있는 파악가능성〔*Begrifflichkeit*; 개념성〕을 존재자 자체로부터 길어 올 수도 있고 혹은 존재자가 그 자신의 존재양식에 따라 저항하게 될 그러한 개념들 안으로 몰아넣을 수도 있다. 어떤 경우든 해석은 언제나 이미, 최종적으로나 유보적으로나, 어떤 특정한 파악가능성을 선택하게 된다; 그것은 **어떤 미리-잡음 안에서** 정초되는 것이다. (191/150)

해석은 그 대상을 개념 파악할 특정한 방식을 결정한다. 하나의 사물을 **망치로서** 해석함은 하나의 개념, 짐작하건대 망치의 개념을, 사용함이다. 해석에는 하나의 개념성이 번져 있게 마련이다. 이것은 칸트가 "인식"이라는 말로, 그리고 설이 "표상"이라는 말로 표현한 것을 하이데거가 "해석"이라는 말로 대강 표현했음을 뜻한다는 것을 확인해 준다. 해석은 명제적 형식 안에서 포착될 수 있는데, 이는 해석이 개념적으로 연결되었기 때문이다.

이런 식으로 이해와 해석의 선-구조 및 구분에 관한 하이데거의 언급들을 재구성하는 것에는 다음과 같은 이의가 제기될 수도 있다: 확실히 우리는 어떤 것을 선-반성적으로 이해하며, 동시에 그것을 규정된 어떤 것**으로서** 이해한다.[63] 자전거의 방향을 틀 때 나는 내가 자전거를 타고 있는 자전거 길이 이러한 각도로 방향을 틀 것을 요구한다는 것을 이해한다. 만약 내가 이러한 요구를 정해진 어떤 것으로서 이해하지 않으면 나는 그것을 완전히 모호하게만 파악하게 될 것이고, 나는 그것에 어떤 정해진 방식으로 반응하지 못하게 될 것이다. 내가 길을 충분히 정확하게 묘사할 수 없다는 것이 내가 그것을 어떤 정해진 것으로서 파악하지 않는다는 것을 뜻하지는 않는다. 이러한 이의는 모든 구체적 이해의 행위는 일종의 해석이라는 것, 그리고 내가 묘사할 수 있는 것과 해석할 수 있는 것 사이의 구분은 언명과 해석의 구분이지 해석과 이해의 구분이 아니라는 것을 암시한다.

이러한 이의에 대한 반응으로 아마 하이데거는 결론을 제외한 모든 것에 수긍하게 될 것이다. 과연 자전거의 방향을 트는 것은 내가 자전거 길을 규정적으로 파악한다는 것을 뜻하는데, 이러한 규정성은 내가 파악한 것을 정확한 언명으로 옮길 수는 없는 정도의 규정성이다. 나는 자전거 길을 … **로서** 이해한다고 할 수 있는데, 여기서의 "로서"는 하이데거가 해석에 적용시키는 "로서"와 혼동되어서는 안 된다. 해석에서의 "로서"는 명제들 안에서 표현될 수 있다고 하이데거는 (다시 89/62에서) 말하는데, 이는 그것을 〔정확히 개념적으로〕 묘사할 수 있다고 하는

---

63 이러한 이의에 관한 숙고는 나의 글 "Is Heidegger a Representationalist?" (하이데거는 표상주의자인가?), *Philosophical Topics*, 27 (1999)"에 언급되어 있다.

것을 뜻한다. 이해와 해석을 구분하는 선은 언명 안에서 표현될 수 있는 것과 그럴 수 없는 것을 구분하는 선이다. 아마 누군가는 이쯤에서 내가 하이데거가 "실존적-해석학적" '로서'라 부른 것과 "진술적"(apophantical) '로서'라 부른 것을 무너뜨리고 있다고 염려하게 될지도 모르겠다 (201/158).[64] 진술적 **'로서'**는 언명의 **'로서'**, 즉 문법적으로 규정된 서술에서의 '로서'인 반면 해석학적 **'로서'**는 해석에서의 **'로서'**, 즉 문법적으로 규정되지 않은 '로서'이다. (바람이 내 원고들을 사방으로 날리는) 어지러운(망가짐의) 상황에 대한 대응으로 컵을 서진으로 사용하는 것은 이 컵이 가능적으로, 필연적으로, 혹은 단지 현실적으로 하나의 서진이라는 것을 주장하는 것과 같지 않다. 언명은 이해의 논리를 해석보다 더 많이 규정한다.[65] 하이데거는 선(先)-해석적 이해의 **'로서'**를 위한 특별한 이름을 지니고 있지 않다; 그는 이러한 이름이 필요하다는 것을 분명하게 자각하고 있지 않았던 것처럼 보인다. 하지만 이러한 이름은 있어야만 한다.

간단히 말해 인식을 특징짓는 개념성은 우리로 하여금 대상의 이해를 가능하게 할 삶의 맥락과 우선적으로 만나게 하는 기술들과 역량들의 집합에 의해 가능해지는 것이다. 비록 이것이 개념성의 전부는 아니라고 할지라도 말이다. 나는 특정한 하나의 대상이 자전거 브레이크라는 것을 알아차릴 수 있어서 "브레이크가 고장 났다"라는 판단을 내릴

---

64 이 두 상이한 **'로서'**와의 관계는 한 학회에서의 토의에서 크리스티나 라폰트에 의해 나에게 처음으로 제안되었다. 내가 거부하는 관점에 대해서는 다음 참조: Lafont, *Heidegger, Language, and World-Disclosure*, trans. by Graham Harman (Cambridge, UK: Cambridge University Press, 2000).

65 이것은 칸트가 "규정되지 않은 경험적 직관의 대상"(겉으로 드러나는 하나의 현상)과 판단에 있어서의 규정된 대상을 구분하는 것과 유사하다. 다음 참조: Kant, *Critique of Pure Reason*, pp. A20/B34 and §19 of the B-Deduction.

수가 있는데, 이는 오직 내가 자전거를 타는 데 필요한 기술들의 집합을 지니고 있기 때문이다. 이러한 기술들의 집합은 아무리 많은 판단들의 집합으로도 다 표현될 수 없고, 아무리 다양하고 풍부한 언명들의 집합을 만들어 낸다고 하더라도 다 묘사될 수 없다. 자전거를 탈 때 나를 이끄는 참여적 감성들과 반응성은 특정한 이론에 의해 다 포착되기에는 너무나도 섬세하고 유동적이며, 직접적인 행동에 너무나도 깊이 빠져 있다. 실천이 인식보다 더 기본적인, 혹은 "근원적인" 것이다.

연구를 위한 물음들

수학이나 물리학의 지식에서처럼 명백히 인식적인 것으로 보이는 지성과 이해의 형태에 관해 하이데거는 무슨 말을 하게 될까?

X. 언어

언어 혹은 하이데거가 "담화"라고 부르는 것 역시 세계와의 친숙함에 있어서 본질적이다. 20세기 철학자들 중 하이데거만이 언어가 우리의 세계-안에-있음을 위해, 혹은 전통 철학적으로 말해 우리의 의식, 자각, 혹은 지향성을 위해 절대적이고 핵심적이라는 것을 주장한 것은 아니다. 존 듀이는 다음과 같이 썼다: "고통 및 그때마다의 안락함에 민감한 한 생명체의 단순한 반응 이상의 것을 의미하는 심리적 사건들은 언어를 그 조건들 중 하나로 지니고 있음에 틀림없다."[66] 비트겐슈타인, 데이비드슨, 그리고 셀라스 역시 이러한 관점을 견지한다. 하이데거의

66 Dewey, *Experience and Nature*, p. 134.

학생이자 철학적 후예인 가다머는 아주 강하게 "언어는 인간의 세계내적 소유물이기만 한 것이 아니라 오히려 그것이 없으면 인간이 세계를 지니고 있다는 사실 자체가 도무지 성립할 수 없는 그러한 것이다"라고 지적한다.[67] 이러한 것들은 모두 찰스 기농이 **언어학적 구성주의**라고 부른 것의 진술들인데, 그 기본 명제는 "인간의 실존은 오직 언어 안에서만 가능하다"는 것이다.[68] 담화를 처해-있음 및 이해와 똑같이 근원적인 것으로 자리매김하면서 하이데거는 언어학적 구성주의를 포용한다.

불행하게도 『존재와 시간』은 이 문제에 관한 한 그렇게 분명하지 않다. 언어학적 구성주의에 대립적인 구절들이 있을 뿐만 아니라 하이데거가 "담화"라는 말을 꼭 언어를 지칭하기 위해 사용하는 것인지도 전혀 분명하지가 않은 것이다. 하이데거의 언어학적 구성주의가 이르는 곳이 어디인지 이해하려면 그가 "담화" 및 "언어"로 지칭하는 바가 영어나 독일어에서 보통 "언어"라는 말로 지칭되는 것보다 넓다는 것을 먼저 이해하는 것이 중요하다.

담화(§34)

하이데거는 §34의 핵심적인 두 번째 단락에서 담화 개념을 소개한다. 여기서 그는, §34의 나머지에서와 마찬가지로, 담화의 개념을 두 관련된 동사들 및 그 파생어들의 사용을 함축하는 방식으로 정리하는데, 둘 다 "연계시킴"(to articulate)으로 번역될 수 있는 말들이다: *gliedern* 및

---

67 Wittgenstein, *Investigations*; Davidson, *Truth and Interpretation*; Wilfrid Sellars, "Empiricism and the Philosophy of Mind," in *Science, Perception and Reality* (Atascadero, CA: Ridgeview, 1991), and Hans-Georg Gadamer, *Truth and Method*, trans. by Garrett Barden and John Cumming (New York: Crossroad Publishing, 1975) (443쪽에서 인용).

68 Guignon, *Heidegger and Knowledge*, p. 125.

artikulieren. 독일어에서 동사 *gliedern*은 구조적인 의미에서의 연계시킴을 뜻한다.[69] 하나의 *Glied*는 팔다리나 구성원이며, 그렇기에 *gliedern*과 그 과거분사인 *gegliedert*는 그를 통해 하나의 뼈대 혹은 구조가 만들어짐이라는 의미에서 연계시킴을 암시한다. 즉 구성원들과 연결점들로 구성됨이 암시되는 것이다. 다른 한편 *Artikulieren*은 어떤 것을 말로 옮겨 놓는다는 의미를 더 강하게 암시한다. 맥쿼리와 로빈슨은 번역에서의 복잡성과 씨름하면서 *gliedern*은 "articulate"로 (즉 소문자 "a"를 써서), *artikulieren*은 "Articulate"로 (즉 대문자 "A"를 써서) 번역한다. 비록 하이데거가 이러한 말들을 사용하는 방식이 완전히 수미일관하지는 않은 것으로 보이지만, 어쨌든 articulation을 구조적 연계시킴으로, 그리고 Articulation은 말 혹은 표현으로 옮기기로 생각해 두면 나름대로 이해의 방향을 잡아 나갈 수 있을 것이다. 그러므로 나는 맥쿼리와 로빈슨의 번역을 변형시켜서 "연계"(articulation) 앞에 "구조적"(structural) 혹은 "표현적"(expressive)이라는 말을 괄호([ ]) 안에 넣어 표기하고, 대신 대문자 표기는 사용하지 않으려 한다. 내 생각에 대문자 표기는 집중력을 흐트러트리는 결과를 초래하게 될 것이다. 이제 §34의 두 번째 단락을 체계적으로 분석해 보도록 하자.

두 번째 문장, "이해가능성은 그 어떤 것에 대한 특정한 해석이 일어나기 이전에 언제나 이미 [구조적으로] 연계되어 있다"는 §§31-32에서의 핵심적 결과들 가운데 하나를 상기시킨다: 물음의 대상인 존재자가 무엇인지, 그리고 그것이 어떻게 해석될 수 있는지 (그 안에서 한 대상이 취해지는 개념적 관점들) 등은 그 존재자가 속해 있는 전체 상황으

69 그러므로 맥쿼리와 로빈슨이 이 두 동사들을 구분하는 방식은 너무 약하다. 나는 브리검 영 대학 독일학부의 제임스 라이언(James Lyon) 교수가 이러한 사실을 역사적 기록에 관한 검증을 통해 확인해 준 것이 고맙다.

로부터 파생한다. 이러한 전체 상황은 개념적으로 정리되고 연계된 해석보다 더 근본적인 이해, 즉 "미리-가짐"을 통해 열어밝혀진다. 하이데거는 여기에 선-개념적인 이해가능성이 구조적으로 연계되어 있다고 덧붙인다. 우리가 그 안에서 처신하는 환경에의 접근을 가능하게 하는 이해가능성의 장은 미분화된 덩어리 같은 것이 아니다. 그것은 구조를 지니고 있다. 다만 그 구조는 선-개념적인 것이다.

세 번째 문장에서 하이데거는 "담화"를 다음과 같이 정의한다: "담화는 이해가능성을 [표현적으로] 연계시킴이다." 선-이해적 이해가능성은 담화 안에서 표현적으로 연계되어 있다. 만약 〔대문자 "A"로 표기된〕 "Articulation"이 표현적으로 연계함을 뜻한다는 나의 주장이 올바른 것이라면 하이데거가 말하고자 하는 바는 우리가 사물의 선-개념적 구조를 표현할 수 있다는 것에 있을 것이다. 그렇게 할 수 있는 우리의 역량이 바로 담화이다. 게다가, 이해가능성이 선-개념적이기에 담화는 해석이나 (해석보다도 더 늦은) 언명보다 더 기본적이거나 근원적인데, 이는 해석과 그 파생태인 언명이 모두 개념적으로 연계되어 있기 때문이다. 그러므로 네 번째 문장에서 하이데거는 다음과 같이 쓴다: "그러므로 그것은 해석과 언명 모두의 바탕에 깔려 있다."

그렇다면 표현적으로 이해가능성을 연계시키면서 우리가 표현하는 것은 **무엇**인가? 하이데거에 의하면 그것은 **의미**이다. 다섯 번째 문장은 다음과 같다: 해석에서, 그리고 그보다 더 근원적으로는 이미 담화에서 연계 가능한 그것을 우리는 의미라고 부른다." 하이데거는 이미 §32에서 의미의 개념을 소개했다 (193/151). 하나의 존재자를 기획(이해)할 때 우리는 세계에서 그것이 지니는 위치의 의미를 만들면서 그렇게 한다: 우리는 손-안에-있는 것의 의미를 유의미성의 맥락 혹은 사용성의 관점에서 만든다; 우리는 현존재의 의미를 현존재의 '무엇을-위하여'

의 관점에서 만든다. 우리는 I.3에서 하이데거가 사용사태와 '무엇을-위하여'의 구조적 전체를 "유의미성"이라 부른다는 것을 살펴보았다. 그러므로 하이데거는 여기에서 다음과 같은 것을 상기시킨다: "말하는 가운데 [표현적으로] 연계됨에 있어서 바로 그러한 것으로서 [구조적으로] 연계되는 것을 우리는 의미의 전체라 부른다."

이런 점에서, 하이데거의 관점은 담화나 언어에서 우리가 세계의 선행하는 구조적 연계에 표현을 부여한다는 것에 있는 것처럼 보일 수 있다. 세계의 선행하는 구조적 연계가 그것에 관해 우리가 무엇을 말하든 상관없이 이미 우리의 행위 안에 깃들어 있다는 것이다. 실제로 하이데거가 다음과 같이 쓰는 것을 보면 그 자신이 이런 식으로 사유할 것을 장려하는 것처럼 보인다: "… 세계-안에-있음의 이해가능성은 **담화**(*Rede*)**로 표현된다**. 이해가능성의 의미의 전체는 **말**(*Wort*)**이 된다**. 의미에 따라 말들(*Worte*)이 자란다." 하지만 이 문제에 관하여 하이데거가 고려하여 내린 결론은 이와 **다르다**. §34의 다섯 번째 단락의 서두에서 하이데거는 다음과 같이 쓴다: "말함은 세계-안에-있음의 이해가능성을 '유의미하게' [구조적으로] 연계시킴이다" (204/161*). ("유의미하게"라는 말을 하이데거가 그 자신의 전문 용어에 따라 "유의미성에 따라"의 의미로 사용하는 것이 거의 확실해 보인다.) 그렇다면 이 문장은 우리가 담화에서 세계-안에-있음의 이해가능성을 구조적으로 연계시키면서 존재자들에 의미를 부여한다는 것을 암시하는 셈이다. 이렇게 이해하면 부주의하게 정리된 두 번째 문단을 의미심장하게 교정할 수 있게 된다: 담화에서 우리는 미리 주어진 이해가능성을 말로 옮겨 놓기만 하는 것이 아니라 동시에 그것을 구조적으로 연계시키기도 하는 것이다.

달리 말해, 표현적 연계는 구조적 연계이며, 이는 언어학적 구성주의를 표방하는 또 다른 방식이다. 우리가 구조적으로 연계된 세계 — 이 세계 안에서 사물들은 서로 다르게, 그러면서도 함께 연관되어 존재함에 의해 의미를 산출한다 — 를 경험할 수 있는 것은 오직 언어, 혹은 좀 더 일반적으로 말해 표현적 매개물에 의해서만 가능한 일이다. 좀 더 세세하게 이러한 생각의 의미를 파악하려면 우리는 하이데거의 언어 개념을 좀 더 잘 파악해 두어야만 한다. 하이데거가 말하려고 하는 것은, 예를 들어, 영어권에 속한 사람들은 오직 영어를 통해서만 분화된 세계를 경험할 수 있다는 것일까? 『존재와 시간』에는 실제로 그런 것처럼 보이게 만드는 몇몇 문장들이 있다: "… 말 역시 본질적으로 **세계적인** 것으로서 존재하는 하나의 특별한 방식을 지녀야만 한다. … 이해가능성의 의미의 전체는 **말**(*Wort*)**이 된다**" (§34의 두 번째 단락); 그리고 "말이 겉으로 말해짐이 언어이다. 언어는 말들의 전체성인데 이 전체성 안에서 말은 본래적인 '세계적' 존재를 지니게 된다" (세 번째 단락). 이러한 진술들이 우리를 오류로 이끌 수 있다는 것을 알 수 있으려면 §34의 세 번째 단락을 계속 살펴볼 필요가 있다. "언어는 말들의 전체성"이라고 쓴 뒤 하이데거는 계속 다음과 같이 쓴다: "… 그리고 세계내적 존재자로서 이 전체성은 손-안에-있는 것으로서 현존하는 것처럼 된다. 언어는 현전하는 말-사물들로 산산이 조각날 수 있는 것이다." 이 지점에서 하이데거가 우선 전통적 사유의 길을 따라 독자들을 이끄는 그의 표준적 기술을 사용하고 있음이 분명해진다. 언어는 말들로 이루어지고 말들은 우리가 우리의 생각을 표현하려고 사용하는 음향적 발성 혹은 도식적 문자 기입이다.

언어에 대한 이러한 전통적 접근방식을 뒤집으려 시도하면서 하이데거는 §34의 네 번째 단락에서 다음과 같이 진술한다: "담화하는 말함에 그 가능성으로서 **들음**과 **침묵함**이 속한다." 들음과 침묵함은 음향적 발성도 아니고 도식적 문자 기입도 아니다. 그들은 말들이나 그와 조금이라도 비슷한 어떤 것조차 아니다. 그럼에도 하이데거는 다음과 같이 쓴다: "이러한 현상들에서 실존의 실존성을 위해 담화가 지닌 구성적 기능이 **처음으로** 완전하게 분명해진다" (나의 강조). 표현적 연계는 우리가 뜻하는 바를 말하려고 말들을 사용하는 것보다 훨씬 더 광범위한 것을 포괄한다. §34에서 나중에 그는 다음과 같이 쓴다: "처해-있는 안에-있음을 알리는 언어적 지표로서 말에 속한 것들은 억양, 말의 양태 및 시제변화, '말함의 양식' 안에 놓여 있다" (205/162). 담화는 말들과 문법만을 포괄하는 것이 아니라, 또한 우선적으로 우리가 서로 소통하려고 언어를 사용하는 방식을 포괄한다. 그러한 소통은 좁은 의미에서의 "의미론"보다 훨씬 더 많은 것을 포함한다; 그것은 우리가 언어를 사용하며 전달하는 모든 것을 포함하는 것이다.

게다가, 비록 하이데거가 명확하게 그렇게 말하지는 않지만, 그가 사용하는 "언어"라는 말을 자연적 언어들보다 훨씬 더 많은 것을 지칭하는 말로 사용해서는 안 될 이유가 없다. 몸짓 언어, "예술의 언어", 춤, 원예 등등 많은 것들이 어떤 의미에서는 다 언어이다. 그것들은 소통의 양태들로서, 단순히 "우리가 하는 무엇"의 역동성을 분석하는 것 이상의 것을 요구한다. 실제로 하이데거는 언어 혹은 담화를 분석함에 있어서 소통 개념에 핵심적인 의미를 부여한다. 그는 담화를 세 개의 계기들로 이루어진 것으로 분석한다: 담화가 무엇에 관한 것인가, 담화에서 무엇이 말해지는가, 그리고 소통 (204-205/161-162). 일단 소통 개념에 집중해 보자.

하이데거는 전통적 소통 모델로부터 거리를 두려는 자신의 의도를 분명히 밝힌다: "소통은 결코 체험의 전달, 예컨대 의견이나 소원을 한 주체의 내면으로부터 다른 주체의 내면으로 옮기는 것과 같은 것일 수 없다" (205/162). 만약 주체-객체 경험을 표본으로 삼아 출발하게 되면 서로 다른 두 마음들을 전제로 소통 분석을 시작하게 된다. 나는 "내 고양이 룰루는 귀여워"라고 생각하는 경우 이 생각은 내 마음 안에 있다. 이 생각을 당신과 "나누기" 위해서는 나는 말들을 당신 역시 나와 똑같은 생각을 지니게 되도록 조작해야만 한다. 나는 내 안에 있는 말의 뜻을 당신의 마음에 언어라는 중개자를 사용해 "전달"해야만 한다.[70] 그렇다고 하이데거가 이러한 일이 아예 일어나지 않는다는 식으로 말하려 하는 것은 아니다. 다만 그는 그러한 경험들은 인간의 삶에서 비전형적인 것이라고 주장할 뿐이다. "공동-현존재는 언제나 이미 본질적으로 함께-처해-있음과 함께-이해함 안에서 드러난다." 즉, 우리는 이미 하나의 세계를 공유하고 있으며, 대개는 이미 서로 이해하고 있다.

하이데거는 §34에서 담화에 관해 논하기 직전 §33에서 언명에 관해 논하는데, 여기에서 하이데거의 소통 개념이 좀 더 세세하게 표명된다. 거기서 하이데거는 말하기를, 소통은

> … 규정함의 방식으로 보여진 것을 함께-보도록-함이다. 함께-보도록-함은 그 자신의 규정성에서 보인 존재자를 남과 함께 나눈다. "나누어진" 것은 보인 것을 함께 보는 〔우리의〕 존재이다. (197/155)

당신과 내가 내 거실에 앉아 있고 내가 "내 고양이 룰루는 귀여워" 하고 말하는 경우 나는 우리의 공통된 주의가 룰루를 향하도록 하고 우리의 공통된 관심사를 룰루의 특징인 귀여움에 맞추는 셈이다. 나는 그 고양

---

70 이러한 관점을 따르는 현대의 소통 모델들 중 가장 영향력 있는 것은 다음과 같다: H. P. Grice, *Studies in the Way of Words* (Cambridge, MA: Harvard University Press, 1989).

이를 향한 지향성을 당신과 함께 나누는 식으로 구성하고 있는 것이다. 만약 당신이 내 집에 처음으로 온 사람이어서 룰루를 한 번도 만나본 적이 없다면 당신은 아마 나의 언명으로부터 "무언가 배울" 수도 있을 것이다. 하지만 종종 우리는 듣는 이가 이미 알고 있는 것을 말한다. 예컨대, 만약 당신이 이탈리아와 미국 사이의 월드컵 축구 경기를 보려고 나의 집에 온다면 나는 아마 "이 경기에서 우리가 이길 가망은 없어" 하고 말하게 될 것이다. 이렇게 말하며 내가 하는 일은 당신에게 무언가 전달하는 일과는 완전히 다른 것이다; 나는 정보를 나의 마음으로부터 당신의 마음으로 전달하고 있는 것이 아니다. 내가 하는 일은 차라리 우리가 오후에 함께 있으면서 생겨나는 분위기를 잡는 것이다; 나는 길고도 가망 없는 게임을 잘 볼 수 있게끔 당신과 나를 준비시키고 있는 것이다.

우리가 우리 자신을 표현하면서 하는 일들은 많은 경우 분위기 잡기이다. 내가 직접 요리한 저녁 요리들 중에 가장 주된 요리를 식탁으로 나르며 어쩐지 자조적으로 "자, 이제 오늘의 특별 요리가 등장합니다" 하고 알릴 때, 나는 실제로는 거의 아무런 정보도 전달하여 주지 않으면서 손님들에게 무언가 특별한 것으로 평가받기를 바라는 주된 요리에 손님들의 관심을 돌릴 뿐이다. 넥타이도 매고 광낸 구두도 신는 등 꼼꼼하게 정장을 차려 입으며 내가 원하는 것은 특정한 방식으로 만남의 분위기를 잡는 것이다; 반바지를 입고, 샌들을 신고, 찢어진 티셔츠를 입으면 나는 꽤나 다른 분위기를 잡게 된다. 각각의 경우마다 특정한 방식으로 의미를 들여 불러온 것들의 그물망이 열어밝혀지고, 일상적인 경험을 하며 당신은 서로 다른 방식들로 세계를 향해 방향을 잡게 된다. 우리가 말하고 행하는 것의 "상징체계" 혹은 "의미론"에만 편협하게 초점을 맞추는 것은 소통하며 일어나는 일들의 대부분을 놓치도록 만든다: 즉 함께 이미 알려지고 익숙해져 있는 것들을 나누며 세계를 향해 방향을 잡는 것과 그것이 지니는 다양한 가능성 및 의미들을 놓치게 되는 것이다.

달리 말해, 하이데거는 언어적 행위에 관한 인식 체계를 바꿈으로써 언어에 관한 우리의 접근방식을 새로이 정향시키려 한다. 전통적인 철학에서는 언명이 언어적 행위의 전형으로 기능해 왔지만 하이데거에 따르면 언명이란 소통의 파생태에 지나지 않는다. 언명 대신 시, 농담, 수다, 그리고 노래 등에 관해 생각해 보면 우리는 더욱 넓고 좀 더 무정형적인 소통의 형태들에 주목하게 될 것이다. 로버트 존슨이 "내 가는 길 위의 지옥의 개" 혹은 "싸락눈처럼 내리는 우울" 하고 노래할 때 그는 언명을 만들고 있는 것이 아니다 (누구도 그렇게 생각하지 않을 것이다). 오히려 그는 그의 잊을 수 없으리만치 우울한 노래를 들으며 우리가 그와 함께 나누게 되는 어떤 기분을 표현하고 있는 것이다. 그렇다면 문제는 우리의 표현적 행위의 형태들 중 세계와의 친숙함에 있어서 더 만연한 것은 어느 것인가이다. 언명인가 아니면, 하이데거가 강조하듯, 언명보다 넓은 언어 및 표현의 다양한 형태들인가? 하지만 물론 이로부터 언명이 하찮은 것이라거나 분석할 필요가 없는 무가치한 것이라는 식의 결론을 내릴 필요는 없을 것이다. 실은 전혀 그렇지 않은 것이다.

언명(§33)

언어에 대한 철학적 관심은 언명에 초점을 맞추어 왔는데, 거기에는 그럴 만한 이유가 하나 있다: 언명은 언어적 행위의 형식으로서 그 안에서 명제의 구조가 가장 잘 드러나며, 명제적 내용은 지향성에 관한 전통적 설명에서 핵심적이다. 지향성 혹은 인식은 세계로의 접근을 가능하게 하는 토대로 간주되어 왔으며, 인식의 논리적 또는 타당성의 구조,

달리 말해 논리학과 인식론은 둘 다 철학의 핵심 과목들이었던 것이다. 하지만 하이데거에 따르면 언명은 언어적 행위의 파생태에 불과하다. 왜 그런지 한 번 살펴보자.

하이데거는 언명을 그 안에서 세 가지 일들이 이루어지는 언어적 행위로서 분석한다: 가리킴, 서술, 그리고 소통. (하이데거는 이 세 가지 일들을 196/154쪽에서 "언명"이라는 말의 "세 가지 의미들"이라고 불분명하게 지칭한 바 있다.) 하이데거가 모델로 삼은 언명은 "그 망치는 너무 무겁다"와 같은 주어-서술어 언명이다 (하이데거가 직접 사용한 예이다). 이러한 언명은 망치를 가리킨다; 그것은 망치를 너무 무거운 것이라 서술한다; 그리고 그것은 이러한 지시와 서술을 소통시킨다.

가리킴. 언명은 한 존재자를 가리킨다. "이로써 우리는 아포판시스(ἀπόφανσις; 말할 수 없는 것을 말로 암시하기)로서의 로고스(λόγος)의 근본적 의미를 확립한다: 존재자를 그 자체로부터 보이도록 함 (196/154). 이렇게 공식화된 설명은 하이데거가 가리킴을 무엇인가 우리에게 현전하도록 함과 같은 것으로 이해한다고 암시하게 될 수도 있을 것이다. 하지만 하이데거가 (같은 단락에서) '언명은 하나의 존재자를, 심지어 그것이 손에 잡히거나 눈에 보이지 않은 경우에조차, 가리킬 수 있다' 고 쓰는 것을 보면 꼭 그렇지는 않은 것 같다. 그렇다면 "가리킴"이라는 말로 하이데거가 뜻하는 것은 무엇인가? 두 번째 가능한 제안은 그가 "가리킴"이라는 말로 "대상-지시"(referring)를 뜻한다고 상정하는 것이다. 예컨대 하이데거는 다음과 같이 쓴다: "… 가리킴은 존재자 자체의 가리킴을 뜻하는 것이지 그 밖의, 예를 들어, 존재자의 표상에 지나지 않는 것을 가리킴을 뜻하지는 않는다" (같은 곳). 이 제안에 따르면 하이데거는 모든 언명들은 대상들을 지시한다고 말하는 셈이다. 이러한 관점의 문제는 모든 언명들이 대상들을 지시하는 것은 아니라는 것이 꽤 자명하다는 것이다. 아마 이에 대한 가장 극명한 예는 버트런드 러셀이 만들어 낸 유명한 말인 "현재 프랑스의 왕은 대머리이다"가 될 것이다. 두 번째 제안에 따르면 러셀의 언명은 현재 프랑스의 왕을 가리키는 셈인데, 물론 현재 프랑스에는 왕이 없다.

하이데거는 『존재와 시간』에서 그 주어가 실재하는 대상으로서 언급될 수 없는 그러한 언명들의 경우를 우리가 어떻게 이해해야 하는지 말하지 않는다. 하지만 다행스럽게도 그는 『근본문제들』에서 이러한 문제를 다룬다.

> 본질적으로 그것은 무엇인가에 **관한** 언명이고 따라서 그 자체의 본성에 따라 어떤 **존재자 혹은 존재자들**을 지시한다. 심지어 공허한 환상에 관한 언명에서처럼 언명의 상관자인 대상이 존재하지 않는 것으로 증명된다고 하더라도 언명의 구조적 지향성이 반박되는 것은 아니다. 이런 경우에도 언명의 구조적 지향성은 반드시 드러난다. 〔겉〕현상에 관해 판단할 때조차 나는 여전히 존재자들과 관계하고 있는 것이다. (『근본문제들』, 207*)

주어-서술어 언명에서의 주어 명사가 어떤 대상도 지시하지 않는다고 해도 언명은 여전히, 예컨대 "존재자들 일반"이라는 식의 의미를 지녀야만 하는, "존재자들"과 관계한다. 이에 대해 하이데거는 (번역서) 2쪽 뒤에서 "나타냄(display)의 작용"이라는 말을 통해 언급한다. "나타냄"에 해당하는 독일어 원어는 "*Aufzeigung*"이며, 맥쿼리와 로빈슨은 이 말을 "가리킴"이라는 말로 번역한다.[71] 나는 번역에서의 차이를 호프스

---

71 역자 주: '나타냄'(display)뿐만 아니라 저자가 '가리킴'(pointing out)이라 번역한 말의 독일어 원어 역시 실은 *Aufzeigung*이다. 저자는 일단 맥쿼리와 로빈슨의 표준 번역을 따라 *Aufzeigung*을 pointing out이라 번역한 뒤, 이 번역어의 문제를 지적하면서

태터의 『근본문제들』 영역본에서 "가리킴"이 어떻게 사유되어야만 하는지 암시되는 것을 보고 깨달았다: 가리킴은 대상-지시 그 자체를 뜻하는 것이 아니라 나타냄(display)을 뜻한다. 이는 우리가 언명 (혹은 언명의 특정한 부분)과 특정한 존재자 사이의 관계로서의 가리킴에 대해 생각할 필요는 없다는 것을 뜻한다. 오히려 나타냄이 하이데거가 '존재자들이 보여지도록 함'이라고 지칭하는 것을 좀 더 일반적으로 잘 표현할 수 있는 말이다. 실제로 하이데거가 『존재와 시간』 §33에서 ἀπόφανσις로서의 λόγος에 관해 언급하는 것은 바로 이러한 관점에 따르는 것이다. 언명은 사물들이 보여지도록 하는 것이니, 이는 사물들에, 그들이 존재하는 대로 보여지건 혹은 은폐된 상태에서 보여지건 상관없이, 우리가 주목하도록 함을 뜻하는 것이다.[72] 만약 이런 식으로 가리킴을 이해하는 것이 올바른 것이라면 하이데거는 — 대상-지시라는 말이 전제하는 바와 같이 — 말과 세계 사이에 대응관계가 있음을 주장하는 것은 아닌 셈이다. 차라리 하이데거는 언명들은 '주의를 기울임', '초점을 맞추기', '두드러짐' 등이 일어나도록 유도한다는 것을 현상학적으로 주시하고 있는 것이다.

이러한 독해는 하이데거의 설명을 처음 읽을 때 경험하기 쉬운 두 번

---

pointing out보다 display가 더 적절한 번역어임을 지적하는 방식을 택한 것으로 보인다. 이어지는 저자의 설명에 의하면 pointing out은 대상-지시(referring)의 의미를 지니고 있기에 하이데거의 *Aufzeigung*을 말과 세계 사이의 대응적 관계를 전제로 하는 개념인 것처럼 오해하게 할 우려가 있다. 하지만 *Aufzeigung*의 참된 의미는, 하나의 언명이 지시하는 바가 실재하거나 실재하지 않거나 상관없이, 그 어떤 존재자가 자신을 드러냄을 표시하는 것에 있다는 것이다.

72 이러한 하이데거의 분석은 노에마(noema)의 "x"에 관한 후설의 분석과 비슷하다. 이에 대해서는 다음 참조: John J. Drummond, *Husserlian Intentionality and Non-foundational Realism: Noema and Object* (Dordrecht: Kluwer Academic Publishers, 1990).

째 잠재적 문제를 해명할 수 있도록 해 준다. 하이데거는 일관되게 주어-술어 문장을 언명의 예로 사용하는데, 이는 주의하지 않으면 많은 문제들을 일으킬 수 있다. 무엇보다도, "만약 공화당이 2008년 대통령 선거에서 승리하면 우리나라의 미래는 어둡다"라는 식의 말은 적절한 언명이지만 주어-술어 언명은 아니다. 그것은 조건문의 하나이다. 조건문은 주어가 지시하는 대상을 지니지 않기 때문에 어떤 의미에서 조건문이 그 어떤 것의 가리킴 혹은 대상-지시로서 간주될 수 있는지 이해하기가 어렵다. 하지만 하이데거가 "가리킴"이라는 말로 말과 세계 사이의 대응관계가 아니라 나타냄의 작용을 뜻한다는 것을 다시 한 번 분명히 해 두면 아무 문제가 없다. 실제로 위에 언급된 조건문은 어떤 특정한 방식으로 세상에서 일어나는 어떤 일에 우리가 주목하도록 하거나 이런저런 일들이 두드러지도록 하는 것이다.

아마 독자들 중에는 만약 "가리킴"이 대상-지시와도 같은 말과 세계 사이의 관계를 뜻하는 말이 아니라면 대체 하이데거의 분석이 우리에게 알려 주는 바가 무엇인지 의아해하는 이들도 있을 것이다. §33의 이 단계에서 하이데거는 무엇을 추구하는가? 『근본문제들』에서 하이데거가 『존재와 시간』에서보다 조금 더 직설적이었다는 것을 다시 한 번 상기해 두자. 『근본문제들』에서 하이데거는 대상-지시적이지 않은 주어를 지닌 언명을 분석한 단락 바로 뒤에 다음과 같이 쓴다: "무엇인가 그것에 관해 하나의 언명이 만들어질 수 있는 가능성을 지니려면, 그것은 언명될 수 있게끔 어떤 식으로든 이미 드러나고 접근 가능한 것이어야만 한다" (『근본문제들』, 208). 달리 말해, 내가 내 고양이 룰루나 현재 프랑스의 왕에 관해 언명할 수 있는 위치에 있으려면, 세계는 나에게 내가 룰루나 프랑스의 왕에게 주의를 기울일 수 있도록 만들어 주는 그러한 방식으로 이미 열어밝혀져 있어야만 한다는 것이다. 마찬가지로 (위에 언급된 조건문의 예에 등장하는 공화당이나 공화국 같은) 존재자들은 언명될 수 있게끔 이미 접근 가능한 것이 되어 있어야만 한다는 것이다. 언명이 그 자체로 이러한 존재자들을 접촉하고 사로잡는 것은 아니다; 언명은 우리가 살고 있는 세계가 우리에게 미리 열어밝혀져 있음에 기생하는 것으로서, 이러한 열어밝혀짐이 내가 언명을 만들어 그 무엇인가 두드러지게 하는 방식을 미리부터 정해 주는 것이다.

> 언명은 그 자신에 의해 우선적으로 존재자를 열어밝힐 수 있는, 자유로이 떠다니는 행위가 아니다. 도리어 그것은 언제나 이미 세계-안에-있음의 토대 위에 머물고 있다. 세계인식과 관련해 우리가 확인해 본 것은 조금도 덜하지 않게 언명에 관해서도 통한다. 언명은 어쨌든 이미 열어밝혀져 있는 어떤 것을 미리-가짐을 필요로 하며, 언명은 바로 이 열어밝혀져 있는 것을 규정함의 방식 안에서 나타내는 것이다. (199/156–157*)

하이데거는 자신의 논증을 특유의 서술 개념을 통하여 더욱 더 발전시킨다.

"언명"의 두 번째 "의미"는 **서술**이다. 하이데거는 다음과 같이 쓴다: "특정한 '주어'에 대해 특정한 '술어'가 '언명'되며, 주어는 술어에 의해 규정된다" (196/154). 여기서 하이데거가 〔자신은 동의하지 않음을 표시하는〕 많은 인용부호를 사용하고 있다는 것은 주목할 만하다. 서술에 관한 전통적 분석에서 술어-명사는 주어-명사의 술어이다; 다른 식으로 표현하면, 술어-개념은 주어-개념의 술어이다. 하이데거의 분석은 이와는 다른 각도에서 문제를 다룬다.

> 〔언명함에서 가리켜진 것을〕 규정함은 … 우선 우리의 시각을 자신을-드러

> 내는 바로 그것에 **제한함**인데, 이는 우리의 시각을 분명히 **제약함**으로써 알려진 것이 그 자신의 규정성 안에서 **분명하게** 드러나도록 하기 위함이다. (197/ 155)

언명은 우리로 하여금 세계에 단순히 주목하도록 하는 것뿐 아니라 "특정한 방식으로 기술하며" 그렇게 한다. 즉, 언명은 세계의 어떤 측면이 우리에게 드러나도록 하고, 돌출되도록 하는데, 이러한 일은 어떤 특정한 관점 아래에서 일어나는 것이다. "룰루는 귀여워"라는 언명을 만들 때 나는 단순한 룰루가 아니라 귀여운 룰루에게 주목하도록 한다. 우리의 관심은 룰루의 어떤 특징으로 좁혀지거나 "제한되는" 것이다.

하이데거는 언명함을 무엇인가 명확하게 만듦으로 기술한다. 위에서 본 것처럼 명확성은 해석의 형식이다. 그러므로 언명은 해석의 한 형식이다: 사태들을 명확하게 하는 이해의 한 종류인 것이다. 사태들을 명확하게 하면서, 언명은 다른 모든 종류의 해석과 마찬가지로 미리-가짐, 미리-봄, 그리고 미리-파악함〔선-개념〕에 의존한다. 미리-가짐은 세계 및 그것과의 관계에서 내가 언명에 의해 드러난 존재자들을 다룰 수 있게 되는 특정한 주위세계에 대한 배경적이고 실천적인 이해이다. 미리-봄은 서술된 혹은 규정된 관점이고, 이것을 통해 우리는 언명에서 드러난 존재자들을 두드러지게 한다. "언명은 미리-봄을 필요로 하는데, 이는 흡사 미리-봄에서 술어가 존재자 자체 안에서 자신의 명확하지 않은 결정성 안에서 불현듯 두드러지고 〔존재자에〕 할당되면서 풀려나는 식이다" (199/157). 마지막으로, 드러난 존재자에 대한 우리의 관점을 한정하는 술어는 언어에 내재하는 개념성 혹은 개념체계에 속한다. "언명들 안에 항상 같이 놓여 있는 선-개념은 대개 눈에 띄지 않게 되는데, 이는 언어가 언제나 이미 그 자체 안에 특정한 방식으로 형성된 개념성을 감추고 있기 때문이다" (같은 곳). 하이데거가 규정된 개념성을 예로 드는 것은 언명 안에서 드러나고 이를 통해 해석된 존재자들의 존재론적 구조를 나타내기 위한 것이다. 공학과 과학의 언어는 일상적으로 도구를 사용할 때의 언어와 상이한 존재론적 함의들을 지닌다; "이 망치는 너무 무거워"라는 말은 "이 망치의 무게는 900그램이다"라는 말과는 상이한 방식으로 존재자들을 파악하고 언급하는 태도를 전제하는 것이다.

언명과 해석의 관계는 상당히 가깝다. 해석은 명제를 통해 표현**될 수 있는** 내용을 명확하게 이해함이며, 언명은 명제를 통해 표현**되는** 내용을 지닌 언어의 한 형식이다. 위의 (iv)절에서 우리가 간단하게 살펴본 것들을 상기해 보자.

> 인지함은 그 어떤 것으로서의 어떤 것에 관해 **문의함**과 **논의함**이 수행되는 양식이다. 인지함은 가장 넓은 의미에서의 해석에 이른다; 그리고 그러한 해석을 토대로 인지함은 **규정함**이 된다. 인지되고 규정된 것은 명제들 속에서 표명될 수 있고, 그렇게 표명된 것은 유지되고 보존될 수 있다. (89/62*)

달리 말해 인식(혹은 인지함)은 그 내용이 본질적으로 명제적이기 때문에 해석의 한 형태이다. 내용이 본질적으로 명제적이기 때문에 인식이 언명 안에서 표현될 수 있는 것이다. 이것은 모든 인식은 언어적으로 매개된다는 것 이상의 의미를 지닌다. 결국 우리가 이전에 이 장에서 본 것처럼 하이데거는, (몸짓언어 및 다른 모든 형태의 표현적 행위를 포괄할 정도로) 충분히 넓은 의미에서의 언어를 전제로 하면, 인간 삶의 모든 것이 언어적으로 매개된다고 믿는 것이다. 오히려 하이데거가 여기서 제시하는 관점은 인식을 선-인식적 행위의 형태들로부터 구분 짓는 것은 인식의 내용이 명제적, 즉 언명 가능한 것이라는 점이다.

담화 개념과 함께 하이데거는 열어밝혀져-있음의 세 측면에 관한 분석을 끝낸다. 제5장 부분 B에서 하이데거는 열어밝혀져-있음의 안정된 양태들로 관심을 돌린다. 하지만 이러한 양태들을 직접적으로 다루기보다는 실재성과 진리에 관한 하이데거의 논의로 일단 건너뛴 다음 나중에 I.5.B로 되돌아가는 것이 최선일 것이다. 빠져듦과 열어밝혀져-있음의 안정된 양태들은 주제적으로 죽음과 결단성에 관한 논의에 더 가깝다. 그러므로, 이제 『존재와 시간』의 §43으로 관심을 돌려 보자.

연구를 위한 물음들

하이데거는 언어가 이해 및 처해-있음과 더불어 "근원적으로 도구적"이라고 주장한다. 이 용어에 대한 하이데거적 의미를 전제로 했을 때 언어나 담화가 없는 인간의 삶을 상상할 수 있을까?

XI. 『존재와 시간』에서의 실재론과 관념론

『존재와 시간』 §43은 철학의 전통적 논제인 실재론과 관념론을 둘러싼 문제들을 다룬다. §43a에서 하이데거는 외부 세계의 존재의 문제, 즉 인식론적 회의주의의 문제를 다루고, §43c에서는 세계가 우리의 세계 경험에 의존하는지에 관한 존재론적 문제와 씨름한다. (§43b에서 하이데거는 실재성을 의지에의 저항으로 이해하는 딜타이의 관점에 관해 논의한다. 이러한 관점은 1927년에는 중요했지만 오늘날에는 그렇지 않기 때문에 나는 §43b를 건너뛸 것이다.) 위의 두 경우에서 하이데거는 논제거리인 전통적 문제를 **해결**하기보다는 차라리 **해체**시킨다. 이런 점에서 보면 하이데거는 대체로 동일한 방식으로 전통 철학적 문제들에 대응하기를 시도하는 다른 20세기 철학자들과 함께한다: 카르납, 비트겐슈타인, 듀이, 데이비드슨. 이 20세기 철학자들은 모두 우리의 마음 밖에 세계가 있는지, 혹시 그렇다면 우리가 그것을 인식할 수 있는지 등의 전통 철학적 문제들을 사이비 문제들이라 여기는 관점을 공유한다. 여기서 **우리가** 할 일은 회의주의와 실재론-관념론 논쟁을 해체시키는 하이데거 특유의 접근방식을 밝히는 것이다.

인식론적 회의주의(§43a)

인식론적 회의주의는 우리의 경험 너머에 세계가 존재하는지 우리는 알 수 없다는 철학적 관점이다. 회의주의는 데카르트의 『제일 철학에 대한 성찰들』에서 원형적이고도 근대적으로 표현되어 있다. "첫 번째 명상"에서 데카르트는 우리의 경험 너머에 세계가 존재하는지 우리는 알 수 없다는 결론을 향해 점증적으로 치닫는 세 개의 논증들을 제시한다. 그는 지각적 환영에 관한 (물 속에서 굽어보이는 곧은 막대처럼 실제와 다르게 보이는 사물들에 관한) 근심 어린 논증으로 시작해서 꿈에 관한 (우리 안에는 우리가 꿈을 꾸고 있는지 혹은 그렇지 않은지 알려줄 어떤 완전한 표지도 없으므로 우리는 어떤 경험을 하더라도 그것이 꿈에 불과한 것인지 아니면 현실적 경험인 것인지 알 수 없다) 역시 근심 어린 논증으로 나아간 뒤 "우리를 속이는 악마 논증"으로 결론을 내린다. 역사적으로 보면 이 마지막 논증이 가장 성공적이었다.[73]

우리를 속이는 악마 논증의 기본적 발상은 다음과 같다: 어떤 전능한

---

73 데카르트에 관해서는 "첫 번째 성찰"을 볼 것. 회의주의에 관한 흥미롭고도 섬세한 논의는 다음에 나온다: Barry Stroud, *The Significance of Philosophical Scepticism* (Oxford: Oxford University Press, Clarendon Press, 1984).

악마가 우리의 경험을 조작하기 때문에 우리의 경험이 실제로는 존재하지 않는 세계의 경험에 불과할 가능성은 없을까? 현실을 환영으로부터 구분하려고 우리는 경험에 내재하는 모든 종류의 단서들, 예컨대 특정한 경험과 다른 경험들 사이의 일관성 및 경험과 — 세계가 어떻게 움직이는지 알려 주는 — 우리의 모든 이론들과의 일관성을 다 사용한다. 하지만 악마가 우리의 경험들을 조작할 수 있다면, 악마는 우리 안에 진리를 위한 우리의 모든 내적 기준들을 다 충족시키기는 하지만 그럼에도 실제로는 틀린, 경험의 한 전체 집합을 만들어 낼 수도 있을 것이다. 우리를 속이는 악마 논증에 상응하는 현대적 공상과학 소설이 있다. 그것은 통-속의-뇌 논증이다.[74] 우리를 속이는 전능한 악마 대신에 지각의 수용적 경로들에 전극들이 연결된 통 속의 뇌를 하나 상상해 보라. 신경 생리학자가 실험실에서 뇌의 지각 경로들에 실재하지 않는 세계를 경험하게끔 자극을 가한다. 그러한 통 속의 뇌는 자신의 경험이 환영적이라는 것을 알 수 없다. 무슨 일이 벌어지고 있는지 알게 해 주는 어떤 내재적 단서들도 없는 것이다.

이러한 종류의 인식론적 도발들은 『성찰』이 출판된 이래 근현대 철학을 괴롭혀 왔으며, 다양한 응답들을 이끌어 내었다. 데카르트 자신이 여섯 번째 성찰에서 첫 번째 성찰에서의 회의주의적 논증을 반박하려 시도했다. 데카르트는 전능하고 온전히 선한 신은 — 데카르트는 그러한 신의 존재를 이미 증명했다고 생각하는데 — 그러한 기만이 일어나도록 허용하지 않는다고 주장한다. 기만은 악덕인 것이다. 근대 초기의 다른 철학자들은 회의주의를 용인하든가 (흄) 물리적 사물들은 관념들에

---

74 내 생각에 이 논증의 기원은 힐러리 퍼트남이다. 다음 참조: *Reason, Truth, and History* (Cambridge, UK: Cambridge University Press, 1983), ch. 1.

(혹은 관념들로 이루어진 구성물에) 불과하므로 우리가 물리적 사물들을 어떻게 알 수 있는지의 문제는 있지도 않은 셈이라고 주장하는 식으로 (버클리) 회의주의를 다룬다. 근대 초기의 인식론의 잔해를 조사하면서 칸트는 다음과 같이 언급한다:

> … 우리 밖의 사물들의 존재가 … 단지 **믿음**에 의해서만 받아들여질 수 있다는 것은, 그리고 누군가 그들의 존재를 의심할 이유를 잘 생각해 내는 경우 어떤 만족스러운 방법으로도 그 의심을 풀어 줄 수 없다는 것은 철학과 일반적인 의미에서의 인간 지성에 여전히 추문으로 남아 있다.[75]

칸트는 대단히 복잡한 "선험초월론적 논증"을 사용해 회의주의를 논박하려고 시도했는데, 그 반대급부로 그의 선험초월론적 논증 자체가 많은 비판의 표적이 되기도 하고 많은 혼란의 원천이 되기도 했다.

하이데거는 이 문제를 둘러싼 전체 논의에 대한 그의 응답을 칸트에 대한 직접적인 반박의 형태로 정식화한다: "이러한 증명이 아직 주어지지 않았다는 것이 아니라 **그러한 증명들이 기대되고 자꾸만 되풀이해서 시도된다**는 것이 '철학의 추문'이다" (249/205). 회의주의는 우리의 마음 너머에 세계가 존재하는지 우리가 알 수 있는지의 문제에 대한 대답의 하나이다. 이러한 질문은 그 자체로 결함 있는 질문이다: "하나의 세계가 존재하기는 하는 것인지, 그리고 세계의 존재가 증명될 수 있는 것인지 등의 물음은 세계-내-존재로서의 현존재가 제기하는 질문으로서는 — 대체 현존재 외에 다른 누가 이러한 질문을 제기할 것인가? — 무의미하다" (246-247/202). 왜 그러한가?

---

75 Kant, *Critique of Pure Reason*, p. Bxxxix.

§43a에는 하이데거가 세계란 현존재로부터 실제로 독립적인 것이 아니어서 그 존재를 증명할 필요는 없는 것이라고 생각하는 듯한 인상을 남기는 구절들이 있다:

> 그러한 기대, 의도 및 요구는 그것〔현존재〕으로부터 독립적이고 그것〔현존재〕의 '밖에 있는' 하나의 '세계'가 현전하는 것으로서 증명되어야만 한다는, 존재론적으로 불충분한 방식으로 그것〔현존재〕을 정립함으로부터 자라난다." (249/205)

이러한 전략은 아마도 칸트의 "선험초월론적 관념론"을 모범으로 삼아 만들어졌을 어떤 관념론의 형태를 암시한다. 하지만 하이데거가 실제로 이러한 것을 염두에 두었다는 것은 다음의 두 가지 이유 때문에 그 가능성이 희박하다. 첫째, 비록 관념론이 실재론보다 더 통찰력 있는 철학적 태도라는 것을 인정하기는 하지만 실제로 하이데거는 이 두 입장들을 다 거부한다. 하이데거는 이러한 자신의 생각을 §43a 말미에서 분명히 밝힌다 (251/207-208). 둘째, 관념론은 회의주의를 **논박**하지만 하이데거의 목적은 회의주의적 문제들을 아예 해체시키는 것에 있다. 그는 회의주의가 오류라는 것을 증명하려는 것이 아니라 차라리 회의주의적 물음이 완전히 무의미하다는 것을 보여 주려는 것이다. 그렇기에 그는 다음과 같이 쓴다: "외부 세계가 현전하는 것으로서 있는지 그리고 그러한 세계의 존재가 증명 가능한지 등의 의미에서의 '실재성 문제'는 불가능한 문제로서 증명된다. …" (250/206). 실재성의 문제 자체가 불가능한 문제라는 것이다. 왜 그러한가?

이러한 물음 자체가 거부되어야 한다. 이러한 물음을 거부하는 것은 세계가 존재하는지 알 수 있는가의 여부에 관한 질문에 긍정적 대답과 부정적 대답 모두가 오답이거나 오도된 것이라고 주장하는 것이다. 방금 전 인용된 250/206쪽의 구절을 계속 이어 나가면서 하이데거는 "… 이러한 물음은 제기될 수 없는 물음인데, 그것은 그 결과들이 풀어 낼 수 없는 난제들로 이어지기 때문이 아니라 이러한 물음에서 주제가 되는 존재자 자체가 그런 식으로 물음이 제기되는 것을 거절하기 때문에 그러한 것이다"라고 쓴다. 현존재는 근본적으로 인식하는 주체이지만 세계는 인식의 대상이 아니라는 것이다.

> 주체는 '외부세계'가 있다고 전제해야만 하고 또 실제로도 무의식적으로 언제나 이미 전제하기 마련이라는 것을 끌어들여도 여전히 어떤 고립된 주체가 구성적으로 부가되는 셈이다. (249/205-206)

우리의 세계로의 "진입"은 우리의 안에-있음, 친숙함, 열어밝혀져-있음에 의해 구성된다. 이미 상세하게 살펴본 것처럼 친숙함은 인식적 현상이 아니다. 세계와의 근본적 친숙함에 힘입어 우리는 세계에서 살아갈 방도를 "안다". 이러한 "앎"은 인식적 태도라는, 혹은 무언가 논증에 의해 정당화된 참된 믿음과 같은 것이라는 의미에서의 앎의 형태가 아니다. 우리는 여기서 믿음에 관해 말하고 있는 것이 아니다; 우리는 지향적 태도에 관해 말하는 것이 아닌 것이다. 그러므로 세계가 있는지 우리가 (인식적으로) 아는지의 여부를 묻는 것은 우리가 붉은색의 냄새를 맡을 수 있는지의 여부를 묻는 것과도 같다. 그것은 그저 잘못 구성된 물음에 지나지 않는 것이다.

이러한 논증은 존 듀이가 1912년 "실재론에 관한 간단한 연구들"에서 제공한 논증과 잘 어울린다. 두 개의 "간단한 연구들" 중 두 번째 연구인 "인식론적 실재론: 지식관계의 편재성 주장"에서 듀이는 회의주의와 인식론적 실재론 사이의 전체 논증에 깔려 있는 잘못된 전제는 우리 주위의 세계로의 모든 접근 양태들이 인식의 형태들이라는 가정이라고 주장한다. 듀이는 이러한 가정 자체가 잘못이므로 결국 전체 논의가 실은 오류에 근거한 것이라고 주장하는 것이다. 우리는 세계로의 상이한 접근 양태들을 많이 가지고 있다. 듀이는 〔실재론을 둘러싼〕 전체 물음을 우리와 세계 사이의 유일한 관계는 먹기라고 전제하는 "먹거리주의자들"(foodists)과 "먹자주의자들"(eaterists) 사이의 논쟁이라고 조롱한다.[76] 하이데거가 지적하는 것은 현존재와 세계가 주체와 객체가 아니라면, 우리와 세계 사이의 기본 관계가 인식적 관계가 아니라 열어밝혀짐의 관계라면, 인식론적 회의주의의 전체 논의는 쓸모없다는 것이다. 하이데거는 회의주의를 논박하는 대신 회의주의의 도전이 인간 삶에 관한 존재론적으로 잘못된 가정들의 집합에 바탕을 두고 있다는 사실을 지적함으로써 그것을 일축하려는 것이다.

아마 어떤 이는 하이데거가 눈속임을 하는 것이 아닌가 의심할지도 모르겠다. 하이데거가 말한 대로 우리와 세계의 관계는 지식 또는 좀 더 일반적으로 말해 인식의 관계가 아니어서 세계로의 우리의 진입 가능성을 의심하는 것이 허튼소리에 불과하다고 전제해 보자. 하지만 이러한 전제는 "세계"에 관해, 세계 안에 있는 존재자들, 객체들에 관해 우리에게 무엇을 말해 주는가? 하이데거의 첫 번째 응답은 틀림없이 세계의 열어밝혀져 있음이 인식적이 아닌 것과 마찬가지로 우리와 세계-내부적인 존재자들의 관계 또한 그러하다는 것일 것이다. 우리는 도구가 무엇인지 도구를 사용하면서 "알고", 도구에 맞추어 가면서 안다. 이해,

76 다음 참조: "Brief Studies in Realism," in Jo Ann Boydston (ed.), *The Middle Works, 1899–1924*, vol. 6 (Carbondale and Edwardsville: Southern Illinois University Press, 1978).

처해-있음, 그리고 담화가 세계를 인식보다 근원적으로 열어밝히는 것과 마찬가지로 그것들은 존재자들 또한 인식보다 근원적으로 발견한다. 그러므로 세계를 알 수 있는 우리의 역량에 대한 회의주의적 도전을 하이데거가 일축하는 것은 정당하며, 이와 같은 전략은 세계-내부적인 (즉 "세계"에 속하는) 존재자들을 알 수 있는 우리의 역량에 대한 어떤 회의주의적 도전에도 잘 통할 것이다.

하지만 전통적 인식론의 문제들을 인정하는 사람들은 이 지점에서 바로 포기할 필요는 없다. 우리가 인식에 의한 것보다 더 근원적인 방식으로 세계-내부적 존재자들 안으로 "진입"한다는 하이데거의 생각이 옳다고 하더라도 어쨌든 우리가 때로 그러한 객체들을 인식하거나 인식하려고 시도한다는 것 또한 사실이기 때문이다. 인식론적으로 객체들을 인식하려고 시도할 때 우리는 지식에 관한 회의주의적 문제들을 논할 수 있다. 하이데거의 핵심적인 논지를 받아들인 뒤에도 회의주의자는 약간 다른 방식으로 문제를 제기하면서 하이데거는 회의주의를 일축한 것이 아니라 실은 논제를 바꾼 것에 불과하다고 하이데거를 압박할 수 있다. 회의주의가 도전하는 것이 **지식**이고, 하이데거가 인식이나 지식 같은 것은 없다고 말하려는 것이 아닌 한 우리는 하이데거에게 **지식**에 대한 회의주의적 도전에 관해 무엇을 말해야만 하는지 물어볼 수 있다. **열어밝혀져-있음**의 의미를 그에 상응하는 역할과의 관계에서 일단 인정한다고 하더라도 말이다.

하이데거의 『존재와 시간』에는 이러한 방식의 문제제기에 관한 명확한 숙고가 보이지 않는다. 그러므로 그를 대신해서 우리가 한 번 가능한 대답을 찾아보는 것이 좋을 것이다. 세계에 관한 우리의 지식에 대해 자꾸 회의주의적이 되도록 만드는 것은 무엇일까? 왜 철학자들은 지난 이천오백 년 동안 회의주의의 문제에 골몰해 왔을까? 왜 그토록 많은 젊은 철학도들이 회의주의에 몰두하거나 심지어 집착하게 되는 것일까? 짐작하건대 그 대답은 인식론적 회의주의가 우리와 세계 사이의 연결을 불확실하게 만든다는 것에 있을 것이다. 바탕에 깔린 우려는 우리가 세계로부터 "단절된" 것이 아닐까, 세계와 "접촉하지 못하는" 것이 아닐까 하는 것이다. 그저 그렇고 그런 일상적 삶 속에서 우리는 모두 삶의 어떤 특정한 영역이나 특정한 집단의 사람들과 접촉하지 못하는 상태를 경험하는 것에 익숙하다. 만약 그러한 경험이 완전히 일반적인 것이라면 어떨까? 이러한 우려는 피론주의적(Pyrrhonian), 도덕적 회의주의로 이어질 수 있다. 즉 그것은 데카르트와 그의 계승자들이 개발한 좀 더 좁은 인식론적 회의주의에 한정되지 않는 문제인 것이다. 이러한 좀 더 막연하고 좀 더 일반적인 문제들에 대해 하이데거는 이런 식으로 말할 것이다: 인식론적 회의주의는 별로 흥미롭지 못하다. 아마 똑똑한 인식론적 논증들이 지식에 관한 회의주의적 근심들을 불러일으킬 수는 있겠지만 그러한 근심들은 우리의 세계로의 기본적 접근 양태들 및 세계와의 친숙함을 건드리지 못한다. 우리가 세계로부터 단절될 수 있는 위험성 같은 것은 정말 없다. 혹은 좀 더 주의 깊게 말한다고 하더라도, 우리가 세계로부터 단절될 수 있는 방식들이 인식론적 성찰이 아니라 차라리 존재론적 성찰을 요구한다는 것은 최소한 틀림없다. 이 점에 관해 우리는 나중에 불안과 결단성에 관한 하이데거의 논의들을 통해 알게 될 것이다.

형이상학적 관념론과 실재론(§43c)

하이데거가 §43a에서 제시한 반-인식론적 논증의 노선을 받아들인다고 하더라도 실재론과 관념론에 관한 **형이상학적** 문제를 생략해 버릴 수는 없다. 전통적으로 철학자들은 우리가 세계를 알 수 있는지만 물었던 것이 아니라 또한 세계가 우리에게 주관적으로 수용되거나 이해됨과 무관하게 존재하는지 물었다. 근대 초기 데카르트나 로크 같은 실재론자들은 세계는 우리의 세계경험과 무관하게 존재한다고 주장한 반면, 버클리나 라이프니츠 같은 관념론자들은 우리가 일상적 경험이나 자연과학을 통해 의식하게 되는 자연적 현상의 세계는 모두 우리의 세계경험에 의존한다고 주장한다. 칸트는 세계는 개인적 성향에 따른 세계경험과는 무관하게 존재할지라도 일반적인 의미에서의 인간적 이해로부터 독립적으로 존재하지는 않는다고 주장함으로써 실재론과 관념론의 차이를 세분화하려고 시도한 바 있다.

인식론적 회의주의의 문제를 다룰 때와 마찬가지로 하이데거는 여기서도 논쟁에서 내적으로 제기되는 입장들 중 하나를 취하지는 않는다. 차라리 그는 전체 논쟁을 거부해 버린다. 실재론과 관념론에 관한 가장 중요한 구절은 다음과 같다:

> 물론 오직 현존재가 있는 경우, 즉 존재 이해의 존재자적 가능성이 있는 경우에만 존재가 '있다'. 만약 현존재가 존재하지 않는다면 '독립성'도 '있지' 않고 '그 자체로' 또한 '있지' 않다. **그럴 경우** 그와 같은 것은 이해될 것도 이해되지 못할 것도 아닌 셈이다. 그럴 경우 세계내부적 존재자 역시 발견될 수도 은폐된 채 남아 있을 수도 없다. 그럴 경우 존재자가 있다고도 있지 않다고도 말할 수 없다. 하지만 존재 이해가 있고 그와 더불어 현전함에 관한 이해가 있는 한, **이제** 존재자가 **그럴 경우**에는 여전히 계속 있을 것이라고 말할 수 있다.
>
> 위에서 지적된 것처럼 — 존재자가 아니라 — 존재는 존재 이해에 의존하는데 이는 — 실재적인 것이 아니라 — 실재성이 마음 씀에 의존함을 말한다. (255/ 212)

존재자가 아니라 존재가 존재 이해에, 즉 현존재에 의존한다.[77] 이 구절은 "이런 경우"와 "그런 경우" 사이의 구별 (혹은 독일어식으로는 "그러면"과 "이제") 주위에서 맴돈다. 하이데거는 이 두 경우에서 말할 수 있는 것과 없는 것을 구별한다. 그는 이 두 경우를 하나의 경우에서는 현존재가 없는 반면 다른 경우에서는 있는 것으로 조건을 달아 구별한다. 그러고 나서 그는 이렇게 말한다. "현존재가 존재하지 않으면":

- "독립성"도 "그-자체로"도 "있지" 않다.[78]
- "이러한 것"은 — 짐작하건대 독립적인 사물들이 있다는 명제 — 이해될 수도 안 될 수도 없다.
- 세계내부적 존재자들은 발견될 수도 감추어질 수도 없다.
- 존재자들이 있는지도 없는지도 말해질 수 없다.

이러한 주장들을 읽는 방식에는 두 가지가 있다. 나는 그것을 의미를 "죽이기" 방식과 견고하게 "살리기" 방식이라 부른다.

죽이기 독해와 살리기 독해 사이의 구별을 이해하는 가장 쉬운 길은 우선 위에 둥근 점으로 표기된 진술들에 초점을 맞추는 것이다. 왜 현존재가 존재하지 않는 경우 존재자들은 있다고도 없다고도 말해질 수 없는 것인가? 아마 현존재가 존재하지 않기 때문일 것이다. 어쨌든 말이

---

77 뒤따를 분석은 출판된 나의 두 논문에 제시된 논증을 간단하게 정리한 것이다: "Is Heidegger a Kantian Idealist?" *Inquiry*, 37 (1994), and "Heidegger's Kantian Idealism Revisited," *Inquiry*, 47 (2004).

78 맥쿼리와 로빈슨은 "nor 'is' the 'in-itself'"라고 번역한다. 하이데거는 "in-itself" 앞에 정관사를 삽입하지 않았다. 하이데거는 그것-자체, 즉 그 자체로 존재하는 존재자를 언급하려고 한 것이 아니라 차라리 그-자체로 있음의 **범주**를 언급하려 했던 것이다.

란 현존재가 할 수밖에는 없는 일인 것이다. 이러한 논리는 다른 세 개의 진술들에도 적용될 수 있다. 이런 식의 독해방식의 장점은 이런 식으로 구성된 하이데거의 주장이 명백히 참이라는 것에 있다. 하지만 단점도 있다. 그것은 이런 식으로 읽는 경우 하이데거의 진술들이 시답지 않은 의미로만 참이라는 것이다. (말할 자가 없는 경우 아무것도 말해질 수 없다는 것은 너무 당연하지 않은가 말이다!) 죽이기 **독해**는 의미를 너무 죽인다; 그것은 하이데거의 진술들이 지닐 수 있는 어떤 철학적 함의들도 다 무의미하게 만들고야 마는 것이다. 그렇다면 하이데거가 뜻하는 것은 그 밖에 무엇일 수 있겠는가?

(두 번째 단락에 나오는) 언급한 구절의 마지막 문장에 초점을 맞추어 보면 우리는 하이데거가 좀 더 흥미로운 주장을 하고 있다는 것을 깨닫게 된다. 존재는 현존재에 의존하기에 현전하는 존재 역시 현존재에 의존한다. 존재가 "있지" 않으면 존재자는 있는 것도 아니고 없는 것도 아니다. 그것은,

a. **현존하는 존재자는 현존재에 의존한다.**

는 것이 다음과 같은 것을 뜻하지는 않는다는 것을 뜻한다.

b. **만약 현존재가 존재하지 않으면 현전하는 존재자는 존재하지 않을 것이다.**

오히려 그것은 다음과 같은 것을 뜻한다.

c. **현전함은 현존재에 의존한다.**

이제 우리는 어떻게 (c)가 (b)를 약화시키는지 이해할 수 있다. 만약 현전함이 (현전하는 존재자가) 현존재에 의존한다면, 그것은 현존재가 존재하지 않는 한 현전함은 "있지" 않다는 것을 뜻할 것이다. 만약 현전함이 "있지" 않으면 존재자는 현전할 수도 현전하지 않을 수도 없다. 좀 더 일반적으로 말해, 만약 존재가 현존재에 의존한다면 현존재가 존재하지 않는 경우 존재자는 있을 수도 없을 수도 없다. 그러므로 (b)의 전건이 참일 때, 즉 현존재가 존재하지 않을 때, (b)의 후건은 참도 아니고 거짓도 아니다. 즉 이 경우 존재자는 존재하는 것도 아니고 존재하지 않는 것도 아니다.

하이데거는 실재론과 관념론을 모두 거부한다. 실재론자는 만약 우리가 존재하지 않아도 존재자는 여전히 존재할 것이라고 주장한다. 실재론자는 존재자의 **독립성**을 옹호하는 것이다. 이와 대조적으로 관념론자는 만약 우리가 존재하지 않으면 객체들 역시 존재하지 않을 것이라고, 개체들은 우리에 **의존**하는 것이라고 주장한다. 실재론과 관념론 모두에 대한 하이데거의 응답은 실재론과 관념론을 표현하는 — (b)와 그 반대명제인 — 두 조건문이 모두 틀렸다는 것이다. (b)의 전건이 참이라면 (b)의 후건도 그 부정도 참일 수 없기 때문이다.

주목해야만 하는 것은 이러한 분석이 손-안에-있음에는 들어맞지 않는다는 것이다. 손-안에-있음은 분명 현존재에 의존한다. 우리의 **실천적 활동들**에 연루되어 있기 때문에 존재하게 된 것은 어느 것이나 우리의 실천적 활동들과 떨어져서 있을 수 없다. 목수일 없이 망치가 있을 수 없다. 야구 경기 없이 홈런이 있을 수 없는 것과 마찬가지로 말이다. 현전하는 실재성을 바탕에 깔고 있는 손-안에-있는 사물들의 경우, 바탕에 깔려 있는 실재성은 손-안에-있는 것 — 바로 이것을 위해 언급된 실재성은 '바탕에 깔려 있는 실재성'으로 이해되는 — 을 규정해 주는 실천적 활동들이 없어도 원칙적으로는 존재할 수 있다. 실재성이 손-안에-있는 것의 바탕에 깔려 있는 것이지 그 역은 아닌 것이다. 예를 들어 망치의 경우에 금속과 나무는 원칙적으로 목수일이 없어도 존재할 수 있다. 망치 자체는 목수일이 없이 존재할 수 없을지라도 말이다. 우리가 앞의 (v)절에서 논의한 대로, 연극작품인 「햄릿」처럼 바닥에 깔린 어떤 명백한 실재성도 가지고 있지 않은 용품들의 경우, 우리의 실천적 활동들로부터 떨어져서 존재할 수 있는 것은 아무것도 없다.

하지만 손-안에-있음이 우리의 실천적 활동들에 의존한다는 생각은 현전함에 바로 적용되지 않는다. §69b에서 하이데거는 그가 "세계-내부에 현전하는 것의 이론적 발견"이라 부른 것을 분석한다 (408/356). 이 절에서 하이데거는 자연과학에 관한 두 개의 명제를 개진한다. 첫째, 하이데거는 『존재와 시간』에서의 분석이 대체로 올바른 것이라면 자연과학의 인식적, 이론적 성취는 과학에서의 실천적 활동들에 의존하는 것이라고 지적한다. 인식이 실천에 의존하는 것과 꼭 마찬가지로 말이다. 하이데거는 자연과학을 분명하게 이해하려면 "실존적 과학 개념"을 개발해야만 한다고 주장한다.[79] 둘째, 하이데거는 자연과학에 의해 발견된 존재자의 영역은 정확히 우리의 실천적 활동들로부터 독립적으로 존재함에 의해 규정된다고 주장한다. 하이데거는 이러한 주장을 우리 존재 이해에 있어서의 "전환", 주위세계의 존재자들이 모두 함께 "〔존재론적으로 보면 원래 현존재의 존재에 의존해야만 하는 것을〕 **그러한 제한으로부터 풀려나게 하는**" 식의 전환으로 묘사한다 (413/362). 달리 말해 〔자연과학에서의〕 **현전함**은 **인간의 실천적 활동으로부터 독립적으로**

79 이것은 쿤의 과학혁명 개념을 이해하는 한 가지 방식을 정확하게 표현한다. 하이데거의 과학철학에 관한 더 자세한 내용은 다음 참조: Joseph Rouse, *Knowledge and Power* (Ithaca: Cornell University Press, 1987).

존재함을 뜻한다는 것이다. 하이데거가 실재론과 관념론 모두를 거부한 것은 현전하는 것에 〔대한 자연과학적 논의에도〕 **적용되는** 것이다.

이제 실재론/관념론 논쟁을 거절하는 데 사용된 하이데거의 논증은 위의 진술 (c)를 중심으로 진행된다. 존재자가 "있지" 않음은 무엇을 뜻할 수 있는가? 그리고 왜 〔자신과 다른 견해나 단어를 인용함을 표시하는〕 인용부호가 달려 있는가? 하이데거가 "있음"을 여기에서처럼 인용부호를 달아 표기하는 것은 우리가 앞의 (i)절에서 본 것처럼 존재는 존재자가 아니라는 것을 표현하려는 것이다. 존재는 존재자가 아니며, **있는** 것도 아니고 **있지 않는** 것도 아니다. 차라리 존재는 하이데거가 『존재와 시간』의 서론 제1장에서 설명하는 것처럼 존재자를 존재자로서 규정한다 (25-26/6). 존재는 그것에 의해 존재자가 존재자로서의 의미를 지니게 되는 규준들의 집합이다. 그러므로 존재의 규준들이 존재자를 규정하지 않는 상황과 관련되어 있는 경우 우리는 "존재하지 않음"이라는 말을 쓸 수 없는 것이다. 하지만 어쨌든 하이데거는 존재론적 규준들이 존재자를 규정하지 않는 그러한 상황에 관해 어떤 식으로든 말하기를 원한다. 이와 같은 목적 때문에 그는 독일어 관용구 "*es gibt*"를 사용한다. 그것은 "there is"라고 번역될 말인데 "있음"을 뜻하는 독일어 동사 "*sein*"은 이 관용구에 글자 그대로 나타나지는 않는다; "*es gibt*"는 "it gives"로 번역된다. 실제로 "존재"는 존재론적 차이, 즉 존재와 존재자 사이의 차이의 "먼 측면" 상의 현상이기만 한 것은 아니다. 있는 것도 아니고 있지 않는 것도 아닌 현상들 중에서도 우리는 특별히 시간에 주목해 볼 수 있다. 시간, 혹은 정확히 말해 하이데거가 지칭하는 바대로의 시간성은 존재의 구성에 속하는 것이지 한 존재자에 속하는 것은 아니다. 이러한 이유 때문에 하이데거는 "시간은 있다"라고 쓰는 대신 "시간은 그 자신을 시간화한다"라고 쓴다.

존재자가 "있다"거나 "있지 않다"는 말은 무엇을 뜻하는가? 존재론적 규준들이 존재자를 규정함이나 규정하지 않음은 무엇을 뜻하는가? 하이데거는 『존재와 시간』에서 이 물음을 다루지 않는데, 이것은 이 책에서 생략된 가장 중요한 논의들 중 하나이다. 하지만 어느 정도는 이러한 물음에 대한 하이데거의 모색이 나중에 제II편에서 시간성을 분석할 때 동기로 작용한다. 하이데거는 "보통의 시간" 혹은 "시계-시간"은 인간 삶의 시간 구조인 "근원적 시간성"에 의존한다고 주장한다. 만약 이 주장이 옳다면 시간은 인간의 존재에 의존하는 셈이다. 나는 언젠가 다른 글에서 이러한 명제를 **시간적 관념론**이라고 부른 적이 있다. 더 나아가, 만약 시간이 인간의 존재에 의존한다면 존재 역시 그러하다. 존재는 시간 구조들의 집합인 것이다. 나는 이러한 명제는 **존재론적 관념론**이라 불렀다. 하지만 하이데거가 시간성을 존재자적이라기보다 존재론적 현상으로 생각하고 있었던 한에 있어서, 시간이 인간의 존재에 의존한다는 말이 무엇을 의미하는지 올바로 이해하려면 좀 더 일반적인 의미에서 존재가 인간의 존재에 의존한다는 말이 무엇을 의미하는지 이해해야만 할 것이다. 그렇기 때문에 『존재와 시간』은 존재가 인간의 존재에 의존한다는 결론을 논증하는 데 필요한 많은 장치들을 마련한다. 하지만 그렇다고 이러한 장치들이 그 근본 명제를 충분한 정도로 잘 구성하는 것은 아니다.[80]

하이데거의 사상이 『존재와 시간』의 출판 이래 유동적이 되면서 그는 존재론적 관념론과 같은 주제에 몰두하기를 지속했고 관련된 주제를 반추하는 데 꽤 많은 글을 할애했다. 하이데거가 어떻게 무엇을 반추했는지 탐구하는 것은 별도의 연구에서 다루어져야만 할 것이다. 아무튼

80 나는 이러한 주장을 *Heidegger's Temporal Idealism*에서 꽤 상세하게 다룬 바 있다.

전체 실재론/관념론 논쟁에 대한 『존재와 시간』에서의 논증들은 좀 감질나면서도 불완전하다.

연구를 위한 물음들

하이데거처럼 회의주의를 대수롭지 않게 취급하는 것이 온당한 일일까? 자연과학의 역사는 실제 세계가 세계에 대한 우리의 생각과 꽤 다르다는 사실을 발견함의 역사가 아닌가?

XII. 진리

하이데거에 따르면 우리가 세계로 진입함은 근본적으로 열어밝혀져-있음 및 안에-있음이라는 것을 우리는 살펴본 바 있다. 인식과 인식에 관련된 언명, 명제, 판단 및 지식 등의 현상들은 세계-안에-있음으로부터 파생된다. 이것으로부터 하이데거는 언명과 명제의 참과 거짓 역시 그가 "근원적 진리"라 부르는 좀 더 근본적인 종류의 진리로부터 파생된다고 결론을 내린다. 하지만 하이데거는 대안이 될 만한 어떤 진리 이론을 제공하지는 않는다. 실제로 §44에서 그는 가장 상식적인 진리 개념을 보완할 뿐이다. 그것은 일반적으로 진리의 대응설이라 불리는 것인데, 그것은 철학적 진리론이 이 대응설에 바탕을 두고 있지 않은 경우에도 어쨌든 대개의 사람들에게는 가장 상식적이다. 하이데거는 자신의 대안적 진리 현상학을 세 단계로 나누어 개진한다. 하이데거는 §44a에서 그가 〔전통적〕 대응설을 거부하는 데 사용할 현상학적 관점들을 연구한다. 그는 §44b에서 언명의 진리가 선-인식적 이해에서 작용하는 좀 더 근원적 진리의 형태인 세계의 열어밝혀져-있음에 의존한다고 논증한다. 그는 §44c에서는 진리는 현존재에 "관계되어" 있다고, 약간 오해의 소지가 있는 방식으로 논증한다.

전통적 합의와 그 붕괴

진리에 관한 철학적 관점들은 다양하지만 그럼에도 진리에 관한 "전통적 합의"라 불릴 만한 어떤 입장을 확인하는 것은 가능하다. 전통적 합의는 종종 진리의 대응설이라 불리는 것에 대체로 상응하는 진리의 개념을 지지한다. 대응설에 따르면, 하나의 진술이나 믿음이 참이려면 그것은 세계에 (혹은 실재 혹은 사실들에) 상응해야 한다. 대응설은 아리스토텔레스에 의해 정리된 진리에 관한 기본적 직관을 표현하는 철학적 설명들을 다음과 같이 나타내려 시도한다: "그것인 것을 그것이 아니라고 말함 혹은 그것이 아닌 것을 그것이라고 말함은 거짓이다. 반면 그것인 것을 그것이라고 말함 그리고 그것이 아닌 것을 그것이 아니라고 말함은 참이다."[81] 대응설은 〔진리 언명이 전제하는〕 기본적 직관을 마음과 세계 사이의 상응의 관계에 관한 직관으로 해석한다. 이는 곧 진리주체-객체 모형을 진리 개념에 부과하는 것과 같다.

마음이 어떻게 객체를 생각하는가에 관한 아리스토텔레스의 이론은 그의 "질료형상론"을 반영한다. 질료형상론은 어떤 사물의 존재는 어떤 질료에 영향을 미치는 형상으로서 분석될 수 있다는 신조이다. 단순한 물리적 개체의 경우에 형상은 객체의 모양이고 질료는 그것으로부터 사물이 만들어진 어떤 것이다. 객체가 좀 더 복잡해짐에 따라 그 형상 역시 좀 더 복잡해지고 섬세해진다. 자동차의 형상은 단순히 차의 모양만을 뜻하는 것이 아니다. 자동차의 모양은 나무 모형과도 같을 수 있지만

81 *Metaphysics*, Book 4, 1001b25.

자동차의 형상은 자동차의 기능과 사양도 포함하는 것이다. 자연세계에서의 많은 변화는 질료에 형상을 부과함이다: 오븐이 사과 파이를 가열할 때 오븐은 열의 형상을 그 자신으로부터 파이로 전이시킨다. 지각 역시 자연적 과정이고, 아리스토텔레스는 똑같은 방식으로 지각을 분석한다. 당신이 나무 한 그루를 지각할 때 나무는 당신의 눈에 영향을 끼쳐 변화를 일으키고 당신 눈 안에서의 변화는 나무의 형상을 수용할 수 있는 당신의 능력의 원인이다. 질료가 나무의 형상에 의해 영향을 받아 형성될 때 그것은 나무가 된다. 하지만 마음은 특별한 존재자여서 한 객체의 형상은 그것을 바로 그러한 객체로 만드는 것이 아니라 그 개체의 표상이 되도록 한다. 요약하자면 마음은 객체의 형상을 마음의 특별한 질료 안에서 실현함에 의해 객체를 지각하고 객체에 관해 생각할 수 있는 것이다.[82]

아리스토텔레스의 지각 이론은 이천오백 년 뒤의 우리에게는 이상하게 들리지만 어쨌든 그것은 세계에 관한 포괄적인 이론의 한 부분이었다. 게다가 이 이론은 단순한 철학적 이론이기만 했던 것이 아니라 당시에는 선도적인 **과학**이론이기도 했다. 과학혁명이 일어나기까지 질료, 형상, 변화 및 마음에 관한 아리스토텔레스 이론의 기본 틀은 거의 이천 년 동안 유지되었다. 과학혁명의 시기에 아리스토텔레스 이론의 전체 구도가 기계론적 물리학 이론에 의해 대체되었다. 하지만 아리스토텔레스의 마음 이론의 **언어**는 과학혁명의 주요 선구자들의 저술 속에서도 사용되었다. 데카르트는 관념이란 "그것이 있는 바대로의 이미지"라고

---

82 아리스토텔레스의 심리학에 대한 명쾌한 요약은 다음에 나온다 Christopher: Shields, "Aristotle' s Psychology," *Stanford Encyclopedia of Philosophy* (Winter 2005), Metaphysics Research Lab, Center for the Study of Language and Information 〈*http://plato.stanford.edu/entries/aristotle-psychology*〉, accessed Winter 2005.

썼으며, 그는 형상적이고 객체적인 존재의 이론과의 연관 속에서 관념을 분석한다. 자신의 비판자들에 대한 응답들 중 하나에 나오는 한 유명한 구절에서 데카르트는 태양과 태양의 관념은 같은 것이며 하나의 경우에서는 (태양의 경우에서는) 형상적으로 존재하지만 다른 경우에서는 (관념의 경우에서는) 객체적으로 존재한다고 말한다.[83] 이것은 아리스토텔레스의 마음 이론이 새 옷을 입은 것과 같지만, 그것에 의미를 부여하는 전체 이론적 문맥은 모두 배제되어 버렸다.

일단 이론에서 의미가 제거되고 나면 이론은 글자 그대로의 의미만을 전달해 주게 된다. 이것이 버클리 주교에게 "또 다른 관념 외에 다른 아무것도 하나의 관념과 같을 수 없다"고 지적하면서 이 이론을 맹렬하게 공격할 빌미를 제공하였다.[84] 버클리는 관념들은 그들 너머의 다른 어떤 것일 수 없으므로 그들 자신과 관계를 맺는 것이어야만 한다고 추론한 뒤 우리 경험의 객체는 관념이지 초월적 질료적 사물은 아니라고 결론을 내린다. 버클리 논증의 유효성에 관해 많은 논쟁들이 있었지만, 아무튼 아무도 그에 대한 적절한 응답을 개진하지 못했다는 것은 사실인데, 그도 그럴 것이 근현대의 철학자들은 아리스토텔레스의 이론을 대체할 만한 과학적 마음 이론을 가지고 있지 못했던 것이다 (이는 지금도 마찬가지이다). 대신 철학자들은 한편 "내용"과 "내재하는 객체들"의 언어에 매달리면서, 다른 한편 버클리식 비판을 피하려고 관념으로 하여금 객체와 관계 맺게 하는 "내용" 혹은 관념의 의미는 비-실재적 항목들이라고 주장한다. 우리가 위의 (ii)절에서 본 것처럼 관념의

83 첫 번째 인용문은 '세 번째 명상'에서, 두 번째 인용문은 '첫 번째 이의제기에 대한 응답'에서 따온 것이다.

84 다음 참조: *A Treatise Concerning the Principles of Human Knowledge* (Oxford: Oxford University Press, 1998).

내용은 관념의 (실재적) 객체도 아니고 사유의 (실재적) 심리적 상태도 아니다. 그것은 오히려 무언가 완전히 다른 것이다. 내용은 실재적 사물이 아니다; 그것은 어떤 어느 때 어느 곳에 있는 것이 아니라 차라리 그냥 "관념적"일 뿐인 것이다.

관념적 내용의 관념성은 철학자에게 상응으로서의 진리에 관해 말할 한 가지 방편을 마련해 준다. 아리스토텔레스의 고전적 이론에서는 관념은 실재적 객체와 〔같은〕 형상을 공유하는 한 참이다. 관념은 얼마간 문자 그대로의 의미로 객체와 "같다": 관념은 그 대상과 같은-형상이거나 (형상을 공유하거나) 동형인 (하나의 같은 형상을 지니는) 것이다. 하지만 형상-공유에 관한 아리스토텔레스적 이론에서 한번 그 내용이 제거되어 버리고 글자 그대로의 의미만 남게 되면, 그것은 기껏해야 참된 관념은 그 대상에 "상응하는", "일치하는" 혹은 "유사한" 것이라는 것 외에 다른 아무것도 말하지 않는 셈이다. 하지만 "상응"이라는 말은 그저 말일 뿐으로, 아직 제공되지 않은 어떤 이론의 대체기호일 뿐이다.

나는 진리 이론의 역사에 관해 꽤 많이 언급했다. 그것은 『존재와 시간』에서 하이데거가 대응설을 비판한 것이 진리 이론의 역사에 근거해 있기 때문인데, 하이데거는 철학의 역사에 관해 집중적으로 연구도 하고 강의도 하면서 진리 이론의 역사에 대단히 밝아지게 되었던 사상가였다. 대응설에 대한 하이데거의 이의는 관념적 내용과 실재적 객체 및 그들 사이의 상응이라는 식의 말들이 "존재론적으로 해명되지 않았다"는 것이다.

이 문제가 이천 년 이상 동안 아무 진척도 보이지 않는 것이 과연 우연일까? 존재론적 해명 없이 실재적인 것과 관념적인 것이 나뉘면서 이미 그 단초부

터 왜곡된 물음이 던져지게 된 것이 아닐까? (259/216-217)

"존재론적으로 해명되지 않았다"는 말로 하이데거가 뜻하는 것은 관념적 내용이 무엇인지, 관념적으로 있음은 무엇인지, 그리고 어떻게 관념적 항목이 실재적 객체와 관계를 맺을 수 있는지 설명하는 이론이 전제되지 않았다는 것이다. 핵심은 〔대응설의〕 언어가 아리스토텔레스의 마음 이론의 원래 의미로부터 떨어져 나와서 이제는 별 뜻도 없는 장황한 말에 불과한 것이 되어 버렸다는 점이다. 공허한 말에 직면하게 되면 우리는 무엇을 해야만 할까? 하이데거의 대답은 항상 "현상으로 돌아가라"이다. 그는 대응설을 대체할 진리 현상학을 제공한다.

계속 설명하기 전에 이십 세기 후반 대응이라는 용어가 어떤 의미로 사용되었는지 한 번 살펴보는 것이 좋을 것이다. "진리의 대응설"이라는 이름은 "인용문 되돌리기"식으로 축소된 진리 개념으로 사용되기도 한다. 진리에 관한 한 선구적 논문에서 알프레드 타르스키는 "진리의 의미론적 구성(conception)"의 부분으로서의 관습(T) 개념을 제시한다: "S"는 S인 경우, 그리고 오직 S인 경우에만 참이다; 그러므로 예를 들어, "눈은 희다"는 눈이 흰 경우, 그리고 오직 눈이 흰 경우에만 참이다.[85] 타르스키는 관습(T)를 어떤 종류의 진리론이든 피해 갈 수 없는 제약으로서 제안하는데, 이는 진리론이 최소한 관습(T)를 만족시켜야만 한다는 것을 뜻한다. 관습(T)〔에 관한 타르스키의 논의〕는 실제로는 우리가 이 논의를 시작하는 데 사용한 아리스토텔레스의 기본 직관을 정식화한 것에 지나지 않는다. 그럼에도 그것은 형식적 언어로 표현되

85 "The Semantic Conception of Truth," *Philosophy and Phenomenological Research* 4 (1944).

는 진리 이론의 문맥에서는 꽤 의미심장한 작업이었는데, 타르스키가 기획했던 것도 실은 그러한 것이었다. 하지만 어떤 철학자들은[86] 관습(T)를 진리가 무엇인지 설명하는 것으로 받아들였고, 어떤 이들은 이러한 축소된 진리 개념을 대응설이라 불러왔다. 역사적으로 보면 이러한 식의 생각은 다소간 오해의 여지가 있다. 관습(T)가 의미하는 것은 마음-, 사고-, 혹은 내용-세계 간의 상응의 관계, 유사성 혹은 동의성의 관계를 상정하는 것이 아닌 것이다. 실제로 이 접근방식은 〔기존의〕 진리 이론의 문제에 마주치지 않도록 하고, 우리로 하여금 기본적 직관에 만족하도록 유도한다.

하이데거의 진리 현상

하이데거는 기본적 직관에 충실하면서 현상학적으로 거기에 살을 붙이는 것이 좋다고 생각한다. 현상학은 또 다른 이론을 만들려고 하지 않는다. 그것은 기본적 직관에 충실하고자 하는 노력을 지지할 뿐 나름의 진리론을 제공하지는 **않는** 것이다. 사실상 하이데거는 몇몇 현대 분석철학자들이 관습(T) 및 진리 문장에 관한 말의 연구를 통해 하려는 것을 그 자신의 진리 경험의 현상학을 통해 하려고 한다. 하이데거는 확증의 경험을 통해 진리 현상학에 접근한다. 하이데거가 이러한 문맥에서 확증의 개념을 사용하는 것이 몇몇 독자들로 하여금 하이데거가 제공하는 것이 진리의 검증 이론이라고 생각하도록 오도해 왔다. 검증 이론에 따르면 관념이나 진술이 참이려면 그것을 직접 검증할 수 있는 수단이 우리에게 있어야만 한다.[87] 하지만 하이데거가 말하려는 것은 이런 것

86 예를 들어, Davidson, *Truth and Interpretation*.

87 다음 참조: Okrent, *Heidegger' s Pragmatism*.

이 아니다.

하이데거는 진리를 확증의 경험을 통해 접근하는데, 이는 진리에 초점을 맞추려면 진리가 두드러지도록 하는 경험이 발견되어야만 하고, 또한 진리가, 『존재와 시간』에 나오는 다른 배경 조건들과 마찬가지로, 보통은 잘 드러나지 않는 것이어서 단지 비정상적인(붕괴, 망가짐 혹은 일탈의) 상황에서만 두드러지기 때문이다. 우리가 서로 일상적 삶을 바탕으로 (언명들을 만들 때) 말하는 것들은 많은 경우 참이고, 이러한 경우에서의 진리는 우리에게 풀어야 할 문제가 되지 않는다. 우리는 진리에 주목하지 않는 것이다. 오히려 우리는 진리가 의문시될 때 진리에 주목한다. 뒤뜰에 있던 나의 아들이 집으로 와서 나에게 "새의 모이통이 비었어요." 하고 말한다고 상상해 보라. §33에 따르면 내 아들의 언명은 새의 모이통을 빈 것으로서 드러내거나 보여 준다. 이제, 아들의 말에 내가 놀랐다면 (바로 이틀 전 새 모이통을 내가 채웠다고 상상해 보라), 나는 뒤뜰로 가서 확인해 볼 것이다. 아들의 언명이 참이라는 것을 깨달을 때 나는 무엇을 경험하는가? 하이데거에 따르면 나는 아들의 말과 모이통 혹은 그의 생각과 모이통, 혹은 (특히 나는 이렇게 덧붙이고 싶은데) 어떤 관념적 의미와 모이통 사이의 상응의 관계를 경험하는 것이 아니다. 차라리 나는 빈 것으로서의 모이통, 아들이 묘사한 바대로의 모이통을 경험한다.

> 의미된 존재자 자체가 그 자체 있는 **바 그대로** 자기를 내보인다. 즉 언명에서 **그것이** 그렇게 있다고 제시된 것과 동일하게 **그것이** 있다는 것이 발견되는 것이다. 표상들은 표상들끼리에서도 실재적 사물과의 **관계**에서도 비교되지 않는다. 확증되어야만 하는 것은 인식과 대상 혹은 심지어 심리적인 것과 물리적인 것의 일치가 아니며, '의식내용들' 사이에서 일어나는 일치도 아니

다. 확증되어야 하는 것은 다만 존재자 자체의 발견되어-있음, 그 자신의 발견되어-있음의 방식에서의 **존재자 자체**이다. (261/218)

이 구절은 읽기에 다소 어렵다. 하이데거는 여기에서 후설이 진리에 관해 논의하는 경우 사용하는 말을 사용하고 있는 것이다. 하지만 이러한 "자기동일성"의 언어는 집중하지 못하게 방해나 할 뿐이다.

하이데거는 자신의 진리 현상학을 간단하게 다음과 같이 설명한다: "이 언명은 **참이다**라고 말하는 것은 그것이 존재자를 그 자체에서 발견한다는 것을 뜻한다. … 언명의 **참됨(진리)**은 **발견하는-것으로-있음**으로 이해되어야만 하는 것이다" (같은 곳). 실상 하이데거는 두 주장을 펼친다: 우리의 진리 경험은 기본적 직관에 관한 아리스토텔레스의 공식에 의해 잘 파악되었다는 것이 그 하나이고 우리의 진리 경험은 고전적 대응설을 확증하지 않는 것을 넘어서 그것을 전복시키기까지 한다는 것이 다른 하나이다. 이것은 하이데거가 진리에 관한 "축소적" 설명을 대변하는 현대 사상가들과 꽤 잘 어울린다는 것을 알려 준다. 이러한 관점에 따르면 타르스키의 관습(T)와도 같은 진술들이 진리에 관해 말할 수 있는 것 전부이다. 하이데거가 이러한 축소적 설명에 덧붙이는 것은 우선 축소적 설명을 지지할 진리 현상학적 분석이다.

하지만 하이데거는 §44에서는 이보다 훨씬 많은 것을 말하는 것으로 보인다. 실제로 그는 그렇게 하지만, 그가 정말 원하는 것은 어떤 진리의 이론을 만들어 내는 것이라기보다는 차라리 언명의 진리를 그 철학적 문맥에 맞게 자리매김하는 것이다. 우리가 이전의 (x)절에서 본 것처럼 언명은 해석의 파생태이며, 해석은 이해의 파생태이다. 언명에서 행사되는 나타냄 혹은 가리킴의 기능은 이해의 "미리-가짐"을 근거로 해서만 가능하며, 언명은 그러므로 선-언명적, 선-인식적 세계이해의 문맥에서만 참이거나 거짓일 수 있다. 이로부터 하이데거는 선-언명적 이해가 언명이 그러한 것보다 "더 근원적인" 의미에서 참이라는 결론을 내린다:

> [참된 언명에 의한] 이러한 발견 자체를 가능하게 하는 것은 필연적으로 아직 좀 더 근본적인 의미에서 "참"이라고 불려야만 한다. **발견함의 실존적-존재론적 토대 자체가 비로소 진리의 가장 근원적 현상을 보여 주는 것이다.** (263/ 220)

우리는 이 진술을 두 가지 방식으로 독해할 수 있다.

하이데거는 현상들을 명명할 때 x의 가능성을 위한 조건은 "근원적 x"라 불려야 한다는 어떤 일반적 이론을 고수한다. 이런 식으로 하이데거가 표명한 진술들 중 가장 대담한 것은 아마 시간에 관한 설명에서 발견될 것이다:

> 그러므로 만약 현존재의 분별력을 통해 파악될 수 있는 '시간'이 근원적인 것이 아니고 오히려 본래적 시간성으로부터 비롯된 것이라는 것이 증명된다면 … 우리는 지금 여기에서 밝혀진 시간성을 근원적 시간이라고 정당하게 명명할 수 있다. (377/329)

이와 같이, 예컨대 하이데거는 시간을 경험할 가능성의 실존적 조건을 통상적 의미에서 "근원적 시간"이라고 부르고, (하이데거가 '삶을-다-보냄'이라고 부르는) 통상적 의미에서의 죽음의 가능성을 위한 실존적 조건은 "죽음"이라 부른다. 이것이 반복해서 나타나는, 그리고 다소간 오해의 소지가 있는 하이데거의 전략이다.

하지만 진리의 경우, 언명의 진리와 근원적 진리 사이에는 무언가 더욱 단단한 연결, 하이데거의 용어인 발견함과 열어밝혀져-있음에 항상 반영되는 그러한 연결이 있다. 하이데거의 "열어밝혀져-있음"이라는 말이 우리의 세계로의 진입의 특별한 양식을 지칭하는 말로 사용된다는 것을 기억하자. 하이데거의 전문 용어로서의 세계와 우리 자신 그리고 존재는 모두 열어밝혀져 있다; 세계-내부적 존재자들, 즉 손-안에-있는 것과 현전하는 것은 열어밝혀져 있다. 때로 하이데거는 이 두 현상들을 일반적으로 "탈은폐"로 설명한다. 하이데거는 이 말이 그리스어 "ἀλήθεια"의 의미를 가장 잘 포착한다고 주장한다. 나는 독일어 단어들에 대한 하이데거의 어원학과 마찬가지로 이 그리스어 단어의 해석이 하이데거가 수행하는 현상학을 가장 잘 대체할 수 있다고 생각하지는 않는다.

하이데거의 근원적 진리 개념의 현상학적 내용을 이해하려면 우리는 아마 언어에 대한 성찰로부터 시작하는 것이 좋을 것이다. 언명을 만들려면 우리는 언어를 사용해야 한다. 하지만 언어는 단순히 언명을 만드는 데 사용될 부동의 건축용 벽돌 같은 것이 아니다. 우리가 사용하는 용어들 자체가 세계에의 관점을 함축하고 있다. 즉 언어에는 세계에의 관점이 내포되어 있는 것이다. 자주 언급되는 예를 사용해 보자면, 근대 초기 "마녀"라는 말의 사용은 특정한 유형의 여성들을 바라보는 방식을 함축하고 있었다. 성별, 비-관행성, 그리고 정신적 질병 등에 대한 설명들과 교차하는 개념성 전체가 그 말에 함축되어 있었던 것이다. 마녀 같은 것은 없다고 오늘날의 우리가 말하는 경우, 이는 오늘날 마녀가 존재한다고 하는 말은 거짓이라는 주장만을 의미하지 않는다. 이 말은 매사추세츠만 식민지[88] 시절부터 살아온 어떤 성공적인 마녀사냥꾼이 마녀를 박멸하려는 긴 노력 끝에 선언하게 되는 그런 말이 아닌 것이다.

우리가 말하는 것은 차라리 마녀라는 개념은 세계와의 실질적 연관성을 지니지 못한다는 것이다. 마녀라는 말을 담고 있는 개념성은 세계를 발견하게 하기보다 오히려 뒤틀어 놓는 것이다. 이와 유사하게, 프로이트가 무의식의 개념을 도입하면서 원했던 것은 마치 조류학자가 새들의 목록에 한 종류를 더하는 것처럼 단순히 마음으로 분류될 수 있는 것들의 목록에 항목 하나를 더하는 것이 아니었다. 차라리 그가 원했던 것은 마음에 관한 사고방식을 완전히 바꾸는 것이었다.[89]

개념적 변화에 관한 이러한 관찰은 하이데거의 언어 개념에 확장될 수 있다. 하이데거에게 언어가 단순히 사물들에 관해 말하는 데 사용되는 도구가 아니라 차라리 소통적이고 표현적으로 세계를 연계함의 한 형태라는 것을 상기하자. 세계의 이 표현적 연계함은 우리로 하여금 세계를 서로 공유할 수 있게 하고, 더 나아가 세계를 구조적으로 연계시키기도 한다. 우리가 만드는 언명들은 언명들의 언어의 부분으로서만 작용하는 것이 아니라 그보다 더 깊게는 우리의 표현적-소통적 행위의 부분으로서 작용한다. 언명들은 몸짓, 의복과 노래의 스타일, 시와 그 밖의 다른 많은 소통의 형태들에 의존하는 것이지 어휘나 구문론 등에만 의존하는 것은 아니다. 소통의 이 광범위한 형태들로부터 떨어져서는 언명들은 만들어질 수도 없고 참일 수도 없다; 언명들은 소통 형태들의 파생태들인 것이다. 더 나아가, **그리고 바로 이것이 핵심인데,** 소통의 좀 더 광범위한 형태들은 언명이 하는 것보다 더 기본적인 차원에서

---

88 역자 주: 1630년에 건설된 뉴잉글랜드의 식민지를 말한다. 영국 왕 찰스 1세가 수여한 특허장에 의하여 건설되었다.

89 이 점에 대한 명쾌한 논의는 다음에 나온다: Richard Rorty, *Contingency, Irony, and Solidarity* (Cambridge, UK: Cambridge University Press, 1989), ch. 1, "The Contingency of Language."

세계를 열어밝힌다.

소통의 형태들은 세계를 열어밝힘에 있어 좋을 수도 나쁠 수도 있는데, 그것들은 철학적으로 확장된 의미에서 참일 수도 거짓일 수도 있는 것이다. 하이데거의 진리 개념에 대해 몇몇 주석가들은 근원적 진리는 — 세계를 열어밝히는 이해의 작업과 세계에 관한 담론 — 어떤 근원적 거짓됨과 대조되지 않으며, 따라서 하이데거가 이러한 문맥에서 "진리"에 관해 말하는 것은 올바르지 않다고 주장한다. 그들은 사실상 "진리"는 항상 "거짓"과 대조되어야만 하는데, 하이데거의 근원적 진리 개념의 경우는 그렇지 않으므로 "진리"라는 말이 잘못 사용되고 있다고 주장하는 셈이다.[90] 하지만 이 마지막 주장은 옳지 않다: 근원적 거짓됨이 있는 것이다.

하이데거의 근원적 거짓됨 개념을 탐구하기 전 우리는 하이데거가 이러한 문맥에서 "진리"라는 말을 사용하는 것이 우리가 이에 관련된 말들을, 때로는 "진리"라는 말 그 자체까지도, 일상적으로 사용하는 어떤 방식들을 포착한다는 것을 염두에 두어야만 한다. 예를 들어 마녀가 있다는 청교도들의 생각은 "잘못"이라고 말하는 경우, 우리가 뜻하는 것은 앞에서 본 것처럼 "17세기 매사추세츠에 마녀가 있었다"는 언명이 거짓이라는 것이 아니다. 우리가 뜻하는 것은 사태를 바라보는 청교도들의 사고방식 전체가 왜곡되고 그릇되었으며, 거짓이라는 것이다. 이해 및 세계의 열어밝힘은 왜곡될 수도 있고 그렇지 않을 수도 있으며, 참일 수도 있고 거짓일 수도 있다. 명제적 내용을 지니고 있는 발화 행위와 정신적 상태만이 참이거나 거짓일 수 있다는 생각에 빠져 있는 철

---

90 이러한 주장은 원래 E. 투겐트하트의 다음의 책에서 개진되었다: Ernst Tugendhat, *Der Wahrheitsbegriff bei Husserl und Heidegger*, 2nd ed. (Berlin: de Gruyter, 1970).

학자들은 개념적으로 좀 더 유연해지기 위해 노력할 필요가 있다. 그렇지 않으면 그들은 청교도들이 "잘못 알고 있다", "그들은 사태를 오해하고 있다"는 등의 말이 무엇을 의미하는지 제대로 설명하지 못할 것이다. 하이데거가 "진리"라는 말을 사용하는 것은 말이 지닌 이러한 일상적 의미를 따른다. "진리"라는 말의 이 일상적 의미는 거짓됨의 형태들과 대조되는 것이기도 하지만, 이 거짓됨의 형태들은 언명의 참 혹은 거짓을 통해 포착될 수 없는 것들이다. (또한 그것들은 우리가 이전의 ix절과 x절에서 본 것처럼 이론들이 아니기 때문에, "세계에 관한 상식적 이론들"의 참됨과 거짓됨을 통해서도 포착될 수 없다.)

근원적 진리와 거짓됨에 관한 하이데거의 논의는 이러한 고찰들을 통해 표현되는 것 이상의 의미를 지닌다. 하이데거는 이러한 근본적 세계-열어밝힘의 참됨과 거짓됨을 평가하게 할 범위를 한정하는 것이다. 청교도들의 경우에 우리는 사태를 바라보는 그들의 방식이 얼마나 억압적이고 옹졸한지 말할 수 있다; 이와는 다른 경우들에서 우리는 어떤 과학적 연구가 새롭고 생산적인 연구 기획을 산출하는 데 있어서, 우리로 하여금 자연의 힘을 조절하도록 돕는 데 있어서, 성공했는지 실패했는지 말할 수 있다. 세계-열어밝힘에 대한 이러한 일반적인 정치적, 도덕적, 그리고 실용적 평가들은 세계나 세계의 부분들을 바라보는 방식들 전체의 참됨과 거짓됨에 관해 논쟁을 주고받음에 있어서 늘상 이루어지는 평범한 것들이다. 우리가 앞서 살펴본 것처럼, 그리고 이 문제에 관해 나중에 다시 논의하게 될 것인데, 『존재와 시간』에는 기이하게도 도덕 철학과 정치철학이 부재한다. 더 나아가, 〔『존재와 시간』에서의〕 하이데거는 자연과학이 (듀이와 후기의 하이데거가 주장하는 것처럼) 우리의 기술적 실용적 목적들에 종사하기보다는 우리 주위의 세계를 순수하게 〔이론적으로〕 발견하는 것을 목적으로 삼는다고 생각하기 때문에 세계-열어밝힘을 실용적으로 평가할 가능성을 막아 버린다. 세계-열어밝힘에 대한 하이데거의 평가는 순전히 실존적이다. 이 때문에 그는 다음과 같이 쓴다:

> 현존재가 그 안에서 존재가능으로서 존재할 수 있는 가장 근원적이고 더 나아가 가장 본래적인 열어밝혀져-있음은 **실존의 진리**이다. 그것은 현존재의 본래성 분석과 연관될 때에야 비로소 그 실존적-존재론적 규정성을 얻게 된다. (264/221)

세계-열어밝힘은 본래적인 만큼 참일 수 있고 그 외의 경우 거짓이다. 이제 하이데거의 자기-본래성의 개념을 살펴보도록 하자.

§44에 관한 논의를 마무리 지으려면 간단하게나마 하이데거가 §44c에 남긴 "진리는 현존재의 존재에 상관적이다"라는 진술에 관해 언급할 필요가 있다 (270/227). 이렇게 진술하면서 하이데거가 의도하는 것은 상대주의적 진리관이 아니다. 세 문장 뒤에서 하이데거는 여기서의 상관성은 특정한 진리에 관한 어떤 "주관적 임의성"도 함축하지 않는다고 설명하는 것이다. §43c에서 하이데거가 말하고자 하는 바는 그저, 진리가 우리가 만드는 언명 및 좀 더 기본적으로는 세계-열어밝힘의 관점들 중 하나라면 진리는 결국 우리의 존재와 행위의 관점들에 담겨 있을 수밖에 없다는 것이다. 우리가 본 것처럼 우리가 사용하는 말과 우리가 발견하는 세계로부터 독립해서 진리를 옮길 수 있는 변함없는 명제는 없으며, 이는 변함없는 혹은 영원한 진리일 수 있는 것은 아무것도 없다는 것을 뜻한다. 하지만 이로부터 사람들이 믿는 모순적인 것들이 모두 참일 수 있다거나 논리학의 법칙처럼 우리가 아주 확신하고 있는 그러한 관점들이 우리가 말하고 생각하는 바를 〔필연적인 방식으로〕 결합시

키는 것은 결코 아니라는 식의 결론이 따라오는 것은 아니다.

연구를 위한 물음들

만약 언명의 진리가 "발견하며-있음"이라면 우리는 어떻게 거짓된 언명을 ("달은 초록색 치즈로 만들어져 있다") 참도 거짓도 아닌 언명으로부터 ("미국의 왕은 엘비스 프레슬리이다") 구분할 것인가? 이 두 언명들은 "발견"하지 않는 것이다.

XIII. 일상, 본래적 및 비본래적 삶

빠져듦, 불안, 죽음 그리고 결단성으로 방향을 돌리면 『존재와 시간』의 기획이 지닌 "실존주의적" 차원에 초점이 모아지기 시작한다. 하이데거는 실존적 차원을 제II편에서 다루려고 했었지만 곧 우리가 탐구하게 될 어떤 이유들 때문에 실존주의적 소재들 중 일부는 제I편에서 다루어졌다. 제I편은 "현존재에 대한 예비적 기초분석" (제I편의 제목), 즉 인간 삶의 현상학 일반으로서 의도되었다. 제II편은 현존재의 존재를 시간과의 관계에서 재-분석할 예정이었다. 일단 죽음과 불안의 가능성, 그리고 죽음과 불안에 대한 가능한 다양한 응답들을 받아들이게 되면 우리는 현존재가 "깊은" 시간적 구조를 지니고 있을 수밖에 없음을 — 이것은 다른 방식으로는 일어날 수 없는 그러한 인식인데 — 보게 된다. 시간과 시간성에 대한 하이데거의 분석은 『존재와 시간』에서 가장 영향력이 적은 측면들 중 하나이고, 거기에는 이유가 있다. 그것은 모호하고, 급진적이며 설상가상으로 그 논증들마저도 잘 이해가 가지 않는다. 그 때문에 독자들은 종종 하이데거가 시간성 개념을 소개하는 §65까지 읽고 나서 『존재와 시간』을 손에서 놓아 버린다. 이러한 이유로, 그리고 지면의 한계가 있기도 해서, 나 역시 마찬가지로 그냥 지나가면서 다룰 때 외에는 독자들을 위한 이 안내서에서 시간과 시간성에 관해 논의하지 않으려 한다. 제II편에서 §65에 선행하는 부분들이 그보다 훨씬 더 커다란 영향을 남겼다.

제II편 전반부에서 하이데거는 — 본래성 혹은 진정성처럼 — 그 안에서 우리가 바탕에 깔린 존재론적 구조에 따라 살아가는 인간 삶의 "현사실적 이상"을 개진한다. 하이데거는 우리가 대개 우리 자신의 존재에 상응하지 않는 그러한 방식으로 살아가면서 우리 자신으로부터 "떨어져 산다"고 주장한다. 우리는 우리 자신에게 "본래적이지" 않다. 하이데거의 주장에 처음 접근해 보는 사람은 **대강**, 우리가 대개 우리 자유의 범위를 온전히 인정하지 않고서 현존재라기보다는 동물인 것처럼 거의 그렇게 살아간다는 것이 하이데거의 주장이라고 생각해도 좋을 것이다. 이런 식으로 기본 관념을 설명하는 것은 하이데거로 하여금 칸트의 철학처럼 좀 더 전통적인 철학적 이해방식과 공명하도록 한다. 칸트에게는, 도덕 법칙에 대한 우리의 존중감이 우리로 하여금 정언명령에 따라 선택하고 결정하도록 이끌지 못하는 한 우리는 자율적이 아니라 타율적으로 행동하는 것이다. 타율적으로 행동한다는 것은 동물과 같이 산다는 것과 딱 일치하지는 않는다; 동물들은 결국 실천이성을 지니고 있지 않은 것이다. 하지만 실천이성을 도덕 법칙이 아니라 그저 우리의 욕망들을 충족시키려고 사용하는 경우 우리는 도구적 이성을 지닌 동물로서 살아간다고 말할 수 있다. 우리의 인간적 자유는 도덕 법칙의 부름에 응답해서 초-동물의 차원 위로 상승할 우리의 역량에 놓여 있는 것이다.

이와 유사하게, 하이데거가 I.5.B에서 "빠져듦"이라 부르는 상황 안에서 우리는 우리의 실존적 자유의 범위를 온전히 인정하는 것에 실패함으로써 우리 자신으로부터 떨어져서 살고 있다. 우리는 빠져든 혹은 하향평준화된 상황에서 살고 있는 셈이며, 이러한 상황에서 우리는 우리 자신이 누구인지 진정으로 알지는 못한다. 하이데거는 이러한 빠져든 상황에 맞는 상이한 표현들을 여럿 제시한다: 빠져듦, 비본래성(비진정성), 비결단성, 세인으로의 자기상실. 이 모든 표현들이 공통적으로 제기하는 주제는 우리가 우리 자신이 그러한 **종류**의 존재자인 현존재를 수용하지 않고, 세인으로의 자기상실로부터 벗어나 자신을 끌어모으고, 어떤 본래적 삶을 결단해서 수용할 가능성을 지니고 있지 않은 것처럼 산다는 것이다. 이 역동성의 탐구가 I.5.B의 과제이다.

본래적인 삶의 반대는 무엇인가? 『존재와 시간』은 본래적이지 않은 삶은 단지 무본래적이기만 한 것인지 아니면 좀 더 심각하게 빠져든 것인지의 문제에 관하여 모호하다. 우리는 하이데거가 세인에 관한 §27에서 세인을 때로 순응주의의 공격적 형태로 특징지으면서도 동시에 세인은 우리 존재의 실증적(positive) 구성요소라 말하기도 하는 것을 통해 이 문제를 확인한다. 우리는 이 문제를 다시 I.5.B에서 보게 되는데, 여기에서 하이데거는 빠져듦에 관해 애매모호한 말들을 늘어놓는다. 예를 들어, 하이데거는 "잡담"이라는 말에 그가 어떤 "폄하하는" 의미들을 덧붙이는 것은 아니라고 독자들을 안심시키면서 §35를 시작한다. 하지만 분석을 진행하면서 하이데거는 분명 잡담을 폄하하는 의미로 이해하는 방향으로 떠밀려 간다. 그는 잡담을 "완전한 무지반성"을 향한 경향으로 묘사하는 것이다 (212/168). 형용사 "빠져드는"에 담긴 폄하하는 의미는 I.5.B에서의 논의가 호기심과 애매함에 관한 논의를 통과하여 나아가면서 커지다가 §38에서 "빠져듦과 내던져져-있음"에 관한 논의에서 정점을 이룬다. 두 번째 단락의 서두에서 하이데거는 다시 한 번 "빠져듦"은 "어떤 부정적 평가도 표현하지 않는다"고 선언하지만, 곧 이와는 반대로 빠져든 현존재를 공공성에 자기를 상실한 현존재로 묘사한다 (220/175). 이러한 자기 상실은 우리가 §27에서 배운 것처럼 모든 위대함과 본래성의 수준이 하향평준화되고 억눌린다는 것을 뜻하는 것이다.

여기서 근본 문제는 하이데거가 본래적이지 않은 삶이 실제로 비본래적인지 결정하지 못하는 것처럼 보인다는 것이다. 그 이유 중 하나는 하이데거가 일상에 관한 20세기 초의 흐릿한 견해를 견지하고 있다는 것이다. 아마 하이데거가 정말로 의미했던 것은 일상을 철저하게 하향평준화되고 비본래적인 것으로서 묘사하는 일이었을 것이다. 키르케고르와 니체가 종종 동시대의 삶을 특징짓는 방식과 별반 다르지 않게 말이다. 니체에 따르면 대개의 사람들은 "무리", 즉 의지박약하고 상상력이 없어서 말해진 대로 행할 뿐 혁신을 일으키려 시도하지 않는 대중에 속한다. 무리는 취향도 없고 평범한 것으로부터 위대한 것을 구분할 능력도 없다. 니체의 수사는 바이마르 문화에 대한 독일 "만다린"(Mandarin)의 혐오와 맞아떨어진다.[91] 하이데거 자신은 작은 도시의 중하류층 출신이었고 독일 만다린 계층에 속하지 않았음에도, 그는 현대 도시적 삶의 퇴폐성에 대한 만다린의 비판에 동조했던 것처럼 보인다. 키르케고르의 근심은 위대성, 취향 및 퇴폐에 관한 것이라기보다는 상식과 공동체적 삶이 제기하는 윤리적, 합리적 요구를 넘어서 아브라함이 그러했던 것처럼 자기만의 고유한 방식으로 삶을 결정하는 기획을 꾸려나갈 개개인의 역량에 관한 것이었다. 근현대적 삶에 대한 실존주의적

91 다음 참조: Fritz K. Ringer, *The Decline of the German Mandarins: the German Academic Community, 1890–1933* (Cambridge, MA: Harvard University Press, 1969).

반응을 언급하는 이유는 하이데거가 『존재와 시간』에서의 몇몇 구절들에서 니체와 키르케고르, 그리고 만다린의 수사적 요소들을 사용하고 지지하는 것처럼 보이기 때문이다. 그러한 수사적 표현들을 사용하면서 하이데거는 평균적이고 일상적인 현존재를 무언가 시시하고 낮은 것과 동화시키려 했을지도 모른다. 하지만 이러한 시도가 타당하지 않다는 것을 철학적으로 이해할 때마다 하이데거는 늘 〔일상에 대한〕 그의 비판을 완화시키면서 그가 〔일상을〕 특징짓는 방식은 폄하하려는 것이 아니라 "실증적인" 실존적 현상을 묘사하려는 것이라고 강조한다. 하지만 이러한 강조는 그가 실제로 사용하는 수사적 표현들이 어떤 것인지 생각해 보면 공허하게 느껴질 뿐이다.

냉정을 유지할 때의 하이데거는 일상적 삶에 대한 좀 더 균형 잡힌 철학적 성찰들을 제공해 준다. 허버트 드레이퍼스는 『존재와 시간』에 나타나는 일상에 대한 현상학적 성찰들을 덜 경멸적인 방식으로 가리킨다:[92]

> 현존재의 일상성의 이러한 무차별성은 **아무것도 아닌 것**이 아니라 이 존재자의 실증적인 현상적 성격의 하나이다. 이 존재방식으로부터 나오고 또 그리로 되돌아가면서 모든 실존함은 그것이 있는 바대로 있다. 우리는 현존재의 이 일상적 무차별성을 **평균성**이라 명명한다. (69/43)

만약 현존재가 본래적이지도 않고 비본래적이지도 않은 "무차별적" 성격을 지니고 있다면, 그것은 현존재의 평균적 일상성에 관한 세 번째 묘사가 있음을, 그리고 이 세 번째 성격이 더 그럴듯한 묘사임을 알려 준

92 Dreyfus, *Being-in-the-World*, p. 27.

다. 다행스럽게도 영어 "본래적"(owned)과 "비본래적"(disowned) 역시 세 번째의 좋은 표현을 암시한다: "무본래적"(unowned).[93] 현존재의 평균적 일상성은 아마 무본래적이라 특징지을 수 있을 것이며, 이렇게 하면 "본래적"과 "비본래적"이라는 말은 평균적 일상성의 실존적 변양태들을 지칭하는 데에 사용할 수 있을 것이다. 『존재와 시간』은 이 점에서 양면적이므로 삶의 세 가지 양태가 있다는 제안이 분석에 유용한 가설인지 결정하는 것은 우리 몫이다. 우리는 이러한 제안이 문제 해명에 도움이 되는지 곧 확인하게 될 것이다.

이 가설은 다음과 같은 의미를 지닌다: 우리는 대단히 큰 정도로 무본래적 양태 안에서 산다. 많은 사람들에게 하이데거가 "죽음"과 "불

---

93 역자 주: 1. 'owned'와 'disowned'는 '본래적'과 '비본래적'을 뜻하는 독일어 형용사 '*eigentlich*'와 '*uneigentlich*'를 번역한 말이다. 이는 독일어 어간 '*eigen-*'에 영어 'own'과 같은 소유 및 '나만의 것'이라는 의미에서의 고유성의 의미가 담겨 있다는 것에 착안한 번역어이다. 하지만 여기서 역자는 다음의 이유로 '*eigentlich*'와 '*uneigentlich*'를 '본래적'과 '비본래적'으로 번역하였다: '본래'라는 말은 '본디의 모습이나 성질, 삶의 양식 등으로부터 유래하는 것'을 지칭하는 말로, 역자는 이 말이 '*eigentlich*'에 담긴 존재론적 의미를 표현하는 데 적절한 말이라고 생각한다. 하이데거가 말하고자 하는 것은 현존재의 존재론적 구조로부터 연원하는 현존재 본디의 존재방식을 표현하는 것이지 현존재가 이 본디의 존재방식을 마치 사물이나 속성처럼 자신의 것으로 소유하고 있다는 것은 아닌 것이다. 2. 물론 문맥에 따라 이 말들 및 그로부터 파생하는 말들을 '고유한' 및 '고유하지 못한' 등으로 번역하는 것이 더 적절할 때가 있다. 그런 경우에는, 적어도 하이데거의 존재론적 의의에 손상을 가하지 않는다고 판단되는 한에 있어서는, 역자는 '본래적' 및 '비본래적'이라는 표현 대신 '고유한' 및 '고유하지 못한' 등의 표현을 사용하기도 하였다. 물론 여기서도 '고유'라는 말은 소유의 의미가 아니라 일반 이념으로 환원될 수 없는 존재자의 근원적 각자성을 표현하는 의미로 사용되었다. 3. 저자가 제시한 'unowned'의 접두어 'un-'은 관행적으로는 원래 '비-'라고 번역되어야만 할 것이다. 하지만 '비본래적'은 '본래적이지 못한', 혹은 '자신의 본래 모습을 상실하거나 그에 상응하는 방식으로 존재하지 않음'을 표현하는 가치적 판단을 담고 있음에 반해 저자가 말하는 'unowned'는 그러한 가치적 판단과 무관한 새로운 차원을 강조하기 위해 제시된 개념이다. 이러한 이유로 역자는 'unowned'를 '무본래적'이라는 다소 억지스럽게 들리는 말로 번역하는 편을 택했다.

안" 같은 말들을 내세우며 묘사하는 고통스러운 실존적 도전들은 아직 일어나지 않았다. 우리는 우리의 삶이 본래적**인지 아닌지**의 물음에 직면함 없이 미끄러지듯 삶을 살아간다. 하지만 죽음과 불안이라는 실존적 도전이 일어날 때면 우리는 우리의 삶을 본래적으로 꾸려 갈 것인지 비본래적으로 꾸려 갈 것인지 선택의 기로에 서게 된다. 비본래적인 삶에의 선택을 표기하는 하이데거의 용어는 보통 "도피"이다. 비본래적 현존재는 죽음과 불안에 직면하게 되면 도피해서 다시 일상적 삶으로 돌아가려 시도한다. 하지만 실존적 도전들이 있음을 깨닫고 나면 우리는 "소박하게" 일상적 삶으로 돌아갈 수 없게 된다. 차라리 우리는 실존적 도전들을 감추거나 덮어 버리려 하게 되고, 이러한 선택은 우리가 한 존재자로서의 우리 자신의 본래성을 비본래적으로 만들어 버리는 것을 함축한다.

XIV. 빠져듦

『존재와 시간』 I.5.A는 열어밝혀져-있음, 즉 세계가 우리를 위해 "그때 거기" 있는 방식을 탐구한다. 우리가 본 것처럼 열어밝혀져-있음은 이해, 처해-있음, 그리고 담화라는 세 가지 측면을 지닌다. I.5.B에서 하이데거는 그가 "빠져듦"이라고 부르는, 열어밝혀져-있음의 평균적이고 일상적인 나타남을 탐구할 것이라고 알린다. 그는 빠져듦을 "잡담", "호기심", 그리고 "애매함"으로 구성되어 있는 것으로서 분석해 낸다. 하지만 앞 장에서 본 것처럼 일상성과 자기를-지님에 대한 하이데거적 구분은 애매하다. 아마 열어밝혀져-있음의 세 양태들이 서로 인접해 있을 것이다: 본래성, 무본래성, 그리고 비본래성. 그렇지만 이것만이 "빠져듦"이라는 하이데거의 용어를 사로잡고 있는 유일한 난점인 것은 아니다.

I.5.B에서 하이데거는 "빠져듦"을 열어밝혀져-있음의 한 특별한 양태를 지칭하려고 사용하지만 다른 곳에서는 우리가 세계-내부에 있는 존재자들과 맺는 관계를 지칭하려 사용한다. §41에서 하이데거는 마음 씀(현존재의 존재)을 실존, 현사실성, 그리고 빠져듦의 구조적 전체라고 정의한다. 여기서 "빠져듦"은 세계-내부에 있는 존재자들 가운데에 있는 우리의 존재를 나타낸다. 가운데-있음은 현존재의 존재의 구조적 요소이지 빠져듦의 양태 또는 심지어 열어밝혀져-있음의 단순한 평균적 양태에 지나지 않는 것이 아니다. 그럼에도 『존재와 시간』에서 "빠져듦"과 "빠져든"은 대개 가운데-있음보다는 열어밝혀져-있음의 빠져든 양태를 나타내는 데에 사용된다. 나는 이 용어를 이런 식으로 사용하려 한다.

아마 잡담, 호기심, 그리고 애매함은 이해, 기분, 그리고 담화의 빠져든 상태를 표현하는 그 상대 개념들이라고 생각되기 쉬울 것이다. 잡담(*Gerede*)이 분명 담화(*Rede*)의 빠져든 상태를 표현하는 양태이고 호기심이 "'보려고' 하는 경향"으로서 필시 이해의 한 양태일 것임에 반해(214/170), 애매함은 기분과 잘 들어맞지 않는다. 하이데거는 애매함을 "무엇이 참된 이해 안에서 열어밝혀졌는지, 무엇이 열어밝혀지지 않았는지 결정할" 역량의 결여로 특징짓는다 (217/173). 이는 애매함이 기분이 아니라 이해의 한 양태임을 암시한다. 게다가 §38에서 하이데거는 빠져듦과 함께 나타나는 기분을 평정함으로 특징짓는다. 결단성의 개념을 개진할 때 하이데거는 종종 우리가 불안을 평정하게 만들려고 〔일상에〕 순응하려 한다고 암시한다. 하지만 평정함은 빠져든 일상성의 기분을 모두 설명할 수는 없는데, §36의 호기심에 관한 논의는 평정함이 아니라 도리어 〔빠져든 일상성 안에서의〕 동요를 암시하는 것이다. 그러므로 I.5.B가 열어밝혀져-있음의 세 양태들을 각각의 빠져든 양태들 가운데에서 체계적으로 설명하는 것 같지는 않다. I.5.B를 1.5.A의 체계적 확장으로 취급하기보다는 무본래적 그리고 비본래적 삶의 지배적 양태들에 관한 일종의 제시로서 취급하는 것이 좋을 것이다. 〔철학적 분석을 통한 제시로서는〕 약간 혼란스럽기는 하지만 말이다.

담화의 기능은 세계의 이해가능성을 표현적으로 연계함이다. 세계 안에서 매일 살아가는 일은 이 세계의 어떤 것에 관한 "본래의" 혹은 "근본적인" 이해와 세계에 속한 대부분의 것을 단순히 "실증적으로" 이해함을 포함한다. 인간 삶의 가능성에 관한 이해를 지님은 본래 그러한 방식으로 삶을 꾸려 감에 능숙해짐이다. 〔실제로〕 차를 몰고, 강의록을 쓰고, 수학 숙제를 하는 어떤 어린아이를 도와줌은 이러한 것들에 관한 내 본래적 이해에 의해 일어나는 일이다. 하지만 내 세계의 많은 것들을 나는 이러한 본래적 방식으로 이해하지 않는다. 나는 철학을 어떻게 가르칠지 대학의 수준에서 이해하지만 초등학교 수준에서 책 읽는 법을 어떻게 가르칠지 이해하는 것은 아니다. 그럼에도 나는 우리의 삶 속에 그러한 가르침이 일어나는 자리가 있다는 것을 파악하며, 그 때문에 초등학교 선생들을 적절하게 인정하고 상대하는 법을 알게 된다. 하지만 나는 그러한 일에 직접 종사하는 것이 아니어서, 그것을 "내부로부터" 이해하지는 못한다.

대화에 관해서도 같은 말을 할 수 있을 것이다. 소통이란 "존재를 [표현적으로] 서로 연계해서 이해할 수 있게 됨"이라는 것을 기억하자 (197/155). 동료인 제빵사와 빵 굽기의 어려움에 관해 대화를 나누는 동안 나는 "나도 종종 반죽이 너무 많이 부풀게 해"와 같이 말한다. 이러한 진술을 나누는 동안 나와 동료는 서로를 빵 굽기 과정의 어떤 측면에 주목하도록 한다. 내 대화 상대자는 나와 마찬가지로 그것에 주목하면서 내가 말하는 것을 이해하고 특정한 상황을 나와 함께 나누게 되는 것이다. 그는 나에게 충고를 해 줄 수도 있는데, 그것은 우리가 함께 나누는 상황이 그에게 무언가 규정된 것이기 때문이다. 만약 내가 똑같은 말을 빵 굽는 법을 전혀 모르는 사람에게 하게 되면 그와 내가 함께 주목하게 될 빵 굽기 상황은 구체적이지 못할 것이다. 그는 빵 굽기가 잘못 될 수도 있는, 여러 단계를 지닌 어떤 공정이라는 것을 이해하는 데에 적합한 정도로만 빵 굽기에 관해 실증적으로 이해하고 있는 것이다. 그는 나에게 조언을 해 줄 수 없을 것이다. 이러한 점에 대해 하이데거는 약간의 경멸감이 느껴지는 방식으로 다음과 같이 말한다: "잡담은 사태를 미리 자기의 것으로 만들지 않고서 모든 것을 이해할 수 있는 가능성이다" (213/169).

우리가 이해하고 있는 것들 중 본래적인 것은 대단히 한정되어 있다; 우리가 이해하고 말하는 것들 대부분은 단지 실증적일 뿐이다. 우리가 본래적으로 이해할 수 있는 것에 한계가 있는 데에는 참으로 실천적인 이유가 있다: 우리는 대단히 많은 기획들에 건설적으로 우리 자신을 투사할 시간이나 힘을 지니고 있지 않은 것이다. "너무 많은 일에 매달리는" 사람은 피상적이거나 미숙해지게 마련이다. 하지만 단순히 실증적인 이해만으로도 세상에서 삶을 꾸려 나가는 데에는 대체로, 그리고 세상을 경험하는 와중에 일어나는 상황들을 다루는 데에는 이미 충분하다. 인간사에서의 어떤 영역을 실증적으로 이해하는 것이 세상에서 삶을 꾸려 나가는 데에 **충분**하고, 세상의 전부에 관해 본래적으로 이해하는 것은 **불가능**하다. 그러므로 〔이와 같은 의미에서〕 충분한 이해와 이 이해를 표현하는 실증적 잡담이 인간의 일상적 삶을 구성하는 것이다.

또한 잡담은 악화된 혹은 터무니없을 정도로 피상적인 형태를 지닌

다. 하이데거는 잡담이 실증적인 것으로부터 퇴락한 형태로 미끄러져 버리는 것을 다음과 같이 묘사한다:

> 말해져-있음, 말해짐, 언표는 이제 담화 및 그 이해가 참되고 사태에 상응함을 보증한다. 그리고 담화함은 담화되고 있는 존재자와의 존재연관을 잃어버렸거나 혹은 전혀 획득한 적도 없기 때문에 이 존재자를 자기의 것으로 만드는 본래적인 방식을 통해서가 아니라 **계속** 그리고 **되풀이**해서 담화함을 통해 소통시킨다. 그러한 것으로서 담화된 것이 점점 더 널리 퍼져 나가다 권위를 확보하게 된다. … 그런 식으로 계속 그리고 되풀이해서 담화함을 통해 시초부터의 근본의 결여가 완전한 무근본성으로 치닫게 되는데, 잡담은 바로 이렇게 구성된다. (212/168*)[94]

이러한 성격규정은 세계에 관한 우리의 진술들이 어떻게 그것들을 정당화할 경험으로부터 유리되는지 인식론적으로 염려하게 할 수도 있다. 바로 이러한 일이 예컨대 소문을 통해 일어나는 것이다.[95] 당신의 이

---

94 역자 주: 인용문에서 '근본' 및 '무근본성'으로 번역된 말은 저자의 영어 번역 'rootedness' 및 'rootlessness'를 번역한 말이다. 하지만 독일어 원어는 '*Bodenständigkeit*' 및 '*Bodenlosigkeit*'로, 이를 직역하면 토착성/지반성 및 무지반성이 된다. 곧 뒤따르게 될 저자의 설명을 보면 저자는 이 용어들을 맥쿼리와 로빈슨처럼 'ground' 및 'groundlessness'라고 번역하는 것이 하이데거의 논지에 어울리지 않는 인식론적 함의들을 지니고 있다고 여기는 듯하다. 'ground'라는 말에 인식론적 '근거(지음)'이라는 의미가 함축되어 있기 때문이다. 영어에서의 어감이 어떻든, 한국어에 더 적합한 번역어는 '지반성' 및 '무지반성'이다. 하지만 저자가 두 가지 상이한 영어 번역을 비교하는 관계로, 그리고 맥쿼리와 로빈슨의 번역어들을 '지반성' 및 '무지반성'으로 번역하는 것이 온당한 일일 것이므로, 여기서는 부득이 독일어 원문에서의 용어들을 '근본' 및 '무근본성'으로 번역하는 편을 택했다. 이후 문맥에 따라 '지반성' 및 '무지반성'이 병용될 것이다. 그리고 저자가 맥쿼리와 로빈슨의 번역어를 비판적으로 논할 때는 저자가 생각하는 이 번역어에서의 인식론적 의미를 살려 '근거' 및 '무근거성'으로 번역하게 될 것이다.

웃이 자신의 이웃집 남자가 벌거벗은 채 뒤뜰로 걸어가는 것을 보았다고 당신에게 말하는 경우를 상상해 보라. 당신이 진상을 알기도 전에 온 동네 사람들이 당신의 집에서 두 집 떨어진 곳에 열성적인 나체주의자가 살고 있다고 떠들어 댈 것이다. 이런 경우 소위 나체주의자로 추정되는 인물에 관한 보고들은 그것들을 정당화하거나 (혹은 하지 않을) 본래적 경험들로부터 유리되어 버린 셈이다. 하이데거가 지적하는 바에 대한 이러한 인상은 (내가 위에서 바꾸어 버린) 맥쿼리와 로빈슨의 번역에 의해 강화되는데, 이에 따르면 담화에 "시초부터 결여하던 근거는 완전한 무근거성으로 악화된다."

하지만 〔근거 및 무근거성 같은 말들이 전제할 수밖에 없는〕 인식론이 하이데거에게 가장 중요한 것일 수는 없을 것 같다. 두 가지 이유 때문에 그렇다: 첫째, (xi)절에서 본 것처럼, 『존재와 시간』이 철학적으로 우리에게 권고하는 것들 중 하나는 인식론을 포기하라는 것이다. 그러므로 이처럼 중요한 순간에 하이데거가 인식론적 염려를 지니고 있었던 것처럼 간주하는 것은 별로 어울리지 않는 일일 것이다. 둘째, 근거 지음 및 증거를 둘러싼 인식론적 염려들은 주로 언명들에나 (그리고 이론과도 같은 언명들의 복합체에나) 어울린다. 하지만 이전에 (ix절에서) 본 것처럼 담화는 언명들의 집합도 아니고 언명들을 구성하는 데 필요한 문법 체계 및 어휘도 아니다. 그러므로 하이데거의 잡담 개념을 인식론적 염려와 연계시키는 일은 대단히 오해의 소지가 많은 일일 것이다.

---

95 맥쿼리와 로빈슨은 "*Weiter- und Nachredens*"라는 독일어 표현을 "소문을 지껄이고 세상에 퍼뜨리기"(gossiping and passing the world along)로 번역한다. 하지만 원래의 독일어는 소문을 지껄이기의 의미를 함축하지 않는다. 독일어에서 소문을 지껄이기의 의미로 사용되는 단어는 "*Klatsch*" 같은 말이다. 어쨌든 소문이 잡담의 특별한 형태이기는 하다.

하이데거가 생각했던 것은 차라리 어떻게 인간사의 특정한 영역에 관한 단순히 실증적이고 피상적인 이해가 일종의 오해로 퇴락할 수 있는지의 문제였음에 틀림없다. 소통함은 어떤 사건들의 영역에 함께 주목하고 익숙해짐이고, 앞에서 본 것처럼 그 영역에서의 일에 실제로 참여할 수 없는 경우에도 단순히 실증적인 이해만 있으면 우리는 그 영역 및 그 주변에서 삶을 꾸려 나갈 수 있다. 그러한 실증적 소통이 본래적 담화에 내린 뿌리가 뽑혀 버리는 경우, 담화는 실제적 이해를 용이하게 하기보다는 오히려 가로막는다. 상당히 논의의 여지가 많은 것으로 인정되는 예를 하나 다루어 보자. "학생-운동선수"라는 말은 소위 학생-운동선수의 삶에 내재하는 어려움들을 이해하는 데에 방해가 된다. 현재 고등학교나 심지어 그보다 더 낮은 단계의 학교에 재학 중인 운동선수들은 학업에 전념해서 좋은 성적을 얻고자 하는 열망과는 화해하기 어려운 많은 도전들에 직면하게 된다. 이러한 어려움은 몇몇 대학들에서 노골적인 추문을 일으킬 정도로 심한 어려움에서 그런 정도는 아닌 좀 덜 심각한 어려움에 이르기까지 다양한데, 어쨌든 운동선수들은 학업에 전념할 수 없으리만큼 많이 연습하고 경기에 참여하려 많이 돌아다니기 때문에 좋은 성과를 내게 되는 것이다. 운동역량을 최대한 발휘하려는 강박관념에 미국이 점점 더 강하게 사로잡히면서 청소년 스포츠 감독들은 종종 열 살, 열한 살짜리 아이들이 운동장에서 일주일에 두세 번이나 연습하도록 하자고 주장하는데, 말하자면 어차피 아이들은 조만간 학생-운동선수로서 생활한다는 것이 어떤 것인지 배워야만 한다는 것이다. 그들은 학생-운동선수로 생활한다는 것 자체가 무슨 일관성이라도 있는 일인 것처럼 여기는 것이다![96]

---

96 이에 대해 궁금하면 다음 참조: Bruce B. Savare, *Reforming Sports before the Clock*

내가 제시한 이 특별한 예에 관해 사람들마다 느끼는 점은 다를 수도 있다. 하지만 어쨌든 실제적 이해에 방해가 되는 잡담이 어떤 유형의 것인지는 이제 충분히 분명해졌을 것이다. 우리는 종종 꼭 어떤 현상에 대한 참된 이해를 표현하는 것처럼 보이지만 실제로는 그 현상이 지닌 여러 관점들을 가려 버리거나 흐릿하게 만들어 버리는 말하기 방식들을 만들어 낸다. "그러한 것으로서 담화된 것이 점점 더 널리 퍼져 나가다 권위를 확보하게 된다" (212/168). 우리가 현상에 대한 본래적 이해를 지니고 있지 않으면 우리가 이런 식으로 말한다는 단순한 사실이 권위를 지니게 된다. 이것이 하이데거가 말하는 "애매함"이다.

> 누구나 접할 수 있고 누구나 그것에 관해 아무 말이든 할 수 있는 그러한 것과 일상적 함께-있음에서 마주치게 되면 무엇이 참된 이해 안에서 열어밝혀진 것인지 그리고 무엇이 그렇지 않은지 바로 결정할 수는 없게 된다. (217/173)

다른 예를 하나 들어 보자. 최근 미국에서 온통 "백인 노동자 아빠"(Nascar dads)와 "극성 엄마"(soccer moms)에 관해 말하는 것을 생각해 보자. 이러한 개념들은 무언가 이해하고 있는 듯한, 그 개념들이 열어밝히려 하는 맥락에 뿌리를 내리고 있는 듯한 인상을 풍긴다. 하지만 실제로 이 개념들은 드러내는 것만큼이나 상황을 감춘다.

호기심은 우리로 하여금 잡담에 더 깊이 빠져들게 한다. 호기심은 세계에 우리가 매료되어 있기에 생겨나는 것으로서, "쉬고 머물며 그저

Runs Out: One Man's Journey through our Runaway sports Culture (Delmar, NY: Bordlice Publishing, Sports Reform Press, 2004).

그 겉모양에서 '세계'를 볼" 〔현존재의〕 가능성 안에서 일어난다 (216/172). 하나의 사물을 단순히 보고 그것을 기꺼워하는 경우 우리는 그것에 관해 느슨하게 풀려난, 기껏해야 실증적인 경험이나 하게 된다. 우리는 어떤 경우에도 이런 식으로는 본래적 친숙함을 얻지 못한다. 하지만 좀 더 고조된 호기심의 형태가 있는데, 여기서 "호기심은 자유로워지고" 우리는 이해하려 하기보다는 "단지 보려고" 본다. 이러한 호기심은 우리로 하여금 산만하게 하고, 산만함은 본래적 이해를 어렵게 만드는 실증적 장애물이다. 고조된 호기심은 이렇게 이해가 퇴락하도록 조장한다.

비본래적 실존에 대한 설명에 있어서 잡담이 중심적인 위치를 차지하도록 하려면 현존재는 단순히 잡담을 마음대로 즐길 뿐 아니라 아예 잡담 안에서 살 수도 있다고 파악될 수 있어야만 한다. 즉 잡담은 우리로 하여금 남들이 행동하고 전념하는 바에 관해 절충적으로 이해하게 하거나 이런저런 실천들에 관한 퇴락한 이해를 지니도록 하는 것이다. 잡담은 우리로 하여금 **우리의 본래적** 행동과, 특히 우리의 본래적 '무엇을-위하여'를 이해하는 것과는 거의 무관하다. I.5.B에는 잡담의 현상에 관한 분명한 논의가 없는데, 이는 아마도 잡담이 빠져듦의 실증적 의미와 퇴락한 의미 사이에서 찢겨 있기 때문일 것이다. 본래적 '무엇을-위하여'의 퇴락은 본래적 삶과 비본래적 삶을 구분하는 데에서 중심적인 주제이지만, I.5.B의 공식적 주제는 평균적이고 일상적인 열어밝혀져-있음이므로 하이데거는 자기-퇴락의 문제로부터 뒤로 물러난다. 그러므로 자기-퇴락에 관한, 『존재와 시간』에 흩어져 있는 몇몇 구절들을 모아 하나로 엮을 필요가 있다.

세인에 관한 §27의 논의들이 노정하던 어려움들을 상기해 보자. 거기서 세인은 한편으로는 일상적 삶을 가능하게 하는 사회적 배경으로서의 정상성으로 파악되었으며, 이는 그것이 〔현존재의 삶〕에 구성적으로 작용한다는 것을 뜻한다. 하지만 세인은 하이데거가 종종 "공공성"이라 부르고 인간 삶의 "하향평준화"라 특징짓는 것으로서, 이는 세인이 〔현존재로 하여금〕 퇴락하도록 하는 사회적 압력 같은 것임을 뜻한다. 이 두 번째 특징에 관해 논하면서 하이데거는 다음과 같이 쓴다:

> 무엇이 감행될 수 있는지, 그리고 감행되어도 좋은지 미리 규정해 나가면서 이 평균성은 앞으로 밀고 나서는 모든 예외적인 것을 감시한다. 모든 종류의 탁월함이 소리 없이 억제된다. 모든 근원적인 것이 하룻밤 새 이미 오래전부터 알려진 것으로 다듬어진다. 힘들여 쟁취한 모든 것이 다루기 쉽게 된다. 모든 비밀이 힘을 잃어버린다. 평균성의 마음 씀은 다시금 우리가 모든 존재가능성들의 하향평준화라고 부르는 현존재의 본질적 경향의 하나를 드러내는 것이다. (165/127*)

세인으로의 침잠은 남들의 세계와 삶에 대한 이해뿐만 아니라 자기 자신의 세계와 삶에 대한 이해 역시 퇴락하게 한다. 더 나아가 하이데거는 §55 (II.2)의 한 구절에서 이런 식으로 세인 안에서 자신을 잃어버림에 잡담 자체가 결정적인 역할을 한다고 암시한다: "자신을 세인의 공공성과 잡담에 잃어버리면서, [현존재는] 세인-자기에 귀 기울이느라 정작 본래적 자기의 목소리는 흘려듣는다" (315/271). 우리는 세인-자기의 목소리는 들을지언정 본래적 자기의 목소리는 듣지 못한다는 것이다.

영화 제작자들과 소설가들이 이러한 상황을 묘사하는 데에는 강단 철학자들보다 일반적으로 더 낫다. 그러니 예술가들이 무심하게 풀려난 피상적 삶을 어떻게 묘사하는지 한 번 살펴보자. 「아메리칸 뷰티」[97] 라는 영화에 등장하는 (케빈 스페이시가 연기한) 레스터 번햄이라는 인물이 바로 이렇게 삶을 살아가며, 자신의 삶이 그렇다는 것을 깨닫고 난 뒤 그는 다음과 같은 훌륭한 대사를 남긴다: "나는 대략 20년 동안 혼수 상태에 빠져 있었던 것 같은 느낌이다. 그리고 나는 지금 막 깨어나고 있다." 세인 안에서 자신을 잃어버리는 것은 인간 삶에 관한 공공의 해석에 따라 사는 것을 뜻하는데, 이 해석은 융통성도 없고 각자가 살아가는 구체적 상황에 잘 반응하지도 않는다.

> **이에 반해 세인에게 상황은 본질적으로 닫혀 있다.** 세인은 그저 '**일반적인 처지**' 만을 알 뿐으로, 그때그때 맞닥뜨리게 되는 다음 순간의 '**기회들**' 에 자신을 잃어버리고 '우연들' 을 나름 헤아리면서 자신의 현존을 유지하려 한다. 세인은 이러한 헤아림의 의미를 제대로 이해하지 못한 채 그것을 자신의 업적으로 간주하면서 〔현존을 위해〕 이용하는 것이다. (346-347/300)

"일반적 처지"는 우리가 그 안에서 살아가는 상황에 대해 일반화된, 혹은 막연한, 방식으로 반응한다는 것을 뜻하는 말로, 우리가 구체적으로 반응한다는 것을 암시하지는 않는다. 그렇듯, 레스터 번햄은 20년 이상 직장을 다니면서 무미건조하고 김빠진 삶을 살아갔다. 열려 있던 다른 가능성들은 그에게는 닫혀 있던 셈이다. 그가 세인에 의해 제공되는, 삶에 대한 지배적 해석에 종속된 채 살지만 않았어도 붙잡을 수 있었을 그런 가능성들 말이다.

> 공공성은 우선 세계와 현존재에 관한 모든 해석을 조정하고, 언제나 옳다. 이것은 공공성이 '사물들' 과 탁월하고 우선적인 존재관계를 맺고 있기 때문도

---

97 *American Beauty* (Dreamworks SKG, 1999), Sam Mendes (dir.).

> 아니고 현존재를 잘 꿰뚫어 볼 수 있게 하는 어떤 특별한 가능성을 지니고 있기 때문도 아니다. 그것은 도리어 공공성의 근거가 '사태들에 관해' 구체적으로 파악하지 않음에 있기 때문인데, 공공성은 수준들을 분별하고 참됨을 구별하는 데에 언제나 무감각한 것이다. 공공성은 모든 것을 어둡게 만들고, 그렇게 가려진 것을 이미 알려져 있어 모두가 접근할 수 있는 것으로서 통하게 한다. (165/127)

우리가 나중에 (xvii)절에서 연구하게 될 단호한(결단한) 현존재는 자신이 "상황"을 열어밝혀서 그 상황 안에서 "현사실적으로 가능한 무엇"을 처음으로 보게 된다 (346/299).

실존적 상상력을 발휘하지 못함은 어떤 기술이나 도구 혹은 실천에 관한 단순히 실증적인 이해를 지니고 있는 누군가가 정작 〔그러한 이해가〕 참으로 가능하게 하는 것이 무엇인지는 보지 못하는 것과 같다; 오직 숙련된 전문가만이 그것을 볼 수 있다. 청소년 스포츠 감독으로서 신참이거나 상상력이 부족한 사람은 아이가 골을 내고 지루해하는 것을 보게 될 것이고, 기껏 아이에게 "운동하기 싫으면 가서 사이드라인에 앉아 있기나 해라" 하고 말할 생각이나 할 것이다. 상상력 있고 숙련된 감독은 지루해하는 아이가 경기나 연습에 참여하도록 할 방법을 좀 더 쉽게 찾아낼 것이다. 그는 아이에게 맞는 역할을 찾아내는 것이다. 직관적 숙련성에 관한 그들의 통찰력 있는 현상학에서 허버트 드레이퍼스와 스튜어트 드레이퍼스는 특정한 기술에 숙련된 전문가가 신참내기를 놀라게 하거나 꺾어 버리도록 상황을 잘 이해하고 상황에 맞게 반응하는 방식을 강조한다.[98] 하지만 중요한 것은 이런 종류의 직관적 숙련성

98 Hubert L. Dreyfus and Stuart E. Dreyfus, *Mind over Machine* (New York: Free

이 무언가 "적절한 것" 혹은 "요구되는 것"을 행하는 것에 관한 문제 이상의 것임을 이해하는 일이다. 그것은 우리로 하여금 상황에 맞게 창조적이고 유연하게 반응할 수 있도록 하는 것이다. 이제 우리는 왜 하이데거가 잡담 (및 다른 빠져듦의 현상들)을 본래적 삶보다 적은 것[즉 비본래적인 것]을 구성하는 것이라고 생각했는지 이해할 수 있다: 본래적으로 살려면 우리는 삶을 신참내기처럼 경직되게 꾸려 나가는 대신 유연하고 창조적으로 꾸려 나가야만 하는 것이다.

하이데거는 퇴락한 삶에 대항할 "역가능성", 즉 자기를-가짐에 관해 논한다. 이 개념을 개진하려면 우리는 우선 본래적으로 살 것인지 비본래적으로 살 것인지의 물음을 처음 제기하게 만드는 실존적 도전들에 관해 먼저 탐구해야만 한다. 불안과 죽음이 이러한 실존적 도전들이다. 이제 이 개념들을 한 번 다루어 보자.

연구를 위한 물음들

당신 생각에는 어떤 방식의 삶이 무본래적 삶을 살아가는 방식인가? 즉, 어떤 방식으로 사는 것이 당신으로 하여금 당신에게 열려 있는 참된 가능성을 인식하지 못하게 할까?

XV. 불안

불안(*Angst*), 두려움, 외로움, 불안(anxiety), 절망 — 이것들은 실존주의자들이 특유의 방식으로 주목했던 감정들이다. 도스토예프스키의 "지하

Press, 1986).

인"(『지하생활자의 수기』에 등장하는 반(反)영웅)은 몹시 외롭고 그가 "지나친 명석함의 질병"이라 부르는 것을 앓고 있다. 그는 행위를 정당화하는 관례들을 꿰뚫어 〔그 한계와 무근거성을〕 볼 수 있는 것이다:

> 나는 어디에서 행위의 최초의 이유, 행위를 정당화할 근거를 발견할 것인가? 나는 대체 어디에서 그러한 것을 찾아야만 하는가? 나는 추론의 힘을 행사해 보지만 내 경우 최초의 이유를 찾았다고 생각할 때마다 나는 진정 최초인 것 같은 또 다른 이유를 보게 되고, 이런 일이 계속해서 무한히 반복된다. 바로 이것이 의식과 사유의 본질인 것이다.

이런 식으로라도 행위를 정당화하지 않으면 그에게는 아무것도 남지 않게 된다. 아마도 거친 감정만은 제외하고서 말이다. 하지만 그의 거친 감정들 역시 행위하도록 그를 움직이는 데에 실패한다:

> 분노는 물론 모든 망설임을 극복해서 최초의 이유를 대체하게 되는데, 이는 정확히 말해 분노가 실은 어떤 이유도 아니기 때문이다. 하지만 만약 분노조차도 품고 있지 않다면 나는 무엇을 할 수 있을까 (그리고 나는 바로 이러한 지점에서 출발했다. 기억하는가)? 내 안에서 분노는 화학적으로 해체되어 버린다. 다른 모든 것처럼 말이다. …[99]

유사하게 이반 카라마조프 역시 러시아 국민들의 관습을 "꿰뚫어 〔그 한계와 무근거성을〕 보았지만", 그것을 대체할 다른 아무것도 지니고

99 Fyodor Dostoyevsky, *Notes from Underground, White Nights, The Dream of a Ridiculous Man, and Selections from The House of the Dead*, trans. by Andrew Robert Macandrew (New York: Signet Classics, 1961), p. 103.

있지 않았다.

> "나는 아무것도 이해하고 있지 않아" 하고 이반은 마치 섬망에 사로잡힌 것처럼 계속 말했다. "나는 지금 아무것도 이해하고 싶지 않아. 나는 사실을 고수하고 싶어. 난 이미 오래전 아무것도 이해하지 않기로 결심했지. 무엇이든 이해하려고만 하면 나는 사실과 다른 생각을 하게 될 텐데, 나는 사실을 고수하기로 결심한 거야.[100]

이반은 "사실을 고수하기로", 즉 어떤 것도 이해하려 하지 않기로, 인간 삶의 의미를 찾지 않기로 결심했다. 이반은 "세계는 부조리 위에 서 있어" 하고 선언하고서 그가 "삶의 잔을 말끔히 비우게 될" 서른 살이 되면 자신의 목숨을 끊어 버릴 결심을 한다.

다른 실존주의적 작품들 역시 절망, 불안, 그리고 고독과 같은 감정들에 주목한다: 사르트르의 『파리』, 카뮈의 『이방인』, 그리고 카프카의 거의 모든 저술들이 그러하다. 인터넷을 조금만 뒤지면 이러한 심리적 현상들을 표현하는 영화들에 관한 활발한 논의들을 찾아볼 수 있다: 조금만 언급해 보면 「아메리칸 뷰티」 (멘데스), 「이클립스」[101] (안토니오니), 그리고 「히로시마 내 사랑」 (레네) 등이 그러한 영화들이다. 이처럼 문학으로 영화로 심리적 현상들을 탐구함은 **철학적으로** 어떤 의미를 지니는가? 하이데거는 실존주의 문학으로부터 깊은 영향을 받았지만 동시

---

100 Fyodor Dostoyevsky, *The Brothers Karamazov*, Vintage Books ed., trans. by Constance Black Garnett (New York: Modern Library, Random House, 1950), p. 289.

101 역자 주: 한국에는 「태양은 외로워」라는 제목으로 소개된 미켈란젤로 안토니오니 감독의 1962년작 영화이다.

에 "고양하는" 글쓰기와 철학 사이의 차이가 불분명해지는 것 역시 원하지 않았다.[102] 여기서의 철학은 현상학적 존재론을 의미한다.

『존재와 시간』 §40에서 하이데거는 그가 "불안"이라고 부르는 실존적 두려움의 현상학을 제시한다. 하지만 방금 본 것처럼 우리는 먼저 어떤 종류의 불안이 『존재와 시간』의 존재론적 관심의 대상이 되는 것인지 물어야 한다. 두 가지 대답이 있다. 첫째, 우리가 반복해서 본 것처럼 현상의 존재론적 구조는 정상적인 상황에서보다 비정상적인(붕괴 혹은 일탈의) 상황에서 더 잘 두드러진다. 우리는 대개 도구들을 그 존재론적인 구성 요소들과의 관계에서 만나지 않는다; 도구의 도구로서의 특징은 〔현존재와 도구 사이의〕 정상적인 상호작용이 사라져 버린 비정상적인(붕괴 혹은 일탈의) 상황에서 두드러지는 것이다. 마찬가지로, 나는 보통 남들을 친구로, 낯선 자로, 학생 등등으로 만날 뿐이지 그들이 세인에 종속되어 있고 또 세인을 강화한다는 것을 각성하며 만나지는 않는다. 일상적 인간 삶의 이러한 특징들은 우리가 일탈적인 것과 조우하게 되는 경우 일어나는, 하이데거가 "거리"라는 말로 지칭하는 사회적 비정상(붕괴 혹은 일탈)의 상태에서 더욱 두드러진다.

§40에서 우리는 비슷한 양상이 현존재의 자기-이해에도 적용된다는 것을 발견한다. 우리의 존재는 실존이고, 실존함은 어떤 규정된 방식으로 자신을 이해하면서 자신을 구성함을 뜻한다. 우리는 보통 존재하는 바대로의 자신을 구성하는 경험을 하지 않는다; 차라리 우리는 보통 그저 존재하는 바대로의 자신일 뿐이고 세계에서 만나는 객체들과 가능성들의 이런저런 의미들을 그들이 존재하는 바대로의 의미들로 경험할

102 이것은 키르케고르에 대한 하이데거의 논평이나 (예를 들어 494쪽을 참조해 보라) 그가 "세계관 철학"이라 부르는 것을, 예를 들어 『근본문제들』의 서론에서처럼, 지속적으로 거부하는 것에서 분명히 드러난다.

뿐이다. 불안에서 자기-구성의 투명성은 붕괴해 버리고, 나는 자기-구성자로의 나 자신을 자각하게 된다. 그러므로 불안의 현상학은 『존재와 시간』에서 중요한 증거 자료의 역할을 하는 셈이다: 그것은 실존에 관한 하이데거의 존재론적 설명을 확증해 주는 것이다. (이것이 하이데거가 불안을 주제적으로는 불안과 더 밀접한 관계가 있는 제II편에서 다루지 않고 I.6에서 다루는 이유이다.)

불안에 관한 논의는 『존재와 시간』에서 두 번째로 중요한 역할을 수행한다. 비록 이러한 역할이 제II편에 이르기까지는 분명하게 드러나지 않더라도 말이다. 불안은 하이데거가 묘사하듯 그 안에서 우리가 살고 있는 의미의 구조의 완전한 붕괴이다. 불안에서 우리는 우리 자신을 구성하지 않는다. 우리는 그렇게 할 수 없는 것이다. 어떤 의미에서 우리에게는 실존할 역량이 없다. 하이데거는 도발적이게도 이 실존할 역량의 결여를 "죽음"이라 명명한다. 죽음은 불안과 같은 경험으로 드러난다. 나는 이러한 경험을 "현존재의 극단적(extreme) 상황"이라고 부를 것이다. 그것은 하이데거가 죽음을 "극단적"(uttermost)이라 특징짓는 것에 착안한 것이다. 죽음은 이러한 경험에 속하는 자기-이해이고, 불안은 그 기분이며 양심은 그 담화이다. 자신을 세인으로서 구성할 수 없음에도 현존재에게 존재할 능력이 있다는 것은 현존재에 관한 무언가 중요한 것을 드러낸다. 그것은 제I편에 나오는 현존재에 관한 공식적 설명에서는 다루어지지 않은 어떤 것이다.

불안에서 세계는 완전한 무의미 안으로 무너져 버린다.

> … 세계내부적으로 발견된 손-안에-있는 것과 현전하는 것의 전체 사용사태는 그러한 것으로서 도무지 중요하지 않다. 그것은 그 자체 안으로 무너져 버린다. 세계는 완전한 무의미성의 특징을 띠게 된다. (231/186)

세계가 의미를 지니는 것은 그것과의 관계에서 우리가 도구의 의미를 이해하기 **때문이기도 하고** 그 안에서 우리가 우리 자신을 이해하기 **때문이기도 하다** (119/86). 불안에 관한 어떤 실존주의적 묘사에서 인간 삶에 필요한 용품들은 그 맥락을 잃어버린다: 내 앞에 있는 이 사물은 더 이상 스스로를 하나의 머그잔으로서 내보이지 않고 순연한 사물로, 초록색이 감도는 물질 덩어리로, 퇴락해 버린다.[103] 하지만 이런 의미에서의 불안은 하이데거가 염두에 두고 있는 불안과는 달라 보인다. 오히려 하이데거는 불안 안에서 "… 세계가 그 세계성 안에서 혼자서만 여전히 솟아오른다"고 강조하는 것이다 (231/187). 세계, 즉 용품들의 유의미한 맥락은 여전히 뚜렷이 현전한다. 나는 여전히 머그잔을 앞에 두고 있다; 나는 용품들을 여전히 그 도구적 역할들과의 관계에서 이해한다.

내가 불안 속에서 할 수 없는 것은 나 자신을 이해하는 것이다: "그러므로 불안은 현존재에게서 〔일상성에〕 빠져들며 자신을 '세계' 및 공공에 의한 세계 해석으로부터 이해할 가능성을 앗아간다" (232/187). 불안 속에서는 자신을 이해할 수 없기 때문에 우리는 세계에서 "편안함"을 느낄 수 없다. 세계는 보통 우리가 머무는 "편안한 곳"이다. 우리는 우리 자신을 세계 안에서 이해하는 것이다. 그러므로 하이데거는 불안의 기조 혹은 분위기를 **섬뜩함** 혹은 **"편치-않음"**으로 특징짓는다 (233/188-189). 결론적으로, 우리는 우리 자신이 무엇에 의해 둘러싸여 있는지 알지 못하기 때문이 아니라 세계가 우리에게 그것과의 관계에서 우리 자신의 삶의 의미를 만들어 나갈 그 어떤 것도 제공하지 않기 때문에 세계로부터 낯설어지는 것이다.

---

103 이러한 예는 다음의 책에 나와 있다: Jean-Paul Sartre, *Nausea*, trans. by Lloyd Alexander (New York: New Directions, 1964).

세계는 그것과의 관계에서 우리가 도구의 의미를 이해하고 또 그 안에서 살고 있는 그러한 것일 뿐만 아니라 그 안에서 남들이 살고 있는 그러한 것이기도 하다. 현존재는 서로-함께-있음이며, 이는 우리가 자신을 자신과 거의 모든 면에서 같은 남들과 한 세계에서 살고 있는 자로 경험함을 뜻한다. 그들은 "공동-현존재"로서 나와 공통된 공동-세계에서 살고 있는 동료 거주자들이다. 우리가 머그잔이 무엇인지 그리고 머그잔으로 하는 일이 무엇인지 지속적으로 이해할 수 있다는 것이 우리로 하여금 바로 이웃이 무엇인지 그리고 어떻게 이웃을 대하는 것이 적절한 일인지 지속적으로 이해하며 살아가도록 한다. 불안 속에서도 우리의 친구들, 가족, 이웃들, 직장 동료들 등등은 바로 그런 식으로 우리 곁에 머문다. 하지만 우리 자신을 이렇게 주어진 세계 구조와의 관계에서 이해할 수 없는 것이 우리를 〔세계의〕 도구적 맥락으로부터 낯설어지게 하기 때문에 불안은 우리를 또한 남들로부터, 가족으로부터, 친구로부터 낯설어지게 한다. "더 이상 '세계'는 아무것도 제공할 수 없으며, 남들이 함께-현존함 또한 그러하다" (232/187).

이 낯설어짐은 무엇을 뜻하는가? 불안은 일종의 기분이고, 기분으로서 불안은 열어밝히는 기분의 특성을 지니고 있으며, 여기에는 의미의 발견도 포함된다. 우리의 평균적 일상성에서 삶 속에서 제공되는 다양한 삶의 가능성들은 특정한 방식들 안에서 우리를 끌어들이기도 하고 밀어내기도 한다. 아버지가 됨은 성취감을 주고, 감독이 됨은 흥분과 자극을, 이웃이 됨은 휴식을 준다. 불안 역시 삶의 가능성들을 열어밝히기는 하지만 보통 우리로 하여금 행동하도록 하는 그러한 의미 없이 그렇게 한다. 불안 속에서 우리는 가능성들을 향해 밀고 나아갈 수가 없는데, 우리는 세계와의 관계 속에서 우리 자신을 이해할 수 없는 것이다. 불안은 가능성들을 하찮고 무의미한 것으로서 열어밝힌다. 세계는 아무것도 제공할 수 없다. 그것은 세계 **그 자체에** 어떤 결함이 있기 때문이 아니라 다만 불안 속에서는, 특히 우리가 삶 속에서 이것저것 수행해 나가는 방식들을 포함해서, 세계에 관한 모든 것이 무의미하기 때문이다. 그들은 의미를 잃어 하찮게 되어 버린다. 심리 문학에서 "쾌감상실"(anhedonia)의 상태는 살면서 쾌락을 느낄 역량의 결여나 "일을 진척시킬 수 있는 역량의 결여"로 특징지어진다.[104] 욕망과 쾌락의 상실은 경험이 단조로워지는, 그리고 이제까지 의미가 있었던 삶의 가능성들로부터 물러서는 증상이다. (이 현상의 또 다른 형태는 환자가 도리어 격렬하게 쾌락을 찾으면서 증상을 감추는 것이다. 과도한 성욕이나 폭력에서 쾌락을 찾는 것이 그 예로, "카라마조프적 비천함"의 이 두 가지 측면 모두 도스토예프스키의 소설에서 아주 생생하게 묘사되었다. 「아메리칸 뷰티」의 레스터 번햄 역시 그가 앓고 있는 질병에 대한 해독제로서 성적 호기심을 충족시키려 애를 쓰며 타락해 가는 인물이다.)

그러므로 나는 하이데거가 "불안"이라 부르는 것의 핵심적 현상들 중 어떤 것은 오늘날 우리가 **우울증**이라고 부르는 것에 특징적이라고 생각한다. 하이데거, 도스토예프스키, 그리고 키르케고르의 언어와 상관없이 환자들이 "절망", "강렬한 권태", "먹구름 아래에서 살기"라고 부르는 것, 즉 임상의들이 "정동둔마"(情動鈍痲; flat affect) 및 "쾌감상실"이라고 하는 것은 우울장애의 증상들인 것이다. 그러한 상태에서 우리는 혼자서만 있으려 하게 되고, 주위의 세계에 대한 관심을 잃어버리며, 일

---

104 영국 모즐리 병원의 톤모이 샤르마(Tonmoy Sharma) 박사의 표현이며, 다음에 인용되어 있다: Colin Brennan, "Anhedoma," 〈http://www.netdoctor.co.uk/special_reports/depression/anhedonia.htm〉2005. 나는 조지타운 대학 자기개발 센터의 패트릭 킬카(Patrick Kilcarr) 박사에게 감사한다. 그는 실존주의에 관해 내가 강의하고 있을 때 나에게 이 개념에 관해 알려 주었다.

상의 삶에서 쾌락을 느끼기를 멈추게 되고, 계속 살아갈 동기를 잃어버리게 된다. 자신이 "불안"이라 부르는 것에 관한 하이데거의 묘사들은 이러한 유형에 꽤 잘 들어맞는다: 세계는 "아무것도 제공할 수 없고" 남들 또한 그러하다; 우리는 자신을 더 이상 이해할 수 없다; 우리는 섬뜩함과 편치-않음을 느낀다.

하이데거의 말들 중 어떤 것은 오늘날 정신과 의사들이 "불안"이라 부르는 것에 가깝다. "위협하고 있는 것이 **아무데에도 없다**는 것이 불안의 '무엇-앞에서'를 특징짓는다" (231/186). 이러한 위협이 불안에 전형적인 반응을 자아낸다: "그러므로 위협하고 있는 것은 어떤 특정한 방향으로부터 가까이로 다가올 수도 없다. 그것은 이미 '거기' 있지만, 그럼에도 아무데도 없다. 그것은 압박해 와서 숨도 못 쉬게 하지만, 그럼에도 아무데도 없는 것이다" (같은 곳). 이것은 불안에 사로잡힌 사람들이 겪게 되는 공황 발작과 대단히 유사하게 들린다. 하이데거가 정말 염두에 두고 있는 것은 때로 "격정성 우울증"(agitated depression)이라 불리는 것일 수도 있다.[105] 하지만 어쨌든 하이데거가 관심을 보였던 이 모든 현상들은 그가 도출하기를 원했던 존재론적 결론들을 위해서는 별로 중요하지 않다.[106]

불안이 존재론적 관심사인 이유는 우리가 세계 및 세계가 인간에게 보여 주는 가능성들을 그 하찮음 가운데 발견할 수 있는 그러한 종류의 존재자라는 것이 불안을 통해 드러나기 때문이다. 하이데거는 우리가

---

105 나는 찰스 기뇽(Charles Guignon)이 이러한 방향에서 해석하도록 나를 압박한 것이 고맙다. 비록 그가 §40에 대한 나의 해석에 동의할 것 같지는 않지만 말이다.

106 하이데거는 직접 우울증을 겪었다. 아마 그는 §40을 쓰면서 자신의 개인적 경험들을 참조했을 것이다. 이 점에 관해서는 다음 참조: Rüdiger Safranski, *Martin Heidegger: Between Good and Evil*, trans. by Ewald Osers (Cambridge, MA: Harvard University Press, 1998).

불안 속에서 우리 삶의 "깊은 진실"을 깨닫게 된다고, 모든 것이 무가치하거나 무의미하다는 식으로 주장하지 **않는다**. 불안에 관해 하이데거가 말하고자 하는 바는 차라리, 커피 잔이 새서 우리가 "자, 잔은 **원래** 커피가 안 새야 **하는 거잖아**" 하고 말할 때 도리어 커피 잔의 도구적 성격이 두드러지게 되는 것과 비슷한 가능성을 불안이 가지고 있다는 것이다. 즉 불안 속에서 우리는 자신을 이해하고 삶의 다양한 가능성들 안으로 뛰어들 역량이 우리에게 결여되어 있다는 것을 깨닫게 된다. 그러면 우리가 늘 "나는 누구인가?"라는 질문 앞에 서 있는 그러한 존재자라는 사실이 우리에게 분명하게 드러나는 것이다. 그렇기에 하이데거는 다음과 같이 말한다: "그러므로 불안해함의 '무엇-때문에'와 함께 불안은 현존재를 가능-존재로서 열어밝힌다. …" (232/187-188). 우리가 "가능-존재"라는 것은 우리가 언제나 미래를 향해 나아가고 있는, 혹은 적어도 그러려고 시도하는 존재자라는 것을 뜻한다. 불안 (혹은 실제로는 우울) 속에서 미래는 우리에게 곧 닥쳐올 듯 떠오르고, 우리에게 어떤 요구를 하지만 그 요구는 우리가 응대할 수 없는 그러한 요구이다. 우울을 **고통**의 한 형태로 만드는 것 중 하나는 우울 속에서 우리는 우리가 다룰 수 없는 요구를 경험하게 된다는 것이다; 우리는 우리가 **원래** 일어나서 무엇인가 **해야 한다**고 느끼지만 아무것도 우리를 그렇게 하도록 만들지 못한다. 우리는 다음과 같이 선언하는 '지하인'의 처지에 남겨지게 되는 것이다:

> 내가 아무것도 하지 않는 것이 단지 게으름 때문이라면! 그렇기만 하다면 나는 얼마나 나 자신을 존중할 것인가! 그렇다, 그런 경우 나는 나를 존중할 것이다. 나는 그런 경우 내가 최소한 게으를 수는 있다는 것을, 내게 어떤 특징이 최소한 하나는 있다는 것을, 무언가 실증적인 것이어서 내가 확신을 품을

> 수 있는 그러한 것을 내가 하나는 지니고 있다는 것을 알게 되는 것이다. '그는 누구지?' 라고 누군가 나에 관해 물으면 사람들은 '게으른 사람이지' 하고 대답할 것이다. 그런 말을 듣는 것은 정말 근사한 일일 것이다. 그런 말은 내가 분명하게 특징지어질 수 있다는 것을, 무엇인가 나에 관해 말해질 만한 것이 있다는 것을 함의하는 것이다. '게으른 사람이지' 라고 말하면 뭐 어떤가? 신사 숙녀 여러분, 이 말 역시 일종의 부름이고, 소명이며, 생활경력의 표현이다! 비웃지 마시라. 진실로 그러한 것이다.[107]

그렇다면 불안은 I.1에서부터 시작된 실존의 분석을 확증해 주는 것인 셈이다.

불안은 또한 다른 방향도 제시한다. 하이데거는 불안이 우리로 하여금 우리의 "가장 본래적으로 존재할-역량"에 직면하도록 한다고 말한다.

> 불안은 현존재를 자신이 그 때문에 불안해하는 그것, 즉 본래적으로 세계-안에-있을-수-있음으로 되던진다. 불안은 현존재를 자신의 가장 본래적인, 이해하는 존재자로서 본질적으로 가능성들을 향해 자신을 기획해 나가는 그러한 세계-안에-있음을 향해 흩어지며 개별화되도록 한다. 그러므로 불안해함의 '무엇-때문에' 와 함께 불안은 현존재를 가능-존재로서, 그것도 오직 그 자신에서부터 개별화된 것으로서 개별화하며 존재할 수 있는 그러한 가능-존재로서, 열어밝힌다. (232/187-188)

만약 우리가 진정성 혹은 자기를-가짐의 낭만적 의미를 찾으려고 『존재와 시간』을 읽는다면, 우리는 위에 인용된 구절의 마지막 문장을 '우

---

107 Dostoyevsky, *Notes from Underground*, p. 104.

리는 불안 속에서 자신이 특별한 개인으로서 존재함을, 자신이 개별화되는 가운데 존재함을 직시하게 된다'는 의미로 해석할 것이다. 이런 식으로 독해하면 하이데거가 우리의 **가장-본래적으로** 존재할-역량이라는 관념을 도입하는 이유를 이해할 수 있게 된다: 불안 속에서 우리는 "우리가 진정 누구인지", 무엇에 우리의 "삶이 진정 걸려 있는 것인지" 열어밝힌다. 우리 자신에 관한 이 "깊은 진실"은 우리의 가장 본래적인 것을 반영한다.

하지만 이 문장을 다른 방식으로 해석할 수도 있다. 그리고 이 방식의 해석이 문법적으로 좀 더 자연스럽다. 불안은 우리가 그것일 수 있는 "오직 그 자신에서부터 개별화된 것으로서 개별화하며 존재하는 것"을 열어밝힌다. 만약 그렇다고 하면, 대체 무엇이 우리가 그것일 수 있는 "그러한 것"인가? 하이데거의 대답은 가능-존재이다. 개별화되는 경우, 우리에게서 공동체에 속한 모든 것과 공적으로 해석되는 세계에의 의존성이 제거되는 경우, 우리에게는 우리가 가능-존재라는 순연한 사실만이 남게 된다. 하지만 우리의 가능-존재는 어떤 형이상학적 과정에서 다음과 같이 정식화될 수 있는 종류의 논리적 사실이 아니다: "나는 실제로 가능한 존재자이다 (나는 현실적 존재자인 것이다)." 그보다는, 우리의 가능-존재는 우리의 실존성, 우리가 누구인지에 관해 특정한 태도를 취할 수 있도록 불러내어진 우리의 존재이다. 불러내어진 이러한 존재는 불안 속에서 두드러진다. 불안 속에서 우리는 그 존재에 반응할 수 없는 것이다.

아마 이것에 관해 실존성의 "두터운" 의미와 "얇은" 의미라는 식의 용어를 써서 생각해 볼 수도 있을 것이다. "실존"은 더 혹은 덜 탄탄한 의미를 지니고 있다. "얇은" 혹은 덜 탄탄한 실존의 의미는 우리가 언제나 '나는 누구인가?'라는 질문 앞에 서 있다는 것이다. 보통 우리는 이 질문에 규정된 방식으로 삶을 꾸려 가는 방식에 의거해 대답하며, 이때 우리는 우리가 누구인지에 관해 이러한 과정 속에서의 우리 자신을 **만들거나** 혹은 **구성하면서** 우리 자신에 대한 태도를 취하게 된다. 이것이 〔'나는 누구인가?' 라는 질문 앞에 서 있다는 것만을 뜻하는 "얇은" 혹은 덜 탄탄한 실존의 의미에 비해〕 "두터운" 혹은 더 탄탄한 실존의 의미이다. 불안 속에서 실존의 두터운 의미와 얇은 의미는 떨어진다: 우리는 '나는 누구인가?' 라는 질문 앞에 서 있지만 대답할 수는 없는 것이다. 우리는 얇은 실존은 지니고 있지만 두터운 실존을 지니고 있지 않다. 우리는 순연한 '가능-존재' 로 얇아지는 것이다.

이러한 분석은 두 가지 계속되는 결과들을 함축한다. 첫째, 불안은 "우리가 진정 누구인지" 열어밝히지 않는다. 불안 속에서 우리는 아무도 아니기 때문이다. 우리는 순연한 가능-존재(얇은 실존)일 뿐으로 어떤 규정된 삶(두터운 실존)도 지니고 있지 않은 것이다. 불안은 일종의 붕괴의 경험이다. 즉 불안은 진실로 통하는 창이라기보다는 인간 삶을 꾸려 가는 데에 있어서의 붕괴라는 것이다. 둘째, 누군가 특정한 자가 되려면, '나는 누구인가?' 라는 질문에 대답할 수 있으려면, 우리는 사회적 맥락 속에, 공적으로 해석된 하나의 세계 안에 포섭되어 있어야만 한다. 즉 우리는 세계의 공적 해석에서처럼 인간 삶의 규정된 방식들 안으로 밀고 나아감에 의해 자신을 구성하는 남들과 함께 살아가야만 하는 것이다. 달리 말해 현존재는 특정한 사회적 문맥이 없이는 아무도 아니다. 이것은 찰스 테일러가 『진정성의 윤리학』에서 제기한 주장을 인정하는 것과 같다. 진정성이란 테일러가 "대화적 맥락"이라고 말하는 것 안에서만 가능한 것이다.[108]

108 Taylor, *Ethics of Authenticity*, ch. 10.

불안은 그럼에도 자유 및 자기를-가짐과 중요한 관계를 맺고 있다.

> 불안은 현존재 안에서 가장 본래적인 존재-가능**으로의 존재**, 즉 자기-자신을-선택함 및 포착함**에 자유로운-존재**를 열어 보인다. 불안은 현존재를 …**에 자유로운-존재**(*propensio in* …) 앞으로, 현존재가 언제나 이미 그것인 가능성으로서의 현존재의 존재의 본래성 앞으로 데려온다. (232/188)

불안은 마치 자연재해나 엄청난 개인적 상실이나 되는 것처럼 우리를 우리의 진정성이라는 내적 핵심만 남겨 놓고 벌거벗기는 것이 아니다. 자연재해, 전쟁, 그리고 사랑하는 사람들의 죽음을 겪은 사람들은 보통 다음처럼 말한다: "나는 지금 내게 무엇이 중요한지 훨씬 더 잘 이해한다. 내게 중요한 것은 직업도 사회에서의 내 지위도 아니다; 내게 중요한 것은 내 가족이다." 이런 진실을 인정하는 것은 분명 중요한 일이고 개인적으로 더 성숙했다는 것을 나타내는 일이지만 하이데거가 말하려는 것은 이런 것이 아니다. 그보다는, 불안은 우리를 우리의 "가장 고유하게 존재할-역량"에 직면하게 하고, 이것이 우리를 어떤 식으로든 자유롭게 한다는 것이 하이데거가 말하려는 바이다. 하지만 어떻게? 이 질문에 답하려면 우리는 우리의 "가장 고유하게 존재할-역량"을 더 상세히 조사해야 한다. 가장 고유하게 존재할-역량은 죽음이다. 그러므로 우리는 이제 하이데거가 죽음을 어떻게 설명하는지 살펴보아야 한다.

연구를 위한 물음들

만약 하이데거가 "불안"이라 부르는 것이 실제로는 우울증이라면 우리는 그것으로부터 소위 철학적 통찰들을 얻으려 하기보다는 그냥 항우울제를 처방해야만 하지 않을까?

XVI. 죽음, 죄, 그리고 양심

죽음(II.1)

불안 속에서 주위의 세계와 친숙함, 세계에서 편히-있음은 붕괴해 버린다. 불안은 우리를 개별화하고 우리의 존재론적 구성을 드러낸다: 우리는 언제나 정체성의 물음에 직면하게 된다. 종종 우리는 이 질문에 대답할 수 없음에도 그러한 것이다. 정체성의 질문에 대답할 수 없게 되면 우리는 더 이상 하이데거가 "실존함"의 의미로 사용하는 자기-이해를 향해 나아갈 수 없다. 우리는 실존적으로 죽은 것이거나 혹은 세계와의 관계에서는 죽은 것이 된다. 죽음은 "… 더-이상-현존할-수-없음의-가능성", 혹은 몇 문장 뒤에 나오는 것처럼 "… 순연한 현존-불가능성"의 가능성이다 (294/250). 불안은 죽음을 우리에게 열어밝힐 특별한 기능을 지니고 있다: "**하지만 부단하고 순연한, 현존재의 가장 본래적인 흩어져 개별화된 존재에서부터 솟아나는 자기 자신을 향한 위협이 계속 드러나도록 하는 처해-있음이 곧 불안이다**" (310/265-266). 하지만 실존적 죽음에 직면하도록 하면서, 불안은 "**열정적인, 세인의 환상으로부터 풀려난 … 죽음으로의 자유**"를 열어 보인다 (311/266).

하이데거의 설명은 이제 꽤나 음울하게 들리기 시작한다: 우리는 남들과의 관계 및 〔그 관계가 가능하게 하는〕 자기이해로부터 단절되어 버리면서, 그리고 우리의 고독한 죽음에 직면하면서 자유를 발견한다. 더욱이, 하이데거는 우리의 본래적인 죽음과의 관계를 "선취"(영어 번역인 'anticipation') 혹은 좀 더 축자적으로 번역해 보면 "…에로 앞서 달려감"(*vorlaufen in*)으로 묘사한다. 하이데거는 이반 카라마조프가 했던 것처럼 자살을 정당화하려 하거나 혹은 에른스트 융어의 저술들에 나타나는 것처럼 죽음을 전(前)-파시즘적으로 이상화하려는 것일까?[109]

만약 하이데거가 말하려는 것이 이러한 것이라면 우리는 실망하게 될 것이다. 하지만 다행스럽게도 그렇지는 않다. 하지만 이것을 이해하려면 우리는 우선 II.1에서 하이데거가 벌이는 언어유희에 익숙해질 필요가 있다.

"죽음"이라는 말로 하이데거가 언급하는 것은 인간의 삶이 끝나는 것이 아니다. 죽음은 현존재가 그 자신을 발견할 수 있는 어떤 상황이다: "죽음은 현존재가 존재하게 되자마자 떠맡게 되는 존재함의 한 방식이다" (289/245). 존재함의 한 방식인 죽음? 우리는 보통 죽음을 존재하지 **않음**의 방식이라고 생각하지 않는가! 죽음은 미래에 떨어져 있는 어떤 사건이 아니다: "사망함(*das Sterben*)은 사태져-있음(*Begebenheit*)이 아니라 실존적으로 이해할 현상이다. …" (284/240). 그렇다면 "더-이상-현존할-수-없음의-가능성"과 "순연한 현존-불가능성"은 삶의 종료에 관계된 것이 아니다. 그것들은 우리가 그 안에서 살 수는 있지만 실존적인 의미에서 실존할 수는 없는 어떤 상황에 관계된 것이다. 만약 실존의 고유한 의미에서 실존함이 삶과 함께 앞으로 나아감, 정체성의 물음에 응답함이라면, 실존적으로 죽음은 이 정체성 물음에 대한 응답일 수 없다. 불안 속에서 우리는 이러한 응답을 할 수 없는데, 이는 죽음이 하이데거가 "불안"이라고 부르는 경험의 또 다른 양상이라는 것을 함축한다.

만약 "죽음"이 이러한 실존적 상황에 관계된 것이라면 하이데거는 인간의 삶을 다하는 것을 무엇이라 부르는가? 하이데거는 그것을 **삶을-다-보냄**(demise; *das Ableben*)[110]이라 부른다.

---

109 다음 참조: Ernst Jünger, *The Storm of Steel: From the Diary of a German Storm-troop Officer on the Western Front* (New York: H. Fertig, 1975).

110 역자 주: 독일어 '*Ableben*'을 영어로 'demise'라고 번역하는 것은 다소 오해의 소지

> 현존재가 생리학적이고 목숨의 끊어짐에 해당하는 죽음을 '지니는' 한, 그럼에도 〔현존재가 죽음을 '지님'이〕 존재자적으로 고립되어서가 아니라 현존재의 근원적 존재양식에 의해 함께 규정되는 한, 즉 본래 현존재는 사망하는 존재자가 아니지만 그럼에도 현존재 역시 끝날 수는 있지만 다른 한편 현존재로서 단순히 죽어 버리는 것이 아닌 한, 우리는 이러한 중간현상을 삶을-다-보냄이라 지칭한다. (291/247)

인간이라는 존재자는 살아 있으며, 따라서 그 삶은 끝날 수 있다; 실제로 인간은 반드시 죽는다. 이는 인간은 "사멸한다"는 것을 뜻한다: "한 생명체가 끝남을 우리는 사멸함이라는 용어로 파악한다" (284/240-241). 동물들은 사멸하고, **호모 사피엔스**라는 종 역시 그러하다. 그러나 하이데거는 우리는 "그저" 사멸하지 않는다고 주장한다. 우리의 삶이 다하는 것은 우리의 "근원적 존재양식", 즉 우리가 단순한 동물이 아니라 현존하며 존재한다는 것에 의해 "함께 규정된다"는 것이다. 인간의

가 있는 일이다. 이어지는 인용문에서도 나타나 있듯이, '*Ableben*'에 관한 하이데거의 설명을 보면 하이데거는 '*Ableben*'을 생물학적 죽음으로서의 '*Tod*'와 그러한 사태의 일어남으로서의 '*Sterben*'으로부터 구분되는 '중간현상(*Zwischenpänomen*)'이라 지칭한다. 하이데거가 말하는 '*Ableben*'은 죽음, 사망, 종말 등을 뜻하는 'demise'와는 다른 뉘앙스의 의미를 지니고 있는 것이다. 독일어 동사 '*ableben*'은 자동사로 쓰이는 경우 '사망하다', '절명하다'의 의미를 지니지만 타동사로 쓰이는 경우 '(여생을) 지내다', '(남은 생을) 보내다' 등의 의미를 지닌다. 예컨대 독일어 표현 '*die restlichen Jahre im Ausland ableben*'은 '여생을 외국에서 (다) 보내다'의 의미인 것이다. 그렇다면 하이데거가 말하는 '중간현상'으로서의 '*Ableben*'은 현존재가 죽음을 향해 가는 존재자이기에 현존재의 존재 자체가 '죽음에 이르기까지 삶을 다 보냄'으로서의 의미를 지닐 수밖에 없음을 표시하는 말로서 이해되어야만 할 것이다. 어쨌든 저자가 '*Ableben*'을 'demise'의 의미로 이해하고 있기 때문에, 문맥에 따라 'demise'를 '사멸함' 또는 '사망함' 등으로 번역해야만 할 수도 있을 것이다. 하지만 전체 문맥에서 크게 벗어나지 않는 한, 역자는 'demise'를 '삶을-다-보냄'으로 번역하게 될 것이다.

삶이 끝에 이르는 것을 하이데거는 단순한 "사멸함"이 아니라 "삶을-다-보냄"이라 부른다.

그러므로 하이데거는 "죽음"이라는 말을 어떤 유별난 방식으로 사용하는 셈이다. 하지만 그가 그렇게 한 첫 번째 철학자인 것은 아니다: 키르케고르 역시 이 말을 비슷한 방식으로 사용한 것이다.[111] 우리는 "죽음"이라는 말을 「아메리칸 뷰티」의 레스터 번햄이 "혼수상태"라는 말을 사용하는 것과 비교할 만한 강력한 **은유적** 의미로 사용할 수도 있다. 하지만 하이데거가 이 용어를 이러한 은유적 의미로 사용하려는 것은 전혀 아니다; 이 점을 분명히 해 두지 않으면 우리는 그의 존재론적 논의를 "그저 고양하기나" 하는 문학작품으로 평가절하할 위험을 안게 된다. 하이데거는 그가 "죽음"이라는 말을 존재론적 바탕 위에서 사용하는 것을 정당화하려 한다. 죽음은 하이데거적 의미에서 현존재의 끝을 뜻한다. 삶을-다-보냄이 삶의 끝을 의미하듯이 말이다. "**대체 어떤 의미에서 죽음을 현존재가 끝남으로서 파악해야만 하는지**의 물음이 더욱 절실해진다" (289/244).

현존재는 마무리되었거나 완료되었다는 의미에서 끝나지 않는다. II.1의 §48에 나오는 세밀한 성찰들에서 하이데거는 마무리함 (혹은 완료함)이라는 의미에서의 끝남의 몇몇 양식들에 관해 숙고한다. 중지함이나 종료는 어떤 과정에 관한 것이고, 마찬가지로 완수는 어떤 내부 목적이 충족되었을 때 일어난다. 성숙하거나 익는 것은 어느 것이나 완료되거나 말거나 할 수 있고, 마찬가지로 성취될 수 있거나 혹은 없거나 한 목표를 지니는 우리의 기획들 역시 완료되거나 말거나 할 수 있다.

---

111 Søren Kierkegaard, *Fear and Trembling*, trans. by Alastair Hannay (New York: Penguin Books, 2003), p. 75.

하이데거가 언급하는 것처럼, 이런 의미에서라면 "[하나의 기획으로서 파악되는] 현존재는 〔현존재의 현존함이〕 끝나기 전 이미 완숙해질 수도 있다" (288/244). 하이데거는 자기-이해를 "기획-투사함"(projection) 혹은 "기획"(project)으로 이해하기 때문에 (하이데거가 사용하는 독일어 "*Entwurf*"는 이 두 가지 모두로 번역될 수 있다), 그가 현존재의 끝남을 어떤 특별한 종류의 완료함을 표현하는 말로 사용하고 있다고 독해하게 되기 쉽다. 하지만 이는 오독이다.

하나의 기획은 성취될 수 있는 어떤 목적을 둘러싸고 조직되는 행위들의 집합이다. 프로젝트가 완료되면 그것은 지난 것이다. 기획은 하나의 끝에 이르게 된다 (혹은 브루크너의 「9번 교향곡」처럼 영원히 하나의 끝에 이르지 못한 채 미완의 것으로 남게 된다). 선생으로서 나는 어떤 강좌를 계획하고 이끌 수 있다. 우리는 언제나 이런저런 기획들이 완료되었는지 물을 수 있다. 하지만 현존재는 그렇지 않다:

> **끝남의 이러한 양태들 중 어떤 것을 통해서도 죽음은 현존재의 끝으로서 적합하게 특징지어질 수 없다.** 만일 사망함이 논의된 양태에서의 끝남이라는 의미에서 끝에-와-있음으로 이해된다면 현존재는 이로써 현전하는 것 또는 손-안에-있는 것으로서 정립되어 버릴 것이다. 죽음에서 현존재는 완성되지도 단순히 사라져 버리지도 않으며, 마무리되거나 손-안의-것으로서 사용할 수 있게 되는 것은 더더욱 아니다. (289/245)

현존재는 어떤 기획도 기획들의 집합도 아니다; 그것은 끝이 나거나 (혹은 끝내는 데에 실패할) 어떤 것이 아닌 것이다. 그보다는, 하이데거가 위의 마지막 인용문 바로 뒤에서 언급하는 바와 같이, "… 현존재는 언제나 아직-아님으로 **존재**하고, 또한 이미 언제나 자신의 끝으로 **존재**

한다. …"

다른 기획에 비해 자기-이해[의 기획]에는 언제나 무엇인가 "조금 더" 있다. 어떤 특별한 비-결정성이 우리의 자기-이해에 있는 것이다. 아버지로, 선생으로, 감독으로 혹은 딸로 존재함은 어떤 규정된 목적, 즉 한 번 성취되면 자기이해가 완성되거나 완료되는 그러한 목적을 지니는 어떤 것이 아니다. 선생으로 존재함은 어떤 과목을 가르치는 것과 같지 않다; 그것은 학생들과 더불어 존재함을 이해하는 어떤 방식인데, 이러한 것은 어떤 기획의 경계도 초월한다. 실로 그것은 어떤 직업의 경계도 초월한다. 나는 언젠가 감독 훈련 모임에 참가한 적이 있었는데, 진행자는 다음과 같이 물으면서 모임을 시작했다: "여러분들 중에 몇 분이 선생[다운 분]입니까?" 우리들 중 열 명 정도가 손을 들었다. 그러자 진행자는 웃으며 "알았다!" 하고 말하는 것이었다. 그녀는 무얼 알았다는 것일까? 감독함은, 최소한 잘 감독하는 경우에는, 가르침과 같다. 바로 이것이 우리로 하여금 한 감독이 선생[다운 감독]인지 아니면 그저 시간이나 보내거나 직업적으로만 감독직을 수행하는지를 물을 수 있게 한다.

제임스 카아스는 "한정된" 게임과 "한정되지-않은" 게임을 서로 어떻게 구분할지 개진한다.[112] 한정된 게임은 게임을 끝낼 목적을 지니는 게임이고, 이런 이유로 승자와 패자를 지닌다; 우리는 이기려고 한정된 게임을 한다. 한정되지-않은 게임은 게임을 하는 것 자체를 위해 하게 되는 게임이다. 한정되지-않은 게임은 유한한 게임들로 이루어질 수 있지만 어떤 한정된 게임의 끝도 무한한 게임의 끝을 규정하지 않는다. 이런 식으로 우리는 야구 경기를 한 번 하는 것과 야구 선수로 존재하는

---

112 James P. Carse, *Finite and Infinite Games* (New York: Free Press, 1986).

것을 구분할 수 있다. 야구 경기는 완료되거나 말거나 할 수 있지만 야구 선수로 존재함은 그럴 수 없다. 야구 선수로 존재함은 (혹은 존재할 수 있음은) 한정되지-않은 게임이다. 유사한 방식으로 하이데거는 현존재를 "자신을 위해 실존함"으로 특징짓는데, 이는 현존재가 자기중심적이라는 것이 아니라 자기-이해를 위해 살며 자기-이해를 향해 나아간다는 것을 뜻한다. 자기-이해는 한정되지-않은 게임이다.

하지만 자기-이해는 죽을 수도 있다. 자기-이해가 한 사람의 삶 속에서 지도적 원리로 작용하지 않는 경우 그것은 죽은 것이다. 조금 다르게 표현하면, **한 인간**은, 예컨대 학생으로 존재하기가 그에게 더 이상 풀어야 할 문제가 아닌 경우, 학생으로서는 죽은 것이다. 한 인간의 삶을 학생으로서 구조화했던 의미들, 엿보였던 가능성들, 그리고 그 자신이 느꼈던 요구들이 아무 작용도 하지 않게 된 것이다. 어떤 특정한 자기-이해만이 아니라 모든 자기-이해가 죽어 버린 경우 우리는 죽은 것이다. 실존적 죽음은 한 과정의 멈춤보다는 일종의 "한계-상황"과도 같다.[113] 실존적 죽음은 가능-존재, 즉 존재할 역량의 한계-상황인데, 이는 이러한 죽음에서 우리가 우리의 역량을 발휘할 수 없기 때문이다. 그것은 그러므로 실존의 한계들을 드러내는 것이다. 어떤 자기-이해도 불안에 의해 약화될 가능성으로부터 자유롭지 않다; 우리가 우리 자신에 관해 당연한 것으로 여기는 모든 것이 불안의 잠식하는 효과로 말미암아 해체되어 버릴 수 있는 것이다. 현존재의 실존적 한정성은 현존재

113 실제로 II.1에서 (pp. 494–495, n. 6) 하이데거는 야스퍼스의 한계-상황 개념에 찬사를 보낸다. 하이데거의 철학과 한계-개념에 관한 야스퍼스의 논의 사이의 관계에 관해서는 나의 다음 논문 참조: "Heidegger's Debt to Jaspers's Concept of the Limit-Situation," in Alan M. Olson (ed.), *Heidegger and Jaspers* (Philadelphia: Temple University Press, 1994).

가 항상 불안/죽음에 취약하다는 것을 뜻한다. 현존재는 본질적으로 죽음과 불안에 취약한 존재자인 것이다. 그러므로 어떤 의미에서 죽음이 현존재의 끝인지, 그 대답은 다음과 같다: 죽음은 존재할-역량으로서의 우리 존재의 한정성이 노출되는 한계-상황이라는 의미에서 현존재의 끝이다.

하이데거는 죽음이 확실하고, 한정되지 않는 것이고, 무-연관적이며, 능가될 수 없는 것이고, 〔각각의 현존재에게〕 가장 본래적인 것이라고 덧붙인다. 이제 죽음의 이러한 양상들을 차례차례 고려해 보자.

확실함. 하이데거는 명증성을 향한 태도로서의 확실성과 실존적 입장으로서의 확실성을 대조시킨다. 명증성을 향한 인식적 태도로서, 확실함은 어떤 사건의 개연성을 100퍼센트로 추정한다. 우리가 〔언젠가〕 삶을-다-보낼 것이라는 것은 우리에게 인식적으로 확실하다. 물론 어느 날 우리가 삶을-다-보내지 않을 방법을 발견하게 될 수도 있다고 전제하면, 삶을-다-보냄은 단지 "경험적으로"만 혹은 "상대적으로"만 확실하다. 하이데거는 이러한 관점을 인정하면서 (어떻게 인정하지 않을 수가 있겠는가?) 다음과 같이 언급한다: **"장차 닥쳐올 사건으로서의 삶을-다-보냄이 '단지' 경험적으로만 확실하다고 해도, 이것이 죽음의 확실성에 관해 결정적인 것은 아니다"** (301/257). 왜 그러한가? 하이데거가 말하는 "죽음"이 삶을-다-보냄의 사건을 뜻하는 것이 아니고, 〔죽음의〕 "확실함"이 명증성을 향한 인식적 태도를 뜻하는 것도 아니기 때문이다. "죽음"이라는 말로 하이데거는 실존적 불안의 (혹은 우울의) 조건을 뜻하고, 이 조건에 관해 우리는 인식적으로 확실할 수 없다. 어떤 시기에 심각한 우울증을 앓게 될 사람들이 몇 퍼센트나 될까? 확실히 100퍼센트는 아닐 것이다.[114] 그러므로 "확실성"이라는 말로 하이데거가 뜻하는 것은 무언가 다른 것일 수밖에 없다.

한정되지-않음. 하이데거는 확실함을 "진실로-간주함"이라고 특징짓는다. 우리가 진실로 간주하는 것이 일어나는 한 사건인 경우 진실로-간주함은 그 사건이 개연적인 것임을 믿는다는 것을 뜻한다. 우리가 진실로 간주하는 것이 실존적 조건인 경우 확실함은 가능한 것으로서 열어밝힘을 뜻한다. (근원적 진리는 열어밝힘이라는 것을 상기하라.) 죽음에 관해 실존적으로 확실함은 언제나 죽음이 언제든 닥쳐올 가능성이 있음을 이해함이다. 다른 각도에서 살펴보면, 우리에게는 실존적 불안의 위협으로부터 우리를 엄폐하거나 지켜 줄 것이 아무것도 없다는 것이다. 이것은 하이데거가 인간에게 〔어떤 항구적인〕 본질이 있음을 부정하기 때문에 나타나는 결과이다. 만약 인간이 무언가 규정된 것에 관해 언제나 염려하도록 "설정되어" 있다면, 불안이 항상 가능할 수는 없을 것이다. 만약 대중적으로 그렇게 상상되는 것처럼 "부모의 본능" (더 일반적으로는 "어머니의 본능") 혹은 성-충동이 인간의 심리 안으로 강하게-설정되어 있다면, 우리는 부모가 우울증에 빠져서 자식들을 방기해 버리거나 누군가가 성에 대한 관심을 잃어버릴지도 모른다고 두려워할 필요가 없을 것이다. 하지만 우리는 이러한 가능성들에 관해 염려할 수밖에 없는데, 위에 언급된 소위 본능들은 인간의 〔어떤 항구적인〕 본질을 이루지 않는 것이다. 그러므로 실존적 죽음은 그 개연성이 100퍼센트이기 때문이 아니라 그것이 언제나 가능한 것이기 때문에 확실하다. 인간의 삶은 급진적으로 붕괴해 버릴 수도 있는 취약성을 지니고 있는 것이다. 하이데거가 죽음의 확실성을 그 한정되지-않음과 연결시키는 이유가 바로 이것이다: 죽음이 언제나 가능하다고

---

114 Medicine.net에 따르면 열 명 중 한 명은 인생을 사는 동안 우울증을 경험하게 된다 (http://www.medicinenet.com/depression/page7.htm).

말하는 것은 죽음의 "때"가 한정되지-않았다는 것을 뜻하는 것이다.

능가될-수-없음. 이 급진적으로 붕괴해 버릴 수도 있는 취약성은 어떻게 모든 인간 삶의 가능성이 "능가될-수-있는지" 혹은 "앞질러질 수 있는지" 드러낸다. 하이데거는 "능가됨"이라는 용어에 관해 많이 설명하지는 않지만, 그것은 분명 삶이 바뀌어서 자기이해가 이해할 수 없는 것이 되면 일어나는 그러한 것을 암시한다. 철강노동자로 자기를-이해함은 펜실베니아주 피츠버그 교외 머농거힐러 강 하곡에서 1980년대 전반기에 끝장이 나 버렸다. 누군가 자신을 철강노동자로 이해하던 사람은 더 이상 그렇게 할 수 없게 되었다; 특정한 삶의 맥락 속에서 철강노동자로 존재함이 더 이상 삶에 적합하지 않도록 능가되어 버린 것이다. 우리의 자기-이해는 또한 나이가 들면서, 혹은 「애틀랜틱시티」의 루 파스칼(버트 랭커스터)이 그랬던 것처럼 자신의 과거에 대한 환상들에 의해 앞질러질 수 있다.[115] 우리가 종사하는 어떤 '무엇을 위하여'는 모두 우울증에 빠져 버리면 해체되어 버릴 수 있다. 하지만 인간 삶의 가능성들 중 하나만은 결코 능가될 수 없으며, 동시에 언제나 가능하다. 그것은 실존적 죽음 그 자체이다.

무-연관적임. 실존적 죽음은 또한 "무-연관적"이다. "[현존재가] 그렇게 자기 앞에 임박해 있으면서 현존재에게 다른 현존재와의 모든 연관성들은 해소되어 버린다" (249/250). 이러한 설명은 인간이 삶을-다-보내는 순간에 직면하거나 혹은 그것을 상상하는 방식에 대한 하이데거의 설명과 마찬가지로 대단히 미심쩍다. 많은 사람들은 사랑하는 사람들의 품에 안겨 숨을 거두고, 삶이 완성되었다는 느낌 및 잘 살았다는 생각에 위안을 받는다. 죽음은 삶을-다-보냄이 아니므로, 하이데거

115 *Atlantic City* (Parmount Pictures, 1980), Louis Malle (dir.).

는 이런 일이 일어난다는 것을 부정하려 하지는 않는다. 그보다, 하이데거는 (xv)절에서 본 것처럼 우울을 경험할 때 남들은 도움이 될 수 없다는 것을 지적한다. 이것은 결국 우리가 우울 속에서는 다른 어떤 사람과의 연관도 맺을 수 없다는 것을 뜻한다. 우리는 남들로부터 유리되어서, 도움을 받으려고 혹은 자기-이해를 도모하면서 깨달음을 얻기 위해, 그들에게 돌아갈 수 없는 것이다.

유사한 방식으로, 하이데거는 우리의 죽음은 "대리될 수 없다"고, **"누구도 남에게서 사망함을 넘겨받을 수는 없다"**고 언급한다 (284/240). 만약 우리가 "죽음"을 한 인간의 삶이 끝나는 것으로 (사망함〔삶을-다-보냄〕으로) 이해하면, 물론 누군가 "다른 사람을 대신해서 죽는 것", 예컨대 누군가를 위해 (하이데거가 바로 그다음 문장에서 언급하는 것처럼) 자신을 희생하는 것은 가능하다. 만약 하이데거가 누구도 대신 죽을 수 없다는 것을 주장하는 것이라면, 죽음에 관한 그의 성찰들은 "실존주의는 누구도 당신을 대신해 목욕할 수 없다는 것을 뜻한다"는 델모어 슈워츠의 재담에 취약한 것이 되고 말 것이다.[116] 목욕이나 두통, 상처를 꿰매기, 그리고 사망을 포함해 우리가 다른 사람을 대신해서 할 수 없는 것은 많이 있다. 하이데거가 말하고자 하는 것은 차라리 누구도 남의 불안을 넘겨받을 수 없다는 것이다. 이것은 두 가지 의미에서 진실이다. 첫째, 심각한 우울증에 시달리는 동안 남들은 우리에게 아무 소용도 없게 되는데, 우리는 남들에 관해 더 이상 신경 쓰지 않는 것이다. 가까운 사람들이 직접 호소하고 도와주려 해도 별 소용없다.[117] 둘

---

116 Delmore Schwartz, "Existentialism: The Inside Story," *The Ego is Always at the Wheel: Bagatelles* (New York: New Directions, 1986), p. 7. 인용된 재담은 죽음에 관해 하이데거가 반추한 것을 직접 겨냥한 것이다. 나는 드류 크로스(Drew Cross)가 나에게 이 재담에 관해 알려 준 것이 고맙다.

째, 누군가 실존적으로 죽으면, 무의미해지는 것은 **그 자신의** 삶이지 다른 사람의 삶이 아니다.

가장 본래적임. 위의 마지막 두 단락에 덧붙여 하이데거는 실존적 죽음에서 현존재는 **개별화된다**고 결론을 내린다.

> 죽음은 그저 자신의 현존함에 무차별적으로 속하는 것이 아니라 **현존함을 개별적인 것으로서 요구**한다. 미리 내달아 가 이해해 본 죽음의 무-연관성은 현존재로 하여금 그 자신으로 흩어져 개별화되도록 한다. 이 흩어져-개별화됨은 실존을 위해 '그때-거기'를 열어밝히는 한 방식이다. 그것은 가장 본래적인 존재-가능이 문제가 되면 마련된 것 곁에 있음이 모두, 그리고 남들과 함께-있음 역시 모두 쓸모없다는 것을 분명하게 알게 해 준다. (308/263)

죽음에서 모든 지원들과 연관들이 능가되어 버려 우리는 막연한 가능-존재에 떠넘겨진다. 우리는 삶의 실존적 차원에, 즉 우리가 그 안에서 단순히 현전하기보다 **실존**하는 그러한 방식에 직면하게 된다: 우리는 항상 '나는 누구인가?' 라는 질문 앞에 서 있다. 우리의 존재는 언제나 풀어야 할 문제이다. 우리는 정체성의 물음 앞에 서 있지만 대답할 수는 없다.

현존함은 본질적으로 "나의 것"이다: "그러한 존재자의 존재는 모두 **그때마다 나의 것**이다" (67/41-42). 한 쪽 뒤에서 하이데거는 내-것임을 본래성의 문제와 연결시킨다:

117 이것은 「오프 더 맵 (*Off the Map*)」에서 자신을 별채에서 방어벽으로 막고 있는 찰리(샘 엘리엇)에게 알린(조안 알렌)이 도움을 받으라고 사정하는 장면에서 고통스럽게 그려졌다 (Manhattan Pictures International, 2003), Campbell Scott (dir.).

> 그리고 현존재는 본질적으로 그때마다 자신의 가능성으로 존재하기에, 이 존재자는 그 자신의 존재에서 자기 자신을 "선택"하고 획득**할 수 있으며**, 동시에 자신을 잃어버리거나 결코 획득하지 못하고 그저 "겉보기로만" 그러할 수도 있다. 현존재가 자신을 획득했을 수 있거나 아직 획득하지 못했을 수도 있음은 오직 현존함이 현존재 자신의 본질에 따라 가능적이고 **본래적인** 것인 한, 즉 그 자신에게 본래 속한 것인 한 그러하다. (68/42-43)

우리는 그때마다 우리의 "본래적" 가능성이다. 우리의 존재는 그때마다 나의 것이며, 이는 어떤 의미에서 당신의 존재는 당신에게 "속한" 것이라는 뜻이다. 당신의 존재가 당신의 것이라는 것이 무엇을 뜻하든 그것은 실존적 죽음에도 있고 일상적 삶에도 있는 것임에 틀림없다. 죽음에 있어서 당신이 가진 모든 것은 정체성의 질문일 뿐이고, 당신은 그에 대한 어떤 대답도 가지고 있지 않다. 우리는 (iv)절에서 당신이 그 누군가로 존재함은 세계 안에 거주함, 세계와 친숙해져 있음이라는 것을 보았다. 하지만 죽음에서는 당신은 편하지 않다. 그러니 당신이 보통 친숙해져 있는 것들 중 날 때부터 당신에게 속한 것은 아무것도 없는 셈이다. 따라서 죽음은 가장 본래적인 것, 당신에게 가장 본래적인 것이다.

죽음이 가장 본래적인 것임은 다른 모든 가능성들, 예컨대 학생으로, 아들이나 딸로, 단원으로 존재함이 모두 "정말 우리에게 속한 것이 아니다"라거나 무언가 부끄러운 것, 감추는 것 등이라는 것을 뜻하지 않는다. "진정성"과 "자기를-가짐"의 언어에 귀를 기울이는 방식 중 하나는 그것을 진솔성 혹은 "우리 자신에 진실하게" 존재하기와 결부시키는 것이다. 우리 자신에게 진실하게 존재함은 우리가 우선 우리 자신에게 우리가 누구인지, 우리의 "진실한" 열망들과 감정들이 어떤 것인지 등에 관해 솔직해질 것을 요구한다. 이런 수사적 설명을 염두에 두게 되면, 우리는 어쩌면 하이데거가 우리가 그것과의 관계에서 우리 자신을 이해하게 되는, 사회적으로 구성된 정체성들이나 '무엇을-위하여' 중 아무것도 진짜가 아니라고 말하고 있다고 결론을 내리게 될지도 모른다. 우리가 우리의 삶을 꾸려 나가는 방식들은 모두 "세인"에게 우리 자신을 "팔아 넘김"과 공공의 인격성이 우리의 정체성을 변조하는 것을 묵인함을 함축한다. 이러한 추론은 "진실로" 우리는 각자 "아무것도 아무도" 아니라는, 어떤 특별한 〔공공적〕 본질들로 〔하향평준화되며〕 개별화되고 나면 그뿐, 〔그 밖에 우리 자신이라 할 만한 것은〕 아무것도 남지 않는다는 음울한 결론으로 통한다. 하이데거를 이런 식으로 읽는 것에도 나름대로의 타당성이 있으며, 그것은 예를 들어 하이데거의 다음과 같은 설명들과 연관되어 있다: "마음 씀 **자체가 그 본질에서 철두철미 무성에 물들어 있다**" (331/285). 아마 사르트르 역시 이런 식으로 하이데거를 읽는 것 같다: 우리는 결국 무라는[118] 관점이 실존론적 현상학에 관한 사르트르의 『존재와 무』의 제목에서부터 암시되고 있는 것이다. 하지만 하이데거의 관점은 이러한 것이 아니다.

하이데거는 약간 다른 관점에서 설명하는데, 이는 우리의 가장 본래적인 역량은 단순히 우리의 존재-가능이라는 것, 그리고 우리는 우리 존재의 이러한 측면을 불안/죽음에서 온전히 마주하게 된다는 것이다. 그것과의 관계에서 우리 각자가 자신을 이해하게 되는 '무엇을-위하여'가 모두 사회적으로 매개된다는 것은 정말이다.

만약 현존재가 세인-자기로서의 자기 자신에게 친숙해져 있다면 이는 동시

118 맥쿼리와 로빈슨이 "nullity"라는 말로 표기하는 것은 독일어 원어로 "*Nichtigkeit*"로, "nothingness"로도 번역될 수 있다.

> 에 세인이 세계 및 세계-안에-있음의 가장 가까운 해석을 미리 규정하고 있음을 뜻한다. … 세인으로부터 유래하는 것으로서, 그리고 세인으로서 나는 우선 나 '자신에게' '주어져 있는' 것이다. (167/129)

우리에게 특별히 고유한 것은 모두 가능-존재로서, 그것을 통해 우리가 우리 자신 안으로 나아가게 되는 것이고, 이때 우리는 우리의 문화 안에서 제공되는 가능성들의 어떤 집합 안으로 나아가게 된다. 하지만 이로부터 우리가 "정말" 아무것도 아니라거나 우리가 "진실로" 누구인지는 불안/죽음에서 드러난다는 것이 따라 나오는 것은 아니다. 우리는 우리가 우리의 삶의 과정 속에서 존재하는 것으로 발견할 바로 그 존재자이다. 이것을 좀 더 분명히 이해하려면 우리는 II.2의 죄와 양심의 주제로 넘어가야만 한다.

실존적 죄: 근거로-존재함(II.2)

죽음의 개념에서처럼 하이데거는 II.2에서 꽤 많은 시간을 일상적 의미에서의 죄를 존재론적 형태의 죄로부터 구분하는 것에 할애한다. 존재론적 형태의 죄는 하이데거에게 실존적 죄로서, 일상적 죄와 같은 형식적 구조를 지니고 있지만 실제로는 일상적 죄와 상당히 다르다. 삶을-다-보냄과 죽음이 둘 다 "현존재의 끝"이면서도 서로 상당히 다른 방식의 끝인 것과 마찬가지로 일상적 죄와 실존적 죄는 둘 다 "무성의 근거로 존재하는" 것이다. 일상적 죄는 다른 사람의 삶에서 무언가 박탈하는 것에 대해 책임이 있음의 문제이다. 하이데거는 이에 대해 다음과 같이 말한다:

> … 〔죄란〕 다른 사람의 현존함[실존][119]에서 결핍의 근거로-존재하기이며, 더

> 구나 이러한 근거로-존재하기 자체가 다른 사람의 '무엇을-위하여'에서부터 '결함 있는' 것으로서 결정되는 식으로 그러하다. (328/282*)

죄-있음을 실존적으로 제시하려고 하이데거는 무엇인가에 대해 "근거로 존재함"이 어떤 것인지 그리고 우리는 어떤 방식으로 "무성"의 근거가 되는 것인지 설명한다.

근거로-존재함은 보통 무엇인가에 책임이 있음을 뜻한다. 이는 하이데거가 다음과 같이 지적하는 것과 같다: "… 무엇인가의 원인 혹은 창시자로 존재하기, 혹은 무엇인가를 위한 동기부여로 존재하기" (327/282). 하이데거가 이러한 다양한 정의들을 제시하는 이유는 자신이 작용인에 관한 표준적 논쟁들과 관련해 특정한 입장을 취할 뜻이 없음을 보여 주려는 것이다. 우리가 통상적 의미에서의 책임을 어떻게 분석하든, 근거로-존재함은 실존적으로 통상적 의미에서의 책임과 같지 않다. 오히려,

> 근거로-존재하면서, — 기투된 것으로서 실존하면서, — 현존재는 항상 그 자신의 가능성 뒤에 쳐져 있다. 현존재는 결코 근거에 앞서서가 아니라 언제나 단지 근거에서부터 그리고 근거로서 실존할 뿐이다. 그러므로 근거로-존재함은 근본적으로 그 자신의 가장 본래적인 존재를 마음대로 결정할 수 없음을 말한다. … [현존재]는 그 자신을 통해서가 아니라, 그 자신 곁에 근거로부터 풀려나 〔기투된 자기로서〕 있게 된 것인데, 이는 바로 이 근거로 존재하기 위한 것이다. (330/284-285)

---

119 맥쿼리와 로빈슨은 "Dasein"을 "Dasein"으로 옮기는데, 여기서는 "실존"(existence)으로 옮기는 것이 더 나은 것 같다.

근거로-존재함은 실존적으로 누군가로 **존재**함을 뜻하지 어떤 행위나 효과에 책임 있음을 뜻하지 않는다. 근거로-존재함은 누군가 특정한 인간으로, 즉 살아야만 하는 **그 누구로** 이미 존재함인 것이다. 하이데거는 (줄표 사이에서) 그가 실제로는 기투성의 개념을 달리 설명하고 있는 중임을 암시한다. 우리는 I.5, §31에서 현존재의 가능성은 기투된 가능성이라는 것을 보았다. 살면서 중요한 시점에 처하게 될 때 — 예를 들어 다른 도시로 이사 갈 것인지 선택해야 할 때 — 당신은 당신이 직면하는 가능성들에 서로 다른 성향들을 보이게 된다. 당신은 이웃에 애정을 느끼고 직장에서는 편안하지만, 당신이 살고 있는 곳이 안전하다고 느끼지 않을 수도 있다. 이 서로 다른 성향들은 당신이 그에 근거해 무엇인가 기획하거나 당신 자신을 만들어 나아가는 그 근거이다. "비록 근거를 스스로 놓지는 않았을지라도 현존재는 기분이 짐으로 드러내는 자신의 무거움에 의해 떠받쳐지고 있다" (330/284). "짐"이라는 말은 꽤 음울하게 느껴진다; 그것은 아마 공학사들이 말하는 추력(thrust)과 항력(drag)에서의 항력처럼 이해되면 더 좋을 것이다. 이미 형성된 당신의 자아는 당신이 앞으로 나아가려고 할 때 항력으로 작용한다; 그것은 당신을 〔현재 삶의〕 맥락에 위치 짓고 당신이 거기에 묶인 채 살아가도록 한다.

II.2에서 하이데거는 그가 §58에서 "무성"이라고 부르는, 기투성의 두 상이한 측면들을 구분한다. 이것은 기묘한 설명방식으로, 온갖 종류의 오해들을 불러일으키기 쉽다. 하이데거는 우리가 정말로 아무도 아니고 아무것도 아니어서 실은 무성에 넘겨진 존재자에 불과하다고 말하려 하지 않는다. "무성들"은 우리의 존재들을 제한하는 "부정들" 혹은 결여들이다. 현존재는 가능-존재이고, 이는 존재할-역량을 뜻한다; 하나의 "부정"은, 어떤 역량에 적용되는 경우, **불능**(inability)을 뜻한다. 하이데거가 말하는 "무성"들은 그러므로 불능들이나 우리의 존재할-역량에 대한 한계들이다. 우리는 이미 하이데거가 우리는 "결코 … [우리의] 가장 본래적인 존재를 결정할 힘을 가지고 있지 않다"고 강조하려 한다는 것을 보았다. 우리는 우리가 누구인지 완전히 조정할 수 없는데, 우리를 위해 열어밝혀질 가능성들 및 우리가 누구인지 스스로 이해함에 있어서 중요한 의미가 있는 가능성들은 이미 우리에게 풀어야 할 문제일 수밖에 없는 것이다. 우리는 "모든 것을 백지로 돌리고" 다시 시작할 수 없다. 우리가 "모든 것을 백지로 돌려 버리면" 풀어야 할 아무 문제도 남지 않게 되는 것이다. 이러한 일은 불안이나 우울 속에서 일어나는 일이고, 그러므로 불안/우울은 우리의 근거가 무이고 또 한계 지어진 것임을 열어밝힌다.

더 나아가, 우리의 기획 역시 무이거나 한계 지어진 것이다. 우리는 우리가 그렇게 되기를 원할 수도 있는 모든 것으로 존재할 수 없고, 한 번에 그 모든 것일 수도 없다.

> 하지만 이것은 다음과 같은 것을 함축한다: 존재할-수-있으면서 그것[현존재]은 언제나 이런저런 가능성 안에 서 있다. 이는 현존재가 늘 어떤 다른 가능성이 아니라는 것, 실존적 기획에서 다른 가능성을 단념했다는 것을 뜻한다. 〔현존재의〕 기획은 언제나 기투된 것으로서 근거로-존재함의 무성에 의해 결정될 뿐만 아니라 기획 그 자체로서도 본질적으로 무성적이다. (331/285)

이 구절은 미래를 기획할 때 나타날 두 가지 다른 종류의 한계를 가리킨다. 첫째, 대단히 많은 경우들에서 우리가 "단념"하거나 포기하는 가능성들은 돌이킬 수 없는 것들이다. 우리가 추구하지 않는 사랑이나 출세를 향한 길들은 (비록 항상 그런 것은 아니지만) 대개 영원히 사라진 것들이다. 둘째, 우리는 우리가 추구할 수 있는 몇몇 가능성들을 향해서만 나아갈 수 있지 그 모든 가능성들을 향해 나아갈 수는 없다. 심지어 많은 가능성들을 향해 나아가는 것도 우리에게 대개는 불가능하다. 그러므로 기획은 불능에 의해서도 규정되는 셈이다: 기획은 단념된 가능성들일 수 없는 불능, 그리고 우리에게 열린 모든 가능성들을 향해 스스로를 기획해 나아갈 수 없는 불능에 의해 규정되는 것이다.

하이데거는 이러한 분석을 요약해서 현존재는 항상 "무의 무성적인 근거"라고 말한다. 즉 현존재는 가능성들의 제한된 혹은 유한한 집합의 제한된 혹은 유한한 근거라는 것이다. 재주껏 잘 헤쳐 나갈 우리의 자유는 (우리의 "재량"은) 한계 지어져 있거나 특정한 맥락 속에만 있다. 그것은 우리가 이미 그것인 자신에 의해 한계 지어져 있다. 우리가 이미 그것인 자신이란 부분적으로 우리가 자신 앞에 어떤 가능성들을 가지고 있는지를 뜻한다. 이것이 하이데거가 우리의 "실존적 죄"라는 말로 뜻하는 바이다. 죽음에 관한 논의로 되돌아가 보면, 하이데거는 확실히 "정말로" 우리가 "무"라거나 "아무도 아니라고" 말하려 하지는 않는다. 정말 그럴 수는 없는 것이, 우리는 정말로 우리가 이미 그것인 바로 그 사람인 것이다. 현존재로 존재함, 혹은 한 개인으로 존재함은 세계가 제공하는 가능성들을 향해 각기 다른 성향들을 지닌 자로 자신을 발견한다는 것을 뜻한다. 우리는 이러한 가능성들을, 그들이 우리에게 어떻게 풀어야 할 문제가 되는지 고려하며, 직면하는 나름대로의 방식에 의해 각기 다른 성향을 지니게 되는 것이다.

양심

우리는 하이데거가 인간 삶에서 극단적인 혹은 궁극적인 어떤 것, 즉 불안/죽음의 현상학을 개진한다는 것을 보았다. 불안/죽음에서 우리는 우리 자신을 이해할 수 없게 되는데, 이는 세계가 무의미 속으로 무너져 버리기 때문이다. 열어밝혀져-있음의 모든 양태들처럼, 이러한 극단적인 상황은 세 가지 측면을 지닌다. 불안은 그 기분이다; 죽음은 그 자기-이해이다. 그렇다면 이 극단적 상황에 속하는 담화는 어떤 것일까? 하이데거는 그것을 **양심**이라 부른다.

어떤 종류의 담화가 불안/죽음을 동반할 수 있는가? 담화란 광범위하게 구성된 언어라는 것을 상기하자: 그것은 경험의 의미를 표현적으로 연계함이다. 하지만 불안/죽음의 경험에서 세계는 무의미 안으로 무너져 버린다. 그렇다면 불안/죽음에는 표현할 아무것도 없을 것 같다. 그러므로 하이데거가 다음과 같이 쓰는 것은 별로 놀랄 일이 아니다: "양심이 부름 받은 자에게 불러내는 것은 **무엇**인가? 엄밀히 말해 아무것도 아니다. … **양심은 항상 침묵함의 양태에서만 말한다**" (318/273). 양심의 과묵함 혹은 침묵은 그럼에도 소통적 효과를 가지고 있다고 하이데거는 주장한다. 현존재는 "그 자신에게로, 그 자신의 가장 본래적인 존재할-역량에로 불러내어진다" (같은 곳). 양심이 침묵하는 것으로서 "말할 아무것도 가지고 있지 않으면서도" (같은 곳), 여전히 현존재를 무엇엔가로 불러낸다는 것은 무엇을 뜻하는가? 마치 양심은 아무 내용도 없는 것임에도 여전히 무엇인가 소통하는 것처럼 보인다. 이런 일이 어떻게 가능할까?

우리는 아마 양심에 의해 불러내어지는 것이 **누구**인가에 대한 하이데거의 논의를 출발점으로 삼을 수 있을 것이다. 하이데거는 다음과 같이 쓴다:

> 불러내어진 자기는 그가 무엇인지 규정되지 않고서 공허하게 남아 있다. 현

> 존재가 우선 그리고 대개 〔일상에서〕 구해진 것에서부터 해석하면서 자신을 그 무엇으로서 이해하는지는 〔양심의〕 부름에 의해 무시되어 버린다. (319/274)

양심은 당신을 아들이나 딸, 학생, 연인 혹은 당신이 자신을 구체적으로 이해하는 다른 어떤 방식으로도 부르지 않는데, 이것은 당신이 불안/죽음의 극단적 상황에서는 이 모든 자기-이해들로부터 낯설어지기 때문이다. 만약 당신이 불안 속에서 불러내어지면, 당신은 당신 자신인 어떤 규정된 개인으로서가 **아니라** 지금 존재할 수는 없는 막연한(규정되지 않은) 개인으로서 불러내어지는 것임에 틀림없는 것이다. 불안의 담화는 어떤 규정된 사람으로서의 당신에게 말을 걸어오는 것일 수 없는데, 이것은 〔불안의 담화에 의해 불러내어지는〕 당신이 세인으로서 존재할 수는 없다는 것을 뜻한다. 그럼에도 "자기는 분명하고도 혼동의 여지없이 만나진다." "부름의 내용은 규정되지 않은 것처럼 보인다고 하더라도 **그것이 선택하는 확실한 방향**은 간과될 수 없다"는 것이다 (318/274).[120] 부름은 어떤 소환함이다; 그것은 당신을 무엇인가를 **향해 불러낸다**. 하지만 대체 무엇을 향해 불러내는가? 불안/실존적 죽음에서 당신은 "향하는 운동"을 가지지 않는다; 당신은 당신을 누군가로 만들 수 있는 어떤 가능성들을 향해서도 나아가지 않는 것이다. 그러므로 불러내어지면서 당신을 향해 나아갈 아무것도 없는 것처럼 보일 수도 있을 것이다. 하지

120 역자 주: 인용문 중 강조된 부분은 '*Einschlagsrichtung*'이라는 말을 번역한 것으로, 이기상의 번역본에서는 '내리침의 방향'이라고 번역되어 있다. 하지만 '*einen Weg einschlagen* (어떤 길 혹은 방침을 선택해서 나아가다)', '*nach rechts einschlagen* (자동차 등을 오른쪽으로 돌리다)' 등의 관용구에서 미루어 짐작할 수 있듯이 '*Einschlagsrichtung*'은 '선택된 방향' 정도로 번역하는 것이 더 적절할 것이다.

만 불안은 무엇인가 우리를 끌어내는 것처럼 느껴지지만 우리가 응답할 수는 없는 그러한 것이기에 고통스러운 것임을 기억하자. 실존적 끌어냄은, 세계 안으로 나아가 특정한 방식의 삶을 꾸려 가면서 누군가로 존재함을 향해 있다. 그러므로 불안/실존적 죽음에서 우리는 미래를 향해 나아가도록 불러내어지지만, 우리가 응답할 수 없는 그러한 방식으로 불러내어지는 것은 아닌 것이다.

그렇다면 양심이 현존재를 현존재의 가장 본래적인 존재-역량으로 불러낸다는 하이데거의 설명은 현존재가 "자신에게 진실"하도록, 어떤 의미에서 진정성을 띠게 된다는 설명은 아닌 셈이다. 간단히 말해 현존재는 그저 존재하도록 불러내어진다. 현존재는 실지로는 가능-존재이고, 불안에서 우리는 가능-존재를 우리 삶 속에서 통상적으로 현실화되는 것이 배제된 것으로서 경험한다. 우리가 가능-존재라는 것은 불안/실존적 죽음에서 분명해지는데, 이는 〔자신이 누구인지 묻는〕 통상적 부름과 그에 대한 응답이 — 예컨대 "당신은 누구인가?"라는 물음에 "나는 이 소년들의 아버지이다, 이 여자의 남편이다, 이 학생들의 선생이다, 이 선수들의 감독이다"라는 식으로 대답하듯이 — 〔일상에서의〕 의미 및 의의가 무너져 버리는 바람에 불가능해졌기 때문이다. 그러므로 불안/실존적 죽음은 우리로 하여금 응답할 수 없는 물음을 스스로에게 묻도록 하는 셈이다.

더욱이 〔양심의〕 부름은 그 어떤 특별한 개인도 아닌 자로서의 당신**에게** 건네질 뿐만 아니라 그 어떤 특별한 개인도 아닌 자로서의 당신에 **의해** 건네진다.

> 불러내어진 자는 〔양심의〕 부름으로부터 "그가 누구든지 상관없이" 지목될 뿐 아니라 부르는 자 역시 두드러진 무규정성 속에서 머문다. 이름, 신분, 출

> 신, 그리고 평판에 대한 물음에 부르는 자는 대답하기를 거부할 뿐만 아니라, 결코 부름에 있어서 의뭉스럽게 굴지 않음에도 불구하고, 그를 어떤 '세계적으로' 정향된 현존재 이해에 통할 수 있게 하지도 않는다. (319/274)

실존적 끌어냄은 존재를 향한 끌어냄이고, 여기서의 존재는 하이데거적 의미에서의 실존함을 뜻하는 것이지 아들이나 딸 혹은 연인으로서의 존재를 뜻하지는 않는다. 그러므로 당신이 당신 자신을 양심 속에서 불러내는 경우 여기서 당신이 부르는 당신은 아들이나 딸, 혹은 연인으로서의 당신이 아니다. 그리고 부르는 자로서의 당신 역시 마찬가지로 이러한 일상적 존재자가 아닌 것이다. 가능-존재로서의 당신이 가능-존재로서의 당신 자신을 부르는 것이다.

하이데거가 "양심"이라는 말로 뜻하는 바가 무엇인지 내가 옳게 이해하고 있다면, 그것이 통상적 의미에서의 도덕적 양심과 어떤 관계가 있는지 이해하기는 어렵다. 하이데거가 "양심"이라는 말로 우리에게 죄 있음을 — 마치 양심이 우리에게 "유죄!" 하고 말하기라도 하는 것처럼 — 열어밝히는 부름으로 특징짓는 것은 그가 "양심"과 "죄"라는 말을 전용하는 방식을 정당화하는 데에 충분하지 않은 것이다. 물론 하이데거가 "죄"라고 부르는 것이 통상적 의미에서의 책임 있음을 가능하게 할 조건이기는 하다. 통상적 의미에서의 죄 역시 누군가의 삶에서 무엇인가 박탈하는 것에 대해 책임이 있음을 뜻하는 것이다. 실존적 죄는 그러한 가능성의 조건인데, 우리 자신이 스스로를 존재를 향해 나아가도록 할 이유나 근거로 존재하지 않는 한 우리는 이런저런 행동을 취하고 스스로 책임을 지는 특정한 자기로서 존재할 수 없는 것이다. 하지만 우리가 그 근거로 존재하는 무성과 우리 자신이 그것인 근거의 무성은 어떤 도덕적 실패를 뜻하지 않는다. 그것은 실제로는 전혀 실패라 할 만한 것이 아니다. 그것은 다만 우리의 존재할-역량에 있어서 〔필연적인〕 구성적 한계들을 뜻하는 것이다. 그런데 이러한 한계들을 언급하려고 "죄"라는 말을 사용하는 것은 오해나 불러일으키기 딱 좋고, 하이데거가 "양심"이라는 말을 사용하는 것 역시 그러하다.[121]

하이데거가 자신이 "양심"과 "죄"라는 말을 전용하는 방식이 얼마나 오해의 소지가 많은 일인지 잘 모른다는 것은 그가 도덕 철학에 둔감하다는 징후이다. 『존재와 시간』에는 도덕 철학이 현저히 부재한다. 인간 삶의 실존적 차원, 즉 우리의 자기-이해 및 살면서 풀어야 할 문제들이 어떻게 구성적으로 우리의 자아를 형성하게 되는지 설명할 것으로 상정되는 그러한 저술에서 말이다. 만약 무엇인가 하이데거적 성찰들의 **중심**에 놓여 있어야만 한다면 그것은 원래 도덕 철학이어야만 할 것이다. 그런데, 왜 그렇지 않은가? 거기에는 두 가지 요인이 있는 것 같다.

첫째, 하이데거는 도덕 철학을 우리가 구체적 상황들 속에서 어떻게 행동해야만 하는지에 관한 설명이라고 생각한다. 그러므로 하이데거는 자신의 양심의 현상학이 양심이 우리로 하여금 우리가 잘못한 것들이 무엇인지 깨닫게 해 주는 방식들을 다루지 않는다는 점에서 지나치게 형식적인 것은 아닌지 숙고하면서 다음과 같이 쓴다: "**마음대로 쓸 수 있고 잘 따져 볼 수 있는 확실한 '행위'의 가능성들이 그때마다 사용할 수 있게끔 제시되기를 기대하기 때문에** 사람들은 [양심에 의해] 불러내어진 것에 어떤 '실증적' 내용이 없음을 아쉬워한다" (340/294). 즉, 도덕적 양심과 도덕 철학은 우리에게 어떻게 행동할 것인지에 대한 구체적인

121 레베카 커클라(Rebecca Kukla)는 하이데거가 "양심"이라는 말을 사용하는 방식 및 이러한 방식이 데리다와 같은 이후의 사상가들에게 끼친 영향을 좀 더 긍정적으로 재구성했다. 이에 대해서는 다음 참조: "The Ontology and Temporality of Conscience," *Continental Philosophy Review*, 35/1 (2002).

지침을 제공해야만 하지만 실존적 현상학은 그렇게 할 수 없다는 것이다. 실존적 현상학은 오직 우리의 존재에 대해서만 마음 쓴다. 좀 노골적으로 표현해 보자면, 덕이 있는 자나 악한 자나, 행실이 좋은 자나 나쁜 자나 다 똑같은 현존재인 것이다. 도덕 철학은 무엇이 우리를 현존재로 만드는지 다룰 수 없는데, 그것은 도덕 철학이 현존재로 존재함의 서로 경쟁하는 방식들을 식별하면서 그것들이 우리가 연계시킬 수 있는 어떤 이상들의 집합에 일치하는 것인지 묻기 때문이다.

하지만 이것은 도덕 철학을 회피할 설득력 있는 이유가 되지 못한다. 하이데거 자신이 본래적, 무본래적, 그리고 비본래적 삶 사이의 구별을 개진할 뿐만 아니라 자신의 자기를-가짐 개념이 "현사실적 이상"이라고 인정하고 있는 것이다 (358/310). 니체가 도덕성을 비판하는 것이 종종 낡은 도덕성을 새로운 도덕성으로 대체하려는 시도로 읽히는 것과 대단히 유사하게도 하이데거의 자기를-가짐 개념 역시 종종 도덕 철학을 보충하거나 대체하는 것처럼 읽힌다.

아마 하이데거는, 니체가 그보다 앞서 행한 것처럼, 도덕적 사유는 대개 인간의 삶이 세인에 종속적이 되고, 하향평준화되고 또 지배당하는 것을 표현한다고 느꼈을 것이다.[122] 도덕이라는 관념에 관해 우리는 분명 전통적 도덕의 측면들 중 어떤 것들은 동성애처럼 우리들 중 많은 이들이 불쾌해하는 일탈들을 통제하고자 하는 시도라고 말할 수 있다. 도덕적 반응이란 이처럼 순전히 〔주어진 규범에〕 순응적인 역할이나 담당하는 것이라고 말하면서 〔도덕이 제기할 수 있는〕 좀 더 깊은 요청들을 도외시해 버리는 경우, 우리는 물론 도덕 철학을 **행하는** 것이다. (로

---

122 이러한 관점에 대해 니체가 설명한 것들 중 가장 극명한 것은 니체의 다음 책에서 발견될 수 있다: *On the Genealogy of Morals*, trans. by Walter Kaufmann (New York: Vintage, 1967).

마 가톨릭 교회는 동성애는 그냥 많은 대중들에게 불쾌감을 안겨 주는 것이기만 한 것이 아니라 악한 것이라고 주장하는데, 이러한 견해를 논박하려면 우리는 이 문제를 도덕적으로 논해야만 한다.) 때로 하이데거는 더 나아가 니체가 했던 것처럼 도덕을 **그냥 간단하게** 세인, 순응주의, 그리고 하향평준화와 결부시키는 것처럼 보인다. 이러한 관점에 관한 『존재와 시간』에서의 표현들에서 가장 우려스러운 것들 중 하나는 하이데거의 성찰들을 주제적으로 니체의 성찰들 및 더 나아가 반유대주의의 요소들과 연관 짓게 하는 것으로, 이는 양심에 관한 논의에서 발견된다: "이로써 이전에는 '신적 권능의 유출'이었던 양심이 이제 바리새주의의 노예가 되는 것을 쉽게 알아볼 수 있다" (337/291). 이러한 분석에 따르면 양심은 한때 사제들에 의해 통제되었던 민주주의적 충동의 노예에 지나지 않는데, 사제들은 귀족주의적 본능을 분쇄해 버림으로써 인간의 삶을 하향평준화하는 것에 앞장섰다. 다시 한 번 강조하건대, 이러한 종류의 비판을 잘 가늠하려면 도덕적 성찰이 꼭 필요한데도 하이데거는 그렇게 하려 하지 않는다.

이러한 점들을 유념해 두면, 우리는 이제 하이데거가 말하는 인간 삶의 실증적, 현사실적 이상인 자기를-가짐과 결단성의 문제로 관심을 돌려도 좋을 것이다.

연구를 위한 물음들

하이데거의 죽음 개념은 인간이 삶의 마지막에 즈음해서 무언가 다 이루었다고, 더 이상 성취할 것이나 존재해야 할 이유가 아무것도 남지 않았다고 느끼는 것이 항상 착각일 수밖에 없다는 것을 함축할까?

하이데거의 죄 및 근거로-존재함의 무성 개념은 인간이 어떤 종교적 개종이나 거듭남 같은 것을 통해서도 결코 자기의 완전한 변성을 경험할 수 없다는 것을 함축할까?

XVII. 자기를 가짐과 결단성

가장 본래적으로 존재할-역량, "진정성" 그리고 결단성 등의 하이데거적 표현들은 확실히 "자기 자신에게 진실한 존재"의 이상을 암시하게 될 것이다. 하이데거의 언어에 관한 다음의 그럴듯한 해석에 관해 한 번 생각해 보라: 임박해 있는 자신의 죽음의 가능성에 직면해서 당신은 무엇이 당신에게 중요한지 깨닫는다. 자신에게 무엇이 중요한지 분명히 깨닫게 되면서 당신은 당신과 당신에게 진정으로 중요한 문제들 사이에 가로놓인 벽으로 작용하던 잡다하고 우연적인 일들과 집착들을 당신의 삶으로부터 몰아낸다. 이 모든 일들을 하면서 당신은 "당신 자신을 선택하고", "자신에게 진실해진다." 즉 진정성을 얻게 되는 것이다. 당신의 삶은 당신이 "진정한 자신"이 되도록 당신에게 힘을 주는 어떤 "견고함"과 자족을 이룬다. 우리로 하여금 이러한 종류의 진정성에 관해 말할 수 있도록 하는 것은 확실히 존재하고, 우리들 중 많은 이들은 (꼭 사망의 경험에 의해서만 가능해지는 것은 아닌) 이러한 진정성의 경험을 통해 잡다한 일들을 제쳐 놓고 "우리에게 정말로 풀어야 할 문제가 되는 것들"에 초점을 맞추게 된다. 하지만 이러한 종류의 — 찰스 테일러가 『진정성의 윤리』에서 호의적이면서도 비판적으로 탐구했던 그러한 종류의 — "자기-발견"은 하이데거가 자기를-가짐의 개념을 통해 설명하려던 것이 아니다.

불안/죽음은 그릇된 자기정체성들을 제거해서 우리로 하여금 진정한 우리 자신과 만나게 하는 것이라기보다는 **존재론적 왜곡들을 제거해서**

우리가 **어떻게** 존재하는지 이해하게 하는 것이다. "앞서-달려감은 실존에 자기포기를 극단적 가능성으로서 열어밝혀서 저마다 도달한 실존에의 완강한 집착을 모두 부숴 버린다" (308/264). 궁극적인 혹은 가장 극단적인 가능성은 죽음이다. 죽음에서 당신은 "자신을 포기하는데", 이는 굴복하거나 체념한다는 의미에서가 아니라 "자신**에 대해 포기함**"의 의미에서이다. 낯설어짐과 우울한 권태감에 빠져 버리는 경우 당신은 〔일상적〕 자신으로 존재하기를 포기하게 되는데, 이는 일상적 자기가 당신에게 더 이상 중요하지 않기 때문이다. **존재론적으로** 보면, 당신이 학생으로-존재함은 당신이 누구인지 결정하고 지배할 어떤 본질적인 것을 구성하지는 않는다. 보통 당신은 아들이나 딸, 학생, 연인, 친구 등 당신이 그것으로서 존재해 왔던 특정한 개인으로서 삶을 꾸려 나가지만 당신은 〔이제 더 이상〕 이러한 성향들 및 삶을 지속하려고 "당신이 도달한 실존"에 기댈 수 없다. 그러한 것들이 리처드 로티가 강조하는 것처럼 단지 **우연적**(contingent)이기만 한 것은 아니지만,[123] 어쨌든 **취약**하기는 하다.

자기의 우연성(contingency)은 기투성의 한 측면이다. 당신은 오직 당신이 그 안에서 살고 있는 문화적, 사회적, 역사적 그리고 언어적 맥락 속에서만 현사실적인 자신일 수 있다. 하이데거가 II.2에서 말하는 것처럼, 우리의 존재할-역량의 근거는 무이다. 예컨대 허버트 드레이퍼스와 제인 러빈 등의 논자들은 하이데거적 의미에서의 불안을 이러한 우연성의 발견으로서 해석해 왔다. 그들은 불안이란 삶이 아무 "궁극적" 의미도 가지지 않는다는 것을 깨닫는 것이라고 말한다.[124] 하지만

---

123 다음 참조: *Contingency, Irony, Solidarity*.

124 드레이퍼스의 『세계-안에-있음』의 부록인 다음의 글 참조: Hubert L. Dreyfus and Jane Rubin, "Kierkegaard, Division II, and Later Heidegger."

왜 그러한 깨달음이 불안을 자아내는지, 왜 그것이 이러한 발견을 직면할 용기를 필요로 하는지, 그리고 하이데거가 어떻게 일상적 삶의 많은 부분을 회피할 수 없는 〔실존의〕 우연성으로부터의 도피 및 그 은폐로 해석할 수 있게 되는 것인지 이해하기란 어렵다. 어떤 의미든 아무튼 삶의 의미를 지니게 됨이 그 자체로 결코 우연적일 수 없는 어떤 의미를 지니게 됨을 뜻한다는 식의 어떤 종교적 관점에서 하이데거가 인간의 삶을 이해하고 있지 않는 한 그렇다는 것이다. 그러므로 하이데거가 별로 성공적이지 못한 방식으로 키르케고르의 실존주의를 "세속화"했으며 왜 불안이 고통스러운 것인지 설명할 수도 없었다는 드레이퍼스와 러빈의 해석에 일리가 있다. 우연성이 걱정스러운 문제가 아니라 취약성이 그러한 것이다.

당신의 자기-이해는 두 가지 방식으로 취약하다. 당신이 누구인지가 세계에 의해 "능가되어 버리거나" 앞질러질 수 있고, 당신은 지금까지의 자기를 버리게 될 수도 있다. 우리가 (xvi)절에서 본 것처럼, 당신이 당신 자신을 이해하는 하나의 방식인 '무엇을-위하여'가 세계에 의해 앞질러지는 경우, 〔그리고 그렇다는 것을 당신이 깨닫게 되는 경우,〕 당신은 그런 방식으로는 자기 자신을 더 이상 이해할 수 없다. 또한 당신은 특정한 일상적 자신으로의 성향을 더 이상 띠지 않게 됨으로써 이 일상적 자신을 버리게 될 수도 있다. 당신은 이런저런 자기-이해의 측면들을 (예컨대 자기의 이런저런 모습에 정나미가 떨어져 버려서) 버리게 되거나, 좀 더 극적으로 실존적 죽음이나 우울 속에서 자신의 전부를 버리게 될 수도 있다. 우리는 이 두 가지의 경험을 모두 "불가능하게 됨"의, 지금까지의 자신으로 더 이상 나아갈 수 없음의 양태로 특징지을 수 있다. 이러한 불가능의 관념에서 결정적인 것은 단지 〔이런저런 방향으로〕 나아가는 것이 당신에게 **내키지 않는** 일이 되었다는 것뿐 아니라 당신이 〔설령 원한다고 해도 더 이상 그러한 방향들로는〕 **나아갈 수 없게 되어 버렸다**는 것이다. 그러한 경험들은 지금까지의 자신으로서 거기-있음이 더 이상 불가능해짐이 가능하다는 것을 의미한다. 그러한 경험들은 당신의 실존적 취약성을 보여 준다. 자신에게 진실해지도록 당신을 부르는 것과는 아주 다르게 이러한 종류의 상황에서 지금까지의 당신으로 남는 것은 더 이상 아무 의미도 없고, 이제 불가능해진 것이다.

자신의 취약성을 직면하는 것은 용기를 요구하는 일이다. 만약 철강 노동자로서의 삶이 사회적, 경제적 변화에 의해 능가되거나 앞질러졌기 때문에 〔즉 이미 지나간 시절에나 어울리는 삶이 되어 버렸기 때문에〕 당신이 더 이상 철강 노동자로 살 수 없다면, 당신은 그러한 삶을 포기하고 다른 가능성을 찾아 나설 수 있어야만 한다. 만약 그럴 수 없는 경우 당신은 "삶을 쟁취하기에는 너무 늙어 버렸거나" 환상 속에서 살고 있는 셈이다. 사랑에 진저리가 나면 당신은 한 연인으로서 자기를-이해함을 포기하고 그만 옮겨 가야 하고, 만약 당신이 한 인간이 아니라 당신이 지닌 자기-이해의 어떤 측면에 진저리가 난 것이라면 당신은 마찬가지로 그것을 포기하고 그만 옮겨 가야 한다. 포기하고 옮겨 갈 수 있음은 실존적 용기를 필요로 하는 일이다. 누구든 그러한 상황에 처해 있는 사람이라면 다 알고 있듯이 말이다. 우리를 지금까지의 자기 또는 지금까지 살아온 방식에 묶어 두는 힘들은 많다: 우리를 얽어매는 감정들 ("마음이 아파"), 우리에게 족쇄를 채우는 금전적 법적 책무들 ("나는 대출이 있어!"), 사회적 압력 ("넌 어떻게 그를 그런 식으로 떠날 수 있지?"), 내면화된 사회적 압력, 즉 죄 ("내가 어떻게 그를 그런 식으로 떠날 수 있겠어?") 등등. 더구나 우리는 종종 우리 자신에 대해 가장 엄격하다. "우리들 자신이 남들에게 속해 있고 그 힘을 강화한다" (164/ 126). 실로 우리는 실패한 관계나 무너져 버린 삶을 뒤에 남겨 두고 떠날 수 있지만 그렇게 하는 것은 마음도 아프고 사회적 대가도 치러야만 하는 일인 것이다.

나는 방금 전까지 우리를 위협하는 몇몇 실존적 불가능성에 건설적으로 대처하는 데에 요구되는 실존적 유연성을 강조해 왔다. 하지만 이러한 강조는 『존재와 시간』의 독해로서는 부적절한 것처럼 보일 수도 있다. 하이데거가 자기-지속성과 불변성(견고성)의 수사를 사용한 적은 없지 않은가? 이러한 수사 자체가 내가 〔실존적〕 유연성 및 지금까지의 자기를 포기할 준비가 되어 있어야만 함을 강조한 것과 모순되지 않는가?

하이데거는 실제로 본래적 자기를 꾸준하고 변함없는 자기-지속적인 것으로서 묘사한다: "지속적 견고성(불변성)의 이중적 의미에서 **자기의 지속성**은 결단하지 않고 빠져듦의 비자기-지속성에의 **본래적** 역가능성이다" (369/322). 불변성은 **실존재자적**일 수도 **실존적**일 수도 있다. 실존재자적 차원에서 보면, 당신은 사회적 압력에 직면해서 지금까지의 자신을 고수할 "용기"를 지닐 수 있는지 지닐 수 없는지에 따라 자기 자신을 "얻거나" "잃거나" 할 수 있다. 하이데거는 이러한 용기의 결여를 (§27에서) 다음과 같이 쓰면서 묘사한다: "… 이렇게 존재부담을 면하게 해 주면서 세인은, 현존재 안에 〔매사를 되도록〕 가볍게 받아들이고 가볍게 만들려는 경향이 있는 한, 현존재를 환대하는 셈이다" (165/127-128). 그러나 당신의 자아가 사회의 지배적인 기대들로부터 벗어나는 경우 당신이 자신을 고수하는 일은 일탈이 되고, 세인은 당신의 일탈을 억제하고 당신을 〔정상성 안에〕 묶어 두려 시도할 것이다.

일탈의 억제 혹은 그가 말하는 것처럼 "지배"에 관해 논의하면서, 하이데거는 다른 실존주의적 저자들, 특히 니체와 키르케고르에게서 발견되는 수사적 표현을 받아들인다. "무리", "사회적 구속복"(straightjacket), "보편" 등은 우리를 다른 사람들과 거의 같은 방식의 삶을 살도록 강제한다. 이러한 압력에 저항하려면 용기가 필요하다. 니체는 일탈을 억제하는 좀 더 잔인하고 섬뜩한 수단들에 (벌이나 심지어 고문 같은 것에) 초점을 맞추는 경향이 있다.[125] 반면 키르케고르와 하이데거는 좀 더 은밀한 사회적 통제의 형태들에 초점을 맞춘다. 다른 인종 간의 결혼이나 교외에서 아이들을 키우는 레즈비언 커플과도 같은 "삶에서의 실험들"[126]에 관해 생각해 보자. 내가 사는 교외 지역 인근에는 아이들이 있는 레즈비언 커플들이 꽤 있는 편이다. 이러한 새로운 생활방식들을 좀 더 잘 이해하려고 나는 처음에는 그들을 좀 더 전통적인 가족 유형에 따라 분류할 수 있는 것처럼 생각하려 했다: 부모 중 한 사람은 전업(a full-time job)을 가지고 있어서 "밥벌이를 하고", 다른 한 사람은 직업이 아예 없거나 시간제(part-time)로만 일을 하는 가정에서의 "돌보미"(caregiver)라는 식으로 말이다. 하지만 어느 날 나는 레즈비언 이웃들 중 한 사람과 그녀가 참여했던 어느 자립 프로그램에 관해 이야기하고 있었는데, 그녀는 나에게 "이것이 우리에게 아들을 가질 용기를 주었어요" 하고 말했다. 그때 나는 이러한 일이 실제로 얼마나 많은 용기를 필요로 할지 생각하며 충격을 받았다: 모든 교장들, 건강 도우미들, (필요한 경우) 경찰, 소아과 의사, 그리고 그 밖의 다른 모든 사람들에게 그들은 자신들이 어떻게 사는지 설명해야만 한다. 그것도 필요할 때마다 반복해서 말이다. 공공이 늘 멀리하고 학대하는 그러한 사람 곁에 머무는 것은 실존적 용기를 필요로 한다. 이 레즈비언 가족을 전통적 가족처럼 생각하면서 나는 그들의 용기를 저평가했다; 나는 "하룻밤 새

---

125 『도덕의 계보학』에서 니체가 벌에 관해 논의하는 것이 한 예이다.

126 John Stuart Mill, *On Liberty* (New York: Barnes & Noble, 2004).

본래적인 모든 것을 무언가 이미 오래전부터 잘 알려진 것으로 다듬어 버리는" 〔일상의〕 역동성에 희생되어 버린 것이다 (165/127).

그러므로, 우리는 "〔스스로를〕 옹호한다"는 의미에서 우리가 **소유하는**(own) 실존재자적 삶과 우리와 **절연된**(disown) 삶을 대조시켜 볼 수 있다. 우리가 사회적 압력에 굴복해 우리 자신을 포기하는 경우, 우리가 우리의 결정에 대한 비판에 직면에 주저하는 경우, 우리는 우리 자신과 **절연되어** 있다. 이런 의미에서 자기 자신을 옹호하는 것을 예로 들면 "자기 자신에게 진실함"을 다시 본보기로 삼게 되는 것처럼 보일 것이다. 그 레즈비언 어머니는 자기 자신에게 진실하지 않은 것일까? 이에 대한 대답은 "자기 자신에게 진실함"을 어떻게 이해하느냐에 따라 달라질 것이다. 간단하고 분명하게 표현해 보자: 그 레즈비언 어머니가 진실하게 남으려 하는 그 자기는 그녀의 진실한 자기가 아니다. 그녀는 자기를 소유하고 있지만 그러나 여기서의 자기는 그녀 자신이 스스로 그렇게 되어야만 한다고 생각하는 자기 외에 다른 아무것도 아니다. 아마 이런 구별은 실질적 차이를 전제로 하지 않는 것처럼 보일지도 모른다. 그렇다면 문제를 다른 각도에서 한 번 조명해 보자.

지금까지의 그녀 자신을 **포기**할 것을 요구받는 경우, 우리가 본보기로 삼은 이 실존주의자는 〔즉, 위에 언급된 레즈비언 어머니는〕 어떻게 반응하게 될까? 이 질문에 대답하려면 우리는 그녀에게 이런 일을 요구하는 것이 누구인지 혹은 무엇인지 알아야만 한다. 그것은 공공일 수도 있는데, 공공이 그녀를 일탈적인, 불건전한 혹은 용납할 수 없는 사람으로 간주하는 경우가 그러하다. 공공의 압력이 문제가 되는 경우 그녀는 이러한 압력을 제압하려 하게 될 것이다. 도덕성이 그녀에게 지금까지의 자신을 포기하라고 요청할 수도 있다. 그녀 스스로 자신이 〔레즈비언으로서〕 살아가는 방식이 비도덕적이라고 확신하게 될 수도 있는 것이다. (나는 이러한 요구가 도덕으로부터 당연히 제기되는 법이라고 말하는 것이 아니라 단지 그녀 스스로 그렇다고 확신하게 될 수도 있다고 말할 뿐이다. 「더 쉴드(*The Shield*)」의 줄리안 로우처럼 말이다.) (xvi)절에서 우리는 하이데거가 도덕적 양심의 소리를 실존적 양심의 소리, 즉 "마음 씀의 부름"에 부차적인 것으로 간주한다는 것을 보았다. 그러므로 하이데거의 결단성 개념이 자신을 변화시키라는 도덕의 요구에 순응함을 포함한다고 여길 필요는 거의 없을 것이다. 그녀에게 그녀 자신을 변화시키라고 정당하게 요청할 수 있는 것들 중 하이데거가 인정하는 유일한 것은 상황 그 자체일 뿐이다.

상황 그 자체로 하여금 그녀에게 그녀의 자기를 포기하라고 요청할 수 있게 하는 것은 무엇일까? 만약 상황이 현사실적 가능성들 — 바로 지금 여기에서 그녀가 무엇을 할 수 있는지 그리고 어떤 사람이 될 수 있는지 — 의 장이라면, 이러한 상황은 그녀의 자기가 이러한 상황에서 가능한 것이 아닌 경우에만 그녀에게 그녀의 자기를 포기하라고 요청할 수 있다. 즉 지금까지의 그녀를 포기하도록 상황이 그녀에게 요청하는 것은 지금까지의 그녀가 어떤 변화에 의해 능가되어 버렸기 때문이든지 아니면 그녀 스스로 지금까지의 자기를 버렸기 때문이든지 둘 중의 하나인 것이다. 그러한 경우에 상황 그 자체는 그녀에게 자신의 유한성을 직면하고 지금까지의 자기에 관해 포기할 것을, 하이데거가 어느 한 구절에서 말하는 것처럼 그녀가 "철회할 것을" 요구한다: "결단의 확실성은 자신의 가능한 그리고 언제나 현사실적으로 필연적인 **철회에 자신을 열어 놓음**을 뜻한다" (355/307–308).

그렇게 하이데거는 자기를 옹호하는 것과 포기하는 것 **둘 다에** 나름의 가치를 부여한다. 하지만 이 둘은 서로 대립적인 것이 아닐까? 자기를-포기함과 자기를 옹호함은 풀어야 할 물음을 다음과 같이 이해하는 경우 서로 대립적인 것처럼 보인다: 결단성은 우리가 지금까지의 자신을 옹호할 것을 요구하는가 아니면 포기할 것을 요구하는가? 전통적으로 말해, 결단성은 지속과 변화, 혹은 존재와 되어 감 중 어떤 것을 요구하는가? 자기를-가짐과 자기와 절연함 사이의 선택은 오직 자기가 지속하거나 변화할 수 있는 어떤 존재자인 경우에만 가능하다. 하지만 『존재와 시간』에서 하이데거의 존재 분석이 도달한 결론은 자기는 현전하는 사물이 아니라는 것이다. 현전하는 사물을 지속하는 것으로 이해하든 변화하는 것으로 이해하든 상관없이 말이다. 자기는 실체도 아니고, 실체에-유비될 수 있는 것도 아니며, 장차 실체가 될 수 있는 것도 아닌 것이다.

하이데거는 시간성에 관한 §65에서 이러한 점을 밝힌다. 시간성에 관한 하이데거의 이론을 여기서 굳이 세세하게 탐구해 볼 필요는 없지만 아무튼 대강이라도 알아두면 큰 도움이 된다. 단호한(결단한) 자기가 나아갈 미래는 내일이 아니고, 결단할 자기가 그로부터 출현하게 되는 과거 역시 어제는 아니다. 하이데거가 밝히듯이, 미래는 나중에야-올 것이 아니고, 과거는 이미 지나간 것이 아니다. 오히려 하이데거가 §65에서 그 분석을 시작하는 (그리고 II.5에서 더 개진해 나가는) 근원적 과거는 "내가 그렇게 있어 옴"으로서의 과거이다. 하이데거는 여기서 용어를 현명하게 선택했다. 독일어에서 "있음" 동사의 완료시제는 영어에서처럼 조동사와 함께 표시된다. 영어로 우리가 "I have been"이라고 쓰는 것이 독일어로는 "*Ich bin gewesen*"이다. 영어와 독일어 사이의 차이는 영어가 조동사로 "have"를 쓰는 반면 독일어에서는 "be"를 쓴다는 것이다. "*Ich bin gewesen*"을 문자 그대로 영어로 옮기면 그것은 "I am been"이 된다. 이러한 언어학적 세부사항은 그 자체로는 중요하지 않다. 다만 그것은 하이데거에게 자신의 생각을 표현하기 위해 독일어를 활용할 방안을 마련해 주었다. 하이데거는 조동사와 주동사를 "*Ich bin-gewesen*" "I have-been" 하는 식으로 하이픈으로 연결한다. 하이데거가 말하고자 하는 바는 하이데거가 선호하는 의미에서 이미 이루어진 나의 자기는 단순히 지나가 버릴 내 인생의 단계들을 뜻하지 않는다는 것이다. 지금까지 있어-온 나(who I have-been)는 오히려 나의 처해-있음, 즉 기분에 의해 열어밝혀진다. 지금까지 있어-온 나는, 내가 나의 삶을 향해 나아가는 한, 나 자신을 존재할 자로 발견하는 바로 그러한 자기인 것이다.

자신에 "진실하게 남은", 사회적 압력에 굴하지 않고 견고하게 남은 그 레즈비언 어머니의 예로 돌아가 보면, 우리는 그녀가 두 가지 의미에서 자기-지속적이라는 것을 알 수 있다. 그녀는 지금까지 자신이 살아온 과정을 완강하게 고수하며, 그녀 스스로 자신이 그렇게 존재해야만 한다고 생각하는 〔미래의〕 자기에 근거해서 〔자신의 삶을 계속〕 기획해 나가는 데에 있어서 단호하다 (결단성이 있다). 우리는 이 두 양식을 "지금까지 있어 온 자기를 옹호하기"와 "지금까지 있어-온 자기를 옹호하기"로 묘사할 수 있다. 그 레즈비언 어머니의 경우, 이 두 양식은 일치한다. 하지만 존재론적으로 말하면, 그 둘은 같은 것이 아니다. 자기로 존재함은 현존함과 같은 것이 아니라는 바로 그러한 이유 때문이다. 이는 우리가 간단히 살펴본 바 있는 다른 경우들에서 분명하게 드러난다. 레즈비언 어머니가 자신을 사회적 관행과 다른 방식으로 동반자 관계를 맺어 나가고 또 어머니가 되어 나가게끔 처해-있는 자로 자신을 발견하는 것과 마찬가지로 사랑을 잃어버린 자로서 단호한(결단한) 자는 그가 연루되어 있었던 연애관계에 관해 포기하고 앞으로 나아가게끔 처해-있는 자로 자신을 발견한다. 이 두 경우의 당사자들은 모두 자신이 그렇게 존재해야 할 어떤 자기와 함께 앞으로 나아가도록 상황에 의해 요청된다. 하지만 이 〔미래의〕 자기가 꼭 지금까지 그렇게 있어 온 자기를 뜻할 이유는 없다. 현존재로 존재함은 자신이 그것이어야만 하는 자기를 향해 나아갈 유한한, 우연적인, 그리고 취약한 근거로서 존재함이다. 자신으로 하여금 향해-나아가게끔 하는 이러한 근거는 바로 지금까지 있어-온 자기이다. 지금까지 있어-온 자기는 우리가 그 안으로 던져진 세계와 기분 혹은 그 안에서 우리가 자신을 발견하게 되는 처해-있음 모두를 포함한다.

지속적이고 부단하게 존재함의 반대는 세인에 자기를 잃어버림이다. (xiii)절에서 나는 세인에 자기를 잃어버림을 피상적이고 한정된 삶을 살아감으로, 상상력이 거의 없는 삶으로, 미리부터 그렇게 상정된, 즉 세인이 주는 일반적 규정들에 따라 살아가는 삶으로 해석했다. 다음과 같은 점을 기억해 보라:

> 우선 그리고 대개 자기는 세인 속에 상실되어 있다. 자기는 그때마다 오늘의 '평균적인' 공공의 현존재 해석에서 '통용되는' 실존가능성들에서부터 자신을 이해한다. 대체로 이 가능성들은 애매해서 알아볼 수 없게 된 것들이지만, 그럼에도 잘 알려져 있다. (435/383)

그러므로 세인 속에 상실되어 있음은 잡담, 애매함, 그리고 호기심에 의해 하향평준화된 삶을 살아감을 뜻한다. 세인 속에 상실된 존재는 단순히 "보통" 삶을 꾸려 가느냐의 문제가 아니다. 여기서 걸려 있는 문제는 오히려 우리가 "보통" 삶을 우리가 처한 상황과 우리의 성향이 요구하는 것에 맞서서 꾸려 가느냐의 문제이다. 만약 보통 삶을 꾸려 가면서 사회적 압력에 직면하게 될지라도, 혹은 우리의 삶이 능가되어 버리거나 앞질러졌음을 인정하기를 근시안적으로 거부하면서 지금까지 있어-

온 자기를 포기하지 않고 옹호한다면, 우리의 삶은 꽤 단호한(결단한) 것일 수 있다. 바로 이 때문에 하이데거는 방금 인용된 구절에서 세인에 자기가 상실되어 있음이 단순히 자신을 자신이 속한 문화 속에서 통용되는 가능성들과의 관계에서 이해함을 뜻한다는 식으로 말하지 않는다. 그가 주장하는 것은 차라리 자기가 〔세인 속에〕 상실되어 있으려면 〔통용되는〕 가능성들이 "애매해서 알아볼 수 없게 된 것들"이어야만 한다는 것이다. 즉 우리는 우리가 처한 상황과 우리의 성향이 요구하는 것과 차단되어 있어야만 한다는 것이다.

그러므로 자신의 본래적 자기를 향해 결단함은 자신의 진정한 자기를 찾고 그것을 아쉬워하는 것과는 **다른** 문제이다. 그것은 적어도 진정한 자기를 찾음이 전통적으로 의미하는 것과는 같지 않다. 결국 우리가 되고자 하는 진정한 자기가 어떤 것이든지 그것은 이미 〔일상적〕 세계에 의해 앞질러진 것일 수 있는 것이다. 게다가 아마 더 심각한 문제는, 우리에게서 그 진정한 자기〔에의 의지〕를 앗아가는 우울에 빠져 버림으로써, 우리가 자기를 버리게 될 수도 있다는 것이다. 자기를 발견하고 획득함은 어떤 경우에서는 지금까지 있어 온 자기를 버거운 사회적 압력에 직면해서 옹호함을 뜻하지만, 어떤 경우에서는 새로운 세계 혹은 새로운 성향들에 적응할 수 있도록 유연해지는 것을 뜻한다. 자기를 획득함은 그 자체로는 지금까지 있어 온 자기를 고수함을 뜻하지도 않고, "세계라는 옷을 가볍게 입기"를 뜻하지도 않는다. 자기를 발견하고 획득함은 차라리 현사실적으로 〔자신에게〕 가능하고 또 중요한 것이 무엇인지 이해하고 그것을 관철시켜 나아감이다. 지금까지 있어 온 자기와 그것이 어떤 관계에 있었든지 상관없이 말이다. 우리는 이러한 관점을 우리가 발견하고 획득해야 할 자기는 **지금 이 순간의** 자기라고 말함으로써 달리 설명할 수도 있지만, 이 경우 "순간"(*Augenblicke*)이라는 말을 오해하지 않도록 조심할 필요가 있다. '지금까지 있어-온 자기'가 삶의 매 순간마다 지나가 버린다는 의미에서 '지금까지 있어 온 자기'와 같지 않듯이, §65에서 하이데거가 기술하는 밝히 봄의 '순간'이란 시계가 알려 주는 지금이라는 의미에서의 순간, 지나간 시간과 다가올 시간 사이에서 째깍거리는 시점과 같은 것이 아니다. 이 밝히 봄의 순간, 혹은 "결단의 순간"[127]이라 불리는 것이 더 좋을 이 순간은 자신이 어떤 존재가 되어야 할지 또 어떤 존재로서 나아가게 될지 발견함을 포함한다.

결단성과 자기를-가짐의 현상을 다루면서 우리는 제I편의 원점으로 다시 되돌아오게 되었다: 그 원점은 자기의 존재이다. 우리는 제II편에서 세계 안에 있는 나는 "나"일 뿐이라는 일상적이고 당연해 보이는 주장이, 비록 틀린 것은 아니라고 할지라도, 피상적이라는 것을 배웠다. 그렇다, 세계 안에 있는 것은 우선 당신과 나이지만 당신과 나는 대개 세인-자기이고, 이 세인-자기의 자기-이해는 피상적이며, 우리가 그 안에서 살고 있는 현사실적 상황 속에서 사용 가능한 자유의 참된 가능성과 다양성으로부터 단절되어 있는 것이다. 자유의 참된 가능성과 다양성을 이해함은 삶에 대한 하향평준화된 이해가 우리로부터 감추고 있는 기회들이 무엇인지 이해함을 뜻한다. 지금까지 있어 온 자신을 옹호할 기회든지 아니면 새로운 방향을 향해 떠날 기회든지 상관없이 말이다. 이러한 기회들을 직면하는 것은 용기를 필요로 하는 일인데, 이는 그렇게 하는 것이 우리 모두로 하여금 대개 서로 비슷하게 살게 하고,

127 하이데거의 독일어 용어는 그냥 "*Augenblick*", 즉 "순간" 혹은 "찰나"이다. 맥쿼리와 로빈슨은 이 말을 "밝히 봄의 순간"(moment of vision)으로 확대시켰는데, 이것은 그들이 독일어 용어에 포함된 "*Augen*", 즉 "눈"(eye)이라는 말을 살리며 번역하기를 원하기 때문이기도 하고 독자들이 시계-시간의 순간들이라는 의미에서 이 용어를 이해하지 않기를 원하기 때문이기도 하다. *Augenblick*은 성경에서 "눈 깜짝할 새"로 표현되는 종교적 변화의 순간과도 같은 것을 뜻한다.

모험이나 "인생에서의 새로운 실험"을 거의 하지 않도록 하는, 멀리함과 지배의 억압적 힘들을 활성화하는 것이기 때문이다. 하지만 불안(우울), 죽음/양심이라는 극단적 상황을 마주하게 되면 우리는 이러한 안위로부터 비트적거리며 빠져나와 우리 자유의 가능성과 다양성을 온전히 직시하도록 강제된다. 우리는 이러한 기회들이 발견된 뒤 그로부터 숨을 수도 있고, 비본래적이 되어 다시 세인 속에 상실된 상태로 되돌아갈 수도 있으며, 이와 달리 자유를 포착해서 우리가 상황에 응답하도록 불러내어지고 있다는 것을, 단지 세인으로 존재하는 것이 아니라는 것을 처음으로 깨닫게 될 수도 있다. 그러한 부단하고 견고한 자기, "실재적인" 자기가 아니라 우리 존재의 **방식**에 있어서 진실한 그러한 자기는 우리가 우리의 하향평준화된 안위에의 도전들을 단호히(결단하여) 직면함을 통해 구성하게 되는 자기이다.

연구를 위한 물음들

자신이 속한 무리나 패거리에 적당히 순응하는 것이 왜 꼭 비-결단적인, 자기를 비본래적으로 만드는 행위가 되는 것일까? "행복하게 순응하는 자"가 되는 것이 왜 좋지 못하다는 것인가?

자기를-가짐이라는 하이데거의 개념은 결단한 현존재는 언제나 독특해지고 다른 사람과 달라지려 하는 법이라는 것을 함축할까? 아니면 버스 안에서 당신 곁에 있는 평범하고 별 특징 없는 사람도 실은 결단한 사람일 수 있을까?

4장 수용과 영향

『존재와 시간』은 출판된 이래로 거의 80년 동안에 걸쳐 엄청나게 영향력 있는 저술로 검증되었다. 장-폴 사르트르(1905-1980), 모리스 메를로-퐁티(1908-1961), 그리고 한스-게오르그 가다머(1900-2002)는 20세기의 세 선도적 철학자들이며, 그들의 철학은 『존재와 시간』의 중심적인 주제들을 발전시켜 나가며 형성되었다. 하이데거의 후기 사상까지 염두에 두면 하이데거가 끼친 영향은 훨씬 더 광범위한데, 자크 데리다(1930-2004)와 미셸 푸코(1926-1984) 역시 하이데거로부터 많은 영향을 받았던 것이다. 하지만 여기서 나는 『존재와 시간』 및 『칸트와 형이상학의 문제』와 「형이상학이란 무엇인가?」를 포함하는 하이데거의 다른 초기 저술들이 끼친 영향에 초점을 맞추려 한다. 이 초기의 저술들은 대단히 부정적인 반응도 불러일으켰다. 우리는 이 문제 역시 다루게 될 것이다. 하이데거에 대한 부정적 반응으로서 우리가 다루게 될 것은 주로 소위 분석철학에 안착하게 된 경험주의적 전통에서 비롯되었다.

우리가 3장에서 보았던 것처럼 하이데거는 현상학이 자신의 존재론적 연구를 수행함에 있어서 중요하다고 생각했다. 그는 "일반 존재론"을 발전시키게 되기를 희망했는데, 이는 그가 존재와 존재의 몇몇 양태들에 관해 철저하게 설명하기를 원했다는 뜻이다. 하이데거는 우선 인간의 존재에 대해 검증해 보았다. 이는 그가 존재를 직접 연구하기 이전에 우리로 하여금 존재에 "진입하도록 하는 점"이 무엇인지 분명하게 이해하는 것이 필수적이라고 논증했기 때문이기도 하고, 존재는 존재의 이해, 즉 인간의 존재에 의존한다고 전제하는 존재론적 관념론을 받아들였기 때문이기도 하다. 하이데거는 『존재와 시간』을 완성하지 못했기 때문에 그의 일반 존재론적 열망들은 인간 삶에 대한 그의 구체적 현상학보다 훨씬 적은 영향력만을 행사했다. 사르트르와 메를로-퐁티는 후자에 반응했지만 좀 더 전통적인 하이데거의 존재론적 열망에는 반응하지 않았다. 그럼에도 사르트르와 메를로-퐁티의 반응은 서로 대단히 달랐다.

그의 초기 서술인 『존재와 무』에서 사르트르는 특유의 실존적 현상학을 만들어 내었다. 사르트르의 방법은 하이데거보다 후설에 훨씬 더 가깝다. 비록 사르트르가 다루는 어떤 주제들은 『존재와 시간』의 강한 영향을 보여 주기는 하지만 말이다. 사르트르는 "*ego cogito*", 즉 "나는 생각한다"에 자신의 현상학적인 연구의 초점을 맞춘다. 그는 인간 존재를 "자기를-위한"[1] 존재로, 자기-의식의 한 형태로 간주한다. 이러한 점에

---

1 역자 주: '자기를-위한'은 영어 'for-itself'를 번역한 것이고, 이에 대한 원래의 불어 표현은 'pour-soi'이다. 통상 이 용어는 '대자적 (존재)' 등으로 번역되어 왔지만 역자는 이 말을 원어의 말뜻 그대로 '자기를-위한'이라고 번역하는 것이 더 적절한 일이라 판단한다. 이 말은 사르트르의 철학에서뿐만 일반 철학적 관점에서 고찰해 보아도 '자기를 위해 자기의 삶과 존재를 현명하게 꾸려 나감'이라는 실천적 의미를 지니고 있는 말이지 단순히 자기를 성찰의 대상으로서 객관적으로 마주 대한다는 의미를 지니고 있는 말은 아닌 것이다. 물론 자기의식은 반성적 구조에서만 가능한 의식이고, 이는 자기의식이 분명 자신을-마주-대함의 계기를 필연적으로 함축한다는 것을 뜻한다. 그러나 자신을-마주-대함은 'for-itself', 'pour-poi'의 한 측면만을 나타낼 뿐 그 의미를 모두 드러내지는 못한다. 아마 '자기를-위한'이라 번역하는 것에 대해 가능한 비판 중 하나는 이 말이 인간이 본래적으로 '이기적' 존재라는 오해를 불러일으킬 수 있다는 것에 있을 것이다. 하지만 이는 '자기를-위한'이라는 말의 의미를 '이기적'이라는 말의 나쁜 의미로 왜곡해서 오해하기 때문에 제기되는 비판에 지나지 않는다. 일반 철학적 관점에서 '인간은 자기를 위해 사는 존재'라는 말은 인간이 자기만 위할 줄 아는 편협하고 나쁜 의미에서 이기적인 존재라는 뜻이 아니라 자신이 어떤 존재인지 이해하려 노력하고

서 사르트르의 철학은 매우 전통적이고, 데카르트로부터 시작해서 칸트를 거쳐 후설에서 정점을 이룬 주체주의적 인간고찰의 또 다른 예가 된다. 사르트르는 자신이 『존재와 시간』에 충실한 방식으로 철학의 방향을 잡아 나갔다고 주장하지만, 그렇다면 그는 『존재와 시간』을 제대로 이해하지 못했든지 혹은 의도적으로 왜곡했든지 둘 중 하나이다. 『존재와 시간』이 지속적으로 들려주는 일관된 전언이 하나 있다면 그것은 인간 경험에 있어서의 주체-객체 모델이 그에 수반하는 내면성과 자기의식이라는 관념들과 더불어 폐기되어야만 한다는 것이다. 언제나 이미 하나의 세계를 향해 열려 있는 인간의 존재에 대한 이해가 주체-객체 모델을 대체해야만 한다는 것이다. 사르트르는 그가 인간의 경험을 그 논리적 구조에서 (이것을 밝히는 것에 후설은 훨씬 더 많은 주안점을 두었다!) 파악하기보다는 일상적 현실과의 관계에서 파악하려 시도한다는 점에서 하이데거의 영향을 보여 준다. 하지만 사르트르는 이 일상적 현실을 세계-안에-있음으로서가 아니라 어떤 '나'의 경험으로서 해석하는 경향을 보인다.

사르트르는 우리의 본질이 존재함에 있다는 철학적 실존주의의 핵심 명제뿐 아니라 실존주의 특유의 몇몇 다른 주제들도 받아들인다. 그리고 이런 점에서도 그가 『존재와 시간』의 영향을 받았음이 드러난다. "실존은 본질에 앞선다"[2]는 사르트르의 명제는 아마 가장 잘 알려진 실존주의의 핵심적 명제일 것이다. 이 명제는 하이데거가 『존재와 시간』 §9에서 **"현존재의 '본질'은 그 실존에 있다"**고 말한 것을 직접적으로 반영

또 그에 상응하는 삶을 살기 위해 현명하고 분별력 있게 사유하고 행동하는 것이 인간에게 그만큼 중요하다는 것을 강조하는 말인 것이다.

2 다음 참조: *Existentialism and Humanism*, trans. by Philip Mairet (London: Methuen, 1948).

한다 (67/42). 사르트르는 하이데거의 이러한 발상이 우리가 동물들처럼 본능과 욕정에 "단단히 묶여 있어" 우리가 무엇이 될지 본능과 욕정에 의해 결정된다는 생각을 부정하는 것이라고 설명하면서 그 의미를 밝힌다. 우리의 모든 심리적 육체적 특성들은 — 하이데거가 우리의 현사실적 규정성들이라고 부르는 그러한 것들은 — 해석의 대상들이다. (앞의 제3장 iv절에서 키(높이)와 지위를 구분했던 것을 상기해 보라.) 우리는 이러한 현사실적 규정성들의 의미를 재-평가함에 있어서 자유롭다. 이러한 자유는 단순히 "그-자체로 있는" 혹은 활력 없는 객체들의 세계가 아니라 어떤 의미의 세계에서 살고 있는 존재자로서의 인간에게 특유한 자유이다.

하이데거와 다른 실존주의자들처럼 사르트르는 두려움과 낯설어짐이라는 극단적 경험 속에서 우리가 우리의 자유와 책임의 본성과 범위에 대해 통찰하게 된다고 믿는다. 특히 두려움 속에서 그러하다; 두려움 속에서 우리의 자기-해석은 껍질이 벗겨져서 세계는 그 무의미성 안에서 우리를 마주하게 되고, 우리는 자신이 급진적으로 자유롭고 우리의 전체 세계에 대해 세계를 해석할 우리의 힘으로 말미암아 책임을 지게 된다는 것을 이해하게 되는 것이다. 급진적 자유는 좀 더 관례적인 문맥에서 해석될 수 있는 바와 같이 우리가 원하는 모든 것을 **할 수** 있다는 것을 뜻하지 않는다. 그것은 차라리 우리가 행하고, 생각하고, 느끼고 혹은 〔그것으로서〕 존재하는 것들 중 아무것도 가능한 재-해석의 범위 밖에 있지 않다는 것을 뜻한다. 「실존주의는 휴머니즘이다」에서 사르트르는 우리가 결정을-만듦에 있어서 지금까지 있어 온 자기나 자신이 어떻게 느끼는지 등에 의해 인도될 수 없다고 주장하는데, 이는 이러한 요소들에 〔어떤〕 가치를 부여하는지는 언제나 우리 자신에 달려 있기 때문이다.

제2차 세계대전이 끝난 뒤 사르트르는 그가 이전에 몰두했던 실존주의를 떠났는데, 그럼에도 『존재와 무』는 계속 강한 영향력을 행사했다. 처음 영어권 지역에서 『존재와 시간』이 소개된 것은 『존재와 시간』이 사르트르에게 영향을 남겼기 때문에 일어난 일이다. 미국이나 영국의 초기 하이데거 독자들 중 많은 이들은 사르트르에 물든 이들이었고, 그들은 사르트르의 눈을 통해 하이데거를 읽었다. 영어권 철학자들이 사르트르와는 다른 눈으로 『존재와 시간』을 읽고 거기에서 사르트르가 본 것과는 무언가 굉장히 다른 것을 보기 시작한 것도 얼마 되지 않은 일이다. (우리는 나중에 하이데거 연구의 현 상황에 대해 다시 언급하게 될 것이다.)

프랑스에서 사르트르와 견줄 만한 경쟁자는 메를로-퐁티이다. 메를로-퐁티는 자신의 주저 『지각의 현상학』에서 사르트르를 논박하는 데에 꽤 많은 주의를 기울였다. 그는 사르트르의 자유 개념은 무의미한 개념이라고 주장했다. 사르트르의 자유 개념은 내가 어떤 결정을 한 뒤에도 방금 결정을 내린 것이 실제로는 〔앞으로의 결정을 위해〕 별 의미가 없어서 〔새로운 결정을 할 때마다 모든 것이〕 처음부터 완전히 다시 평가되어야 함을 함축한다는 것이다. 『존재와 시간』을 되돌아보면서, 메를로-퐁티는 사르트르가 (앞의 제3장, xvii절에서 설명된) 지금까지 있어 온 나와 지금까지 있어-온 나를 구분하지 않는다고 지적한다. 삶 속에서 앞으로 나아가는 유일한 방식은 자기 자신을 이미 존재하고 있는 특정한 개인으로서 이해하는 것이다. 하이데거가 말하는 것처럼, 우리는 우리의 존재를 밑바닥에서부터 통제할 수는 없는 것이다. 사르트르는 바로 이 절대적으로 중요한 통찰을 하지 못하고 있고, 메를로-퐁티는 이러한 실수를 자유에 대한 사르트르의 설명을 공격할 결정적 빌미로 사용하는 것이다.

메를로-퐁티는 사르트르보다 더 주의 깊게 하이데거를 읽거나 혹은 하이데거에 더 많이 동의한다. 메를로-퐁티는 사르트르보다 하이데거에게 덜 경의를 표하는데, 이는 아마 메를로-퐁티가 하이데거의 참여적 삶의 현상학에서 어떤 심각한 빈틈을 찾았기 때문일 것이다. 앞에서 내가 세계에 참여하는 소통의 예로 든 것들 중 많은 것들은 신체적 역량이 중심적 역할을 수행함을 보여 주는 예들이다. 실로, 하이데거의 관점은 내가 설명한 것처럼 인식적 능력들은 우리의 일상적인 참여적 행위들에 있어서 발휘되는 신체적 능력들로부터 떨어질 수 없음을 포함한다. 메를로-퐁티는 이 점을 보았고, 신체의 현상학 및 신체가 세계를 우리에게 열어밝힘에 있어서 중심적 역할을 수행하도록 하는 방식에 관한 현상학을 발전시켜 나갈 필요성이 있음을 이해했다. 『지각의 현상학』에서 메를로-퐁티는 "운동 지향성"의 개념을 발전시켰는데, 이는 우리의 운동 기량들이 우리 주위의 세계를 이해하는 방식을 뜻한다. 실제로, 메를로-퐁티는 『존재와 시간』 제I편의 기획 일반을 하이데거가 소홀히 한 어떤 중요한 방향에서 추구했다. 이러한 추구 없이는 하이데거의 현상학은 심각한 정도로 불완전한 것이 되고 말 것이다.

『존재와 시간』의 몇몇 주제들을 하이데거보다 더 멀리 발전시킨 또 다른 저자는 하이데거의 제자인 가다머이다. 가다머는 하이데거가 프라이부르크에서 아직 후설의 조교였을 때에 처음으로 하이데거를 만났고, 하이데거가 마르부르크에서 처음으로 교수직을 차지했을 때에 하이데거를 따라 마르부르크로 갔다. 마르부르크에서 머무는 동안 가다머는 교수자격논문을 썼으며, 이 시기는 해석학에 대한 하이데거의 관심이 정점에 이르렀을 때였다. 해석학은 가다머의 지적 역량이 집중될 중심부가 되었다. 실제로 『존재와 시간』이 해석학을 한 단계 더 발전시킨 중요한 저서로 간주되는 것은 『존재와 시간』 이후 가다머가 끼친 영향 덕분이다. 『존재와 시간』에는 해석학의 발전과 직접 결부시킬 만한 것이 정말 아주 적은 것이다. 『존재와 시간』에서 하이데거가 산발적으로 해석학에 관해 논한 것은 어떤 해석의 이론이라 할 만한 것이 거의 아니다. 하이데거가 인간 행위의 의미를 연계함은 해석적 작업이라고, 또한 현상학은 필연적으로 해석학적이라고 주장하기는 한다. 하지만 하이데거는 이러한 생각들을 세세하게 발전시키지는 않으며, (그가 말하는, 그리고 영어 번역본에서는 대문자 "I"로 표기되는) 해석(Interpretation)에 대한 구체적 이해를 도모함에 있어서도 거의 기여하지 않는다. 여기서의 해석적 이해는 언어적이고 문화적인 산물들에 관한 이해를 뜻한다.

가다머의 『진리와 방법』은 해석학의 역사와 해석의 본질을 탐구하는 논문이다. 그것은 전후 시기의 가장 영향력 있는 책들 중 하나이고 "해석학"이라는 용어를 어떤 기법이나 학과목이라기보다는 어떤 철학적 운동을 표기하는 말로 사용하도록 만든 이유가 되었다. 가다머는 모든 해석이란 통상적 의미에서의 해석이든 실존적 의미에서의 해석이든 상관없이 해석자가 한 대상을 해석함에 있어서 당연시하는 의미의 맥락과 "가정들"의 집합에 의존하는 것이라는 하이데거의 주장을 적극적으로 받아들였다. 가다머는 이러한 가정들을 "선입견들"이라 부르며, 선입견들은 해석을 왜곡하기보다는 오히려 가능하게 하는 것이라고 주장한다. 모든 명시적 해석이 그러한 가정들에 의존하는 것과 마찬가지로 개인 간의 이해나 문화적 이해 역시 어떤 문화적 맥락에, 그 안에서 우리가 살고 있는 어떤 전통에 의존한다. 그렇게 가다머는 『진리와 방법』에서 전통주의적 관점을 개진한다. 우리는 〔해석함에 있어서〕 완전히 새로 시작하려 하거나 우리의 문화를 밖에서 만들어진 이상들에 맞추려 하기보다는 항상 우리가 속한 언어적 문화적 전통 안에서 방향을 잡아 나가야 한다는 것이다. (이러한 생각은 가다머로 하여금 프랑크푸르트 학파의 신-맑스주의적 문화이론에 맞서게 한다. 지난 25년 동안 프랑크푸르트 학파의 가장 유명한 대변자는 위르겐 하버마스(1929-)였다. 가다머와 하버마스 및 그 추종자들 사이의 논쟁은 지난 반세기 동안 일어난 논쟁들 중에서도 꽤 흥미롭고 활기찬 논쟁이었다.) 『존재와 시간』이 이러한 종류의 전통주의를 함축하는지는 분명하지 않다; 『존재와 시간』이 전통주의적이라는 일반적 인상은 하이데거의 사상이 전달되는 데에 가다머가 큰 영향력을 행사했기 때문이다.

사르트르, 메를로-퐁티, 그리고 가다머에게서 우리는 하이데거로부터 받은 영향을 건설적으로 활용해 『존재와 시간』에서 처음으로 개진된 실존주의, 현상학, 그리고 해석학적 문제의식들을 더욱 발전시킨 세 철학자들을 보았다. 하이데거는 또한 경험주의 철학자들 사이에서 대체로 부정적인 반응을 불러일으키기도 했는데, 오늘날 영어권 지역의 많은 대학 철학부에서 학생들이 접하기 쉬운 『존재와 시간』에 대한 선입견들 중 어떤 것들은 바로 이러한 부정적 반응에 기인한다.

1920년대에 하이데거가 큰 관심을 보였던 것들 중 하나는 칸트의 철학을 현상학적으로 재해석하는 것이었다. 하이데거는 일련의 강의들 중 몇몇에서 (『논리학』, 『근본문제들』, 그리고 『칸트의 "순수이성비판"에 대한 현상학적 해석』) 칸트의 철학을 세부적으로 다룬다. 칸트에 대한 하이데거의 성찰들은 1929년의 『칸트와 형이상학의 문제』에서 정점을 이룬다. 이 모든 논문들에서, 하지만 1929년의 책에서 가장 적극적으로, 하이데거는 칸트의 『순수이성비판』을 존재론적 논문으로 해석하는 작업을 수행한다. 당시 독일에서 칸트를 독해하는 가장 지배적인 방식은 "신-칸트주의적" 접근이었다. 그것은 19세기 후반 선구적으로 개발되었지만 20세기에는 에른스트 카시러가 그 대표자이다. 신-칸트주의자들은 오늘날 미국과 영국의 칸트 연구자들 대개가 그러하듯이 주로 인식, 도덕, 그리고 미학의 이론가로서 칸트를 읽었다. 그들에게 칸트는 형이상학적 철학자가 아니었던 것이다. 실제로 칸트의 철학은 보통 "물 자체"는 알 수 없는 법이고 지식의 대상은 현상으로 드러나는 사물들에 관한 것으로 국한된다고 주장함으로써 형이상학을 거부한 철학으로 읽힌다. 우리가 전에 주목했던 것처럼 칸트는 "존재론이라는 자랑스러운 이름은 순수한 이해에 대한 순연한 분석이라는 좀 더 겸손한 이름으로 대체되어야 한다"고 선언했던 것이다.[3] 신-칸트주의적 통설에 대한 하이데거의 공격은 1929년 스위스의 다보스에서 하이데거와 카시러 사이의 논쟁이 주선되도록 하기에 충분할 만큼 선풍적이었다.[4] 칸트를 독해하는 온당한 방식에 관한 논증이 왜 그렇게까지 중요하게 여겨졌을까?

칸트에 관한 하이데거의 주장은 실제로는 훨씬 더 커다란 논쟁을 위한 구실에 지나지 않았다. 그것은 소위 대륙철학과 자칭 분석철학으로 현대의 철학을 구분하게 하는 핵심적 문제의식과 연관되어 있었던 것이다. 칸트가 스스로 순수한 이해에 대한 순연한 분석이라 부른 것을 선호해 "존재론"을 거부했음을 하이데거가 액면 그대로 받아들이지 않은 것은 하이데거가 생각하기에 칸트가 검증한 이해란 인간의 파생적인 능력에 지나지 않기 때문이었다. 개념을 형성하고 조작할 역량, 명제들을 논리적으로 배열하고 평가할 역량, 어떤 것을 지식이라 주장하고 그러한 주장을 뒷받침할 증거들을 평가할 역량 등은 모두 칸트가 말하는

---

3 Kant, *Critique of Pure Reason*, p. A247/B303.

4 이 논쟁의 전사(轉寫)는 다른 중요한 자료들과 함께 다음에 번역되어 있다: *Kant and the Problem of Metaphysics*, 4th, enlarged ed., trans. by Richard Taft (Bloomington: Indiana University Press, 1990).

"개념 능력"의 성취들이다. 확실히 이러한 성취들은 중요한 것들이지만 그러한 것들은 모두, 하이데거의 주장을 통하여 알게 되었듯이, 좀 더 근본적인 세계와의 친숙함에 바탕을 두고 있다. 칸트-해석에 관하여 하이데거가 카시러 및 신-칸트주의자들을 논박함에 있어서 가장 중요한 것은 개념적 이해란 무언가 좀 더 근본적인 어떤 것에 기초해 있는 것임을 칸트가 받아들였다는 하이데거의 주장이다. 하이데거에 따르면 칸트는 개념적 이해보다 더 근본적인 것에 ("상상력"이라는) 이름도 부여했지만 이러한 통찰을 통해 자신의 반-존재론적 주장들을 섣불리 수정하지는 못하고 멈칫거렸다. 칸트-해석의 문제에 관해서 사람마다 생각은 다를 수도 있고 또 많은 사람들이 하이데거에 동의하는 것은 아니라고 할지라도, 하이데거가 칸트의 철학에 **돌리기도 하고** 다른 저술들에서 개진하기도 한 관점은 철학에 의미심장한 충격을 남긴 생각들을 함축한다.

하이데거는 칸트적 의미에서의 이해보다 더 기초적이거나 "근본적인" 이해의 형태가 있다고 주장한다 (제3장 ix절을 참조할 것). 비록 철학적 논리에 대한 비판이 『존재와 시간』의 중심에 놓여 있는 것은 아니지만, 그것은 하이데거의 다른 초기 저술들, 특히 「형이상학이란 무엇인가?」에서는 현저하고도 중요한 문제이다. 형식논리학의 기본적 내용들에 통달하는 것은 영미권 대학의 철학 전공자에게는 표준적이고 필수적인 요구사항이고, 자신이 추론한 바를 형식-논리적 명사들을 써서 표현할 수 있는 능력은 종종 어떤 논증이 진지하게 받아들여질 만한 가치가 있는 것인지 알려주는 근거로 간주된다. 이제 이러한 사실을 염두에 두면서 하이데거의 다음과 같은 주장을 한 번 살펴보자:

만약 무와 존재에의 탐구 영역에 있어서 지성의 힘이 이처럼 산산조각이 나

> 있다면, 철학에서의 "논리"의 지배가 어떤 운명에 처할 것인지 역시 이를 통해 결정된다. "논리"의 이념 자체가 좀 더 고유한 물음의 격랑 속에서 해체되어 버리는 것이다.[5]

이러한 주장은 종종 하이데거의 사상이 실제로는 철학이 아니라는, 하이데거가 어떤 종류의 비교(祕敎)적이고 신비주의적인, 혹은 그저 혼란스럽기만 한 기획에 몰두하고 있을 뿐이라는 증거로 받아들여지곤 한다.

이러한 반응이 옳은지 평가하려면, 하이데거의 관점들을 잘 조망해 보아야만 한다. 여기서 걸려 있는 문제는 현대의 개론적인 논리 과목에서 일반적으로 요구되는 형식적인 술어 계산에 관한 문제 같은 것이 아니다. 실제의 문제는 철학적 논리의 핵심적 신념에 관한 문제이다. 그것은 수리 논리학에 의해 혹은 최소한 그 철학적 수용에 의해 공유되는 그러한 문제이기도 하다. 전통 논리학에 따르면, 분석의 근본적 구성단위는 판단이다 (혹은 진술, 문장, 언명, 명제들이다); 즉 형식적 술어 계산에서의 "잘 정리된 식(式)"인 것이다. 그러므로 개념들은, 혹은 칸트가 정의 내린 바대로 가능한 판단들의 "술어들"은, 참이거나 거짓일 수 있는, 즉 세계를 묘사하는 데 성공하거나 실패할 수 있는 그러한 사유나 문장들의 형성에 필수적이다. 지향성에 개념은 필수불가결하다. 이것이 하이데거가 거부하는 전통 철학의 신념이다.

하이데거는 경험의 가장 근본적인 양상들과 진리의 고유한 자리는 선-논리적이라고 주장한다. 아리스토텔레스적 논리이든 술어 계산이든, 논리는 시원적 이해를 포착할 수 없는데, 그것은 시원적 이해가 선-개념적이기 때문이다. 신-칸트주의적 칸트 해석에 대한 하이데거의 비

---

5 "What is Metaphysics?" in *Pathmarks*, p. 92.

판은 대체로 이러한 생각에 바탕을 두고 있다. 주지하다시피 루돌프 카르납은 일찍이 1929년 스위스 다보스에서 벌어진 하이데거-카시러 논쟁으로부터 영향을 받았으며, 이것이 카르납 사상의 형성과 발전에 중요한 역할을 수행하였다. 또한 그것은 카르납으로 하여금 1931년에 하이데거의 철학을 강력한 어조로 거부하도록 만들기도 했다.[6] 하이데거의 생각들을 이해하기에는 그릇이 너무 좁기 때문에 카르납이 하이데거를 맹렬하게 비판하는 것은 아니다. 비록 그가 때때로 하이데거의 사유가 어떻게 전개되는지 잘 파악하지 못한다고 하더라도 말이다. 오히려 카르납의 반응은 하이데거의 사유가 혁명적인 것임을 그가 잘 감지하고 있었다는 표지가 된다. 혁명가들의 도전이 사람들의 신념을 근본토대부터 흔들 때, 사람들은 극단적으로 반응하는 경향이 있다. 하이데거에 대한 비판들이 그러하듯이 말이다. 하이데거에게는 분석철학자들이 배울 만한 것들이 많이 있지만, 어쨌든 하이데거가 옳을 경우 많은 전통 철학들은 갑자기 피상적인 철학들로 비치게 되고 전통 논리학의 핵심적 신념들 역시 무너져 버리게 되리라는 것은 누구도 부정할 수 없는 것이다.

세계를 근본적으로 열어밝힘과 인간 삶에서 중요한 것은 이론들이나 판단들을 통해 일어나는 것이 아니다; 하이데거가 주장하듯, 그러한 것들은 언명들 안에 포착될 수 없는 것이다. 그러므로 그러한 것들은 논리의 규정에 구애받지 않는다. 그렇다고 논리를 무시하고 서로 모순되는 주장들을 해도 된다는 것은 아니다. 모순은 결함 있는 언명이다. 하이데

---

6 Rudolf Carnap, "The Overcoming of Metaphysics through Logical Analysis of Language," in Michael Murray (ed.), *Heidegger and Modern Philosophy: Critical Essays* (New Haven: Yale University Press, 1978). 이 이야기에 관한 더 상세한 기록에 관해서는 다음 참조: Friedman, *A Parting of the Ways*.

거는 언명이나 언명을 통해 포착될 수 있는 것보다 더 근본적인 어떤 것을 향해 나아간다. 하이데거는 선-논리적이기 때문에 비-논리적인 어떤 것에 관해 말하기를 시도한다. "봄"(sight) 혹은 지성의 가장 근본적인 형태는 실천적인, 참여하는, 선-개념적인, 그리고 바로 이러한 이유로 선-논리적인 경험의 차원에 머물고 있다. 바로 이 때문에 대략 1930년 이후 하이데거는 전통적 철학으로부터 시, 문화 비평, 신비주의에로, 그리고 니체처럼 아리스토텔레스, 칸트, 그리고 후설 등과는 상당히 다른 철학적 기획에 몰두했던 철학자들에게로 관심을 돌린다.

전통 철학과 그 논리적 방법으로부터의 이러한 전회는 (하이데거의 "전회"는) 하이데거의 철학을 전통 철학적으로 훈련된 주류 강단 철학자들에게는, 특히 형식논리와 영어권 철학 세계에서 표준으로 통하는, 일반적으로 경험론적인 인식론의 토양 위에서 성장한 철학자들에게는 거의 이해 불가능한 철학으로 만들어 버린다. 그러므로 이러한 철학자들이 하이데거를 이해하기 어려워한다는 것은 별로 놀라운 일이 아니다. 비록 하이데거에 대한 그들의 비판들 중 어떤 것은 너무 얄팍해서 때로는 거의 유치하고 바보스럽게 느껴지기는 하지만 말이다.[7]

이것이 왜 하이데거의 철학을 영어권 철학 세계에 처음 소개한 이들이 경험론 전통의 밖에 있는 이들이었는지 설명해 준다. 하이데거의 사유를 영어로 처음 소개한 저술들 중 하나는 윌리엄 리처드슨이 1963년에 출판한 『하이데거: 현상학을 넘어 사유로』이다. 하이데거는 리처드슨의 책에 서문으로 수록된 한 편지에서 한 사상가로서 자신이 어떻게 발전해 갔는지 상당히 구체적으로 밝혔다. 리처드슨의 책에 뒤이어 다

---

7 이에 대한 예로는 다음과 같은 책이 있다: Paul Edwards, *Heidegger's Confusions* (Amherst, NY: Prometheus Books, 2004).

른 주석자들의 저술들이 출판되었는데, 그중에는 조셉 코켈만스가 1965년에 출판한 『마르틴 하이데거』도 있다.[8] 리처드슨, 코켈만스, 그리고 다른 연구자들은 영미 철학의 경험론 전통에 익숙한 방식들로 작업하지 않았고, 그들이 작업하는 방식은 경험론이나 구식의 전통에 입각해 훈련된 많은 이들에게 충격을 주었다. 특히, 리처드슨과 코켈만스는 종종 "개요"(summary)라 불리는 좀 더 오래된 해설방식을 사용한다.[9] 주류의 영미 철학자들이 저자 고유의 말들을 재구성하고 필요한 경우 수정도 하기 위해 기꺼이 〔저자가 쓴 실제의〕 역사적 문헌으로부터 일탈해서 현대 철학의 개념들과 발상들을 도입하는 반면, 리처드슨과 코켈만스는 문헌의 원래 의미에 좀 더 가까이 머문다. 독일에서는 이러한 방식이 오늘날까지도 규범적이다.[10]

『존재와 시간』 이후 하이데거의 사유가 대단히 반-논리적인 방향을 취하기 시작한 것이 대체로 경험론적인 영미 철학의 세계에 하이데거의 사유가 수용되는 데에 있어서 방해 요인이 되었다. 『존재와 시간』에

---

8 Joseph J. Kockelmans, *Martin Heidegger: A First Introduction to his Philosophy* (Pittsburgh: Duquesne University Press, 1965).

9 『존재와 시간』은 사르트르에 영향받은 철학자들에 의해 영어권에 소개되기도 했다. 그중에는 다음의 저술들이 포함된다: Joseph P. Fell, *Heidegger and Sartre: An Essay on Being and Place* (New York: Columbia University Press, 1979) and later on, Frederick Olafson, *Heidegger and the Philosophy of Mind* (New Haven: Yale University Press, 1987).

10 이에 대한 가장 중요한 예들은 다음과 같다: Friedrich-Wilhelm von Herrmann, *Hermeneutische Phänomenologie des Daseins: eine Erläuterung von "Sein und Zeit"* (Frankfurt am Main: Vittorio Klostermann, 1987) and Otto Pöggeler, *Der Denkweg Martin Heideggers*, 2nd ed. (Pfullingen: Verlag Günther Neske, 1983), first published in 1963. 독일에서 하이데거를 영어권 방식에 좀 더 가깝게 독해하는 방식은 다음 참조: Carl Friedrich Gethmann, *Dasein: Erkennen und Handeln* (Berlin: de Gruyter, 1993).

서 하이데거가 열망했던 것은 그가 기꺼이 "존재론의 학문"(Science of ontology)이라고 부른 것이다. 학문을 뜻하는 독일어 단어 "*Wissenschaft*"는 "science"라는 말이 영어에서 때로 그러한 것과는 달리 자연과학을 지칭하는 데에 국한되는 말이 아니다. 그것은 모든 학문적 탐구를 지칭하는 말인 것이다. (독일어에서는 신학과 문학 역시 "*Wissenschaften*"이다.) 『존재와 시간』이 작성되고 출판될 즈음의 하이데거는 학문이란 특정한 탐구의 영역을 개념적 연계를 통해 설명함이라고 단언한다. 더 나아가, "철학은 존재에 대한 이론적이고 개념적인 해석이다. …"; 그러므로 "철학은 바로 그 정의에 있어서 학문적임을 함축한다" (『근본문제들』, 11-12). 『존재와 시간』은 반-논리적 입장으로 아직 완전히 옮겨 가지는 않았으며, 『존재와 시간』이 원래 완전한 반-논리적 입장을 표명했어야만 하는지 의문의 여지가 남아 있는 것이다. 나는 어떤 저술에서 인식에 대한 실천의 우위를 고수하는 경우 하이데거는 철학이 (하이데거적 의미에서) 학문적이라는 생각을 포기하거나 존재의 이해가 **선험적**이라는 명제를 포기하거나 해야 한다고 주장한 적이 있다.[11] 후기 하이데거는 전자의 관념을 포기했지만 영어권 세계의 강단 철학자들은 대개 후자의 관념을 버리는 편을 훨씬 더 선호할 것이다. 존재의 이해가 **선험적**이라는 명제를 버리는 경우, 하이데거를 연구하는 영어권의 강단 철학자들은 하이데거 자신이 도달한 반-논리주의적 결론들은 받아들이지 않으면서 『존재와 시간』을 읽고 배우게 될 것이다.

이것이 어떻게 『존재와 시간』이 늦게나마 분석철학의 세계에서 수용될 수 있었는지 설명해 준다. 1960년대부터 대체로 경험론적이고 논리

---

11 "Ontology, the *A Priori*, and the Primacy of Practice: An *Aporia* in Heidegger's Early Philosophy," in Steven Galt Crowell and Jeff Malpas (eds), *Heidegger and Transcendental Philosophy* (Palo Alto, CA: Stanford University Press, 2006).

주의적인 영어권 철학의 방식으로 훈련된 철학자들이 하이데거를 발견하고 그에 관해 쓰기 시작했다. 1972년 초판이 발행된 『컴퓨터가 할 수 없는 것』에서 인공지능 프로그램에 대한 비판을 수행하면서 허버트 드레이퍼스는 하이데거의 참여적 행위의 현상학을 의미심장한 방식으로 사용했다.[12] 드레이퍼스는 경험에 관한 주체-객체 모형에 대해 하이데거가 수행한 비판과 경험론 전통에서 출현한 동일한 문제에 관한 분석들 사이에 광범위하고 다양한 연관성이 있음을 이해했다. 예컨대 상이한 방식으로 수행된 비트겐슈타인, 콰인, 그리고 쿤의 분석들이 그러하다. 경험론의 전통 자체가 내부로부터의 비판들을 유발하고 또 만들었기 때문에 동일한 전통에서 훈련된 몇몇 철학자들은 새로운 통찰의 원천들을 찾기 시작했다. 이러한 철학자들 중 가장 중요한 이는 의심의 여지 없이 리처드 로티이다. 로티의 『철학 그리고 자연의 거울』(1979)은 1920년대 후반의 하이데거의 저술들만큼이나 대단히 부정적인 반응들을 강하게 유발했는데, 이 책에서 로티는 진리의 대응설에 사로잡힌 전통 철학은 막다른 길에 다다랐다고 주장했다. 이제 우리는 해석학과 같은 "고양하는"(edifying) 담론으로 방향을 돌려야 한다. 그래야 우리는 인간의 존재에 관해 우리의 지적 전통이 남긴 많은 물음들을 한층 폭넓게 다룰 수 있게 된다. 이러한 전통으로부터 〔영어권 철학에서의〕 주류인 경험론적, 논리주의적 철학은 너무 멀어졌다는 것이다. 로티의 논문집 중 한 권이 『하이데거 및 다른 사상가들에 관한 에세이들』이라는 제목을 지니고 있다는 사실에서 잘 드러나듯이 로티는 하이데거에 관해 많은 글들을 써 왔다.

---

12 다음 참조: Richard Schmitt, *Martin Heidegger on Being Human* (New York: Random House, 1969). 이 책의 저자는 독립적으로 하이데거에 있어서의 지성과 실천의 우위에 대한 우리의 설명과 똑같은 몇몇 결론에 도달했다.

드레이퍼스와 (하이데거에 관한 드레이퍼스의 저술들은 그가 1991년에 출판한 『세계-안에-있음』을 통해 뒤늦게 관심을 끌었다) 로티의 영향력이 합쳐져 경험론 전통에서 성장한 사상가들이 하이데거에 관한 글들을 폭발적으로 쏟아내게 되었다. 이러한 글들 중 꼭 언급될 필요가 있는 책들은 다음과 같다: 찰스 기뇽의 『하이데거와 지식의 문제』, 마크 오크렌트의 『하이데거의 실용주의』, 테일러 카만의 『하이데거의 분석』, 그리고 스티븐 크로웰의 『후설, 하이데거 그리고 의미의 공간』 등이 있다. 독자들을 위한 이 안내서에서 내가 『존재와 시간』을 설명하는 방식은 드레이퍼스, 로티 그리고 비슷한 성향을 지닌 다른 주석가들로부터 영향을 받아 만들어졌다. 우리는 모두 어떻게 『존재와 시간』이 일반적인 철학의 제 문제들을 물음에 있어서 새롭고도 통찰력 있는 관점들을 제공해 주는지 보여 주고자 하는 열망을 공유한다. 인간 주체성의 본질, 진리, 사회성, 그리고 견고한 삶, 외면할 수 없는 자유의 이상에 진실한 삶을 살고자 노력할 때 우리에게 닥쳐오는 도전들을 포함한 광범위한 문제들을 물음에 있어서 『존재와 시간』은 우리에게 새롭고도 다양한 이해의 가능성들을 제시하고 있는 것이다.

더 읽어야 할 책들

하이데거의 초기 다른 저술들

The Basic Problems of Phenomenology, trans. by Albert Hofstadter (Bloomington: Indiana University Press, 1982).

History of the Concept of Time: Prolegomena, trans. by Theodore Kisiel (Bloomington: Indiana University Press, 1985).

Phenomenological Interpretation of Kant's "Critique of Pure Reason," trans. by Parvis Emad and Kenneth Maly (Bloomington: Indiana University Press, 1997).

Kant and the Problem of Metaphysics, 4th, enlarged ed., trans. by Richard Taft (Bloomington: Indiana University Press, 1990).

The Fundamental Concepts of Metaphysics: World, Finitude, Solitude, trans. by William McNeill and Nicholas Walker (Bloomington: Indiana University Press, 1995).

"What is Metaphysics?" in William McNeill (ed.), *Pathmarks* (Cambridge, UK: Cambridge University Press, 1998), 82-96.

『존재와 시간』에 관한 추천할 만한 2차 문헌들

Blattner, William, *Heidegger's Temporal Idealism* (Cambridge, UK: Cambridge University Press, 1999).

Carman, Taylor, *Heidegger's Analytic* (Cambridge, UK: Cambridge University Press, 2003).

Dreyfus, Hubert L., *Being-in-the-World* (Cambridge, MA: Massachusetts Institute of Technology Press, 1991).

Gethmann, Carl Friedrich, *Dasein: Erkennen und Handeln* (Berlin: de

Gruyter, 1993).

Guignon, Charles B., *Heidegger and the Problem of Knowledge* (Indianapolis: Hackett Publishing Co., 1983).

Haugeland, John, "Heidegger on Being a Person," *Noûs*, 16 (1982), 15-26.

——, "Dasein's Disclosedness," in Hubert L. Dreyfus and Harrison Hall (eds), *Heidegger: A Critical Reader* (Oxford: Basil Blackwell, 1992), 27-44.

Kukla, Rebecca, "The Ontology and Temporality of Conscience," *Continental Philosophy Review*, 35/1 (Mr 2002), 1-34.

Okrent, Mark, *Heidegger's Pragmatism* (Ithaca: Cornell University Press, 1988).

Olafson, Frederick, *Heidegger and the Philosophy of Mind* (New Haven: Yale University Press, 1987).

Rorty, Richard, *Essays on Heidegger and Others: Philosophical Papers, vol. 2* (Cambridge, UK: Cambridge University Press, 1991).

Schmitt, Richard, *Martin Heidegger on Being Human* (New York: Random House, 1969).

Tugendhat, Ernst, *Der Wahrheitsbegriff bei Husserl and Heidegger*, 2nd ed. (Berlin: de Gruyter, 1970).

하이데거의 유용한 전기 두 권

Safranski, Rüdiger, *Martin Heidegger: Between Good and Evil*, trans. by Ewald Osers (Cambridge, MA: Harvard University Press, 1998).

Ott, Hugo, *Martin Heidegger*, trans. by Allan Blunden (New York: Basic Books, 1993).

하이데거 및 『존재와 시간』의 지적 문맥에 대한 추천할 만한 참고문헌들

Friedman, Michael, *A Parting of the Ways: Carnap, Cassirer, and Heidegger* (Chicago: Open Court, 2000).

Herf, Jeffrey, *Reactionary Modernism: Technology, Culture, and Politics in Weimar and the Third Reich* (Cambridge, UK: Cambridge University

Press, 1984).

Ringer, Fritz K., *The Decline of the German Mandarins: the German Academic Community*, 1890-1933 (Cambridge, MA: Harvard University Press, 1969).

Sluga, Hans D., *Heidegger's Crisis: Philosophy and Politics in Nazi Germany* (Cambridge, MA: Harvard University Press, 1993).

Thomson, Iain, *Heidegger on Ontotheology: Technology and the Politics of Education* (Cambridge, UK: Cambridge University Press, 2005).

역사적으로 중요한 철학자로서 하이데거에게 영향을 받거나 대응한 이들

Carnap, Rudolf, "The Overcoming of Metaphysics through Logical Analysis of Language," in Michael Murray (ed.), *Heidegger and Modern Philosophy: Critical Essays* (New Haven: Yale University Press, 1978), 23-34.

Gadamer, Hans-Georg, *Truth and Method*, trans. by Garrett Barden and John Cumming (New York: Crossroad Publishing, 1975).

Merleau-Ponty, Maurice, *Phenomenology of Perception*, trans. by Colin Smith (London: Routledge & Kegan Paul, 1962).

Sartre, Jean-Paul, *Existentialism and Humanism*, trans. by Philip Mairet (London: Methuen, 1948).

———, *Being and Nothingness*, trans. by Hazel E. Barnes (New York: Washington Square Press, 1953).

이 독자를 위한 안내서에 인용된 다른 주요 참고문헌들

Dreyfus, Hubert L., *What Computers Can't Do*, revised ed. (New York: Harper & Row, 1979).

Dreyfus, Hubert L. and Stuart E. Dreyfus, *Mind over Machine* (New York: Free Press, 1986).

Kuhn, Thomas, *The Structure of Scientific Revolutions*, 2nd, enlarged ed. (Chicago: University of Chicago Press, 1970).

Rorty, Richard, *Contingency, Irony, and Solidarity* (Cambridge, UK Cambridge University Press, 1989).

Taylor, Charles, "Interpretation and the Sciences of Man," in *Philosophy and the Human Sciences: Philosophical Papers, vol. 2* (Cambridge, UK: Cambridge University Press, 1985), 15–57.

———, *Sources of the Self: The Making of the Modern Identity* (Cambridge, MA: Harvard University Press, 1989).

———, *The Ethics of Authenticity* (Cambridge, MA: Harvard University Press, 1992).

찾아보기

|ㅅ|

|ㅈ|

ㅊ